W0078955

ELIA – EIN STARKER SCHWACHER MANN

Mit Elia geistlich wachsen

Charles R. Swindoll

Dr. Charles R. Swindoll ist Autor zahlreicher Bücher.
Seine Radiosendung »Lebenseinsichten« wird täglich weltweit ausgestrahlt.
Swindoll ist Hauptpastor der »First Evangelical Free Church« in Fullerton, Kalifornien.

Hänssler-Paperback
Bestell-Nr. 393.918
ISBN 3-7751-3918-4

© Copyright der Originalausgabe 2000 by Charles R. Swindoll
Published by Word Publishing, P.O. Box 141000, Nashville, Tennessee 37214
Originaltitel: Elijah – A Man of Heroism and Humility
Übersetzung: Dagmar Gleiss-Forcioli

© Copyright der deutschen Ausgabe 2003 by Hänssler Verlag, D-71087 Holzgerlingen
Internet: www.haenssler.de
E-Mail: info@haenssler.de
Umschlaggestaltung: Carmen Knoll
Titelbild: f1 online, Frankfurt
Satz: Vaihinger Satz+Druck, Vaihingen/Enz
Druck und Bindung: Ebner & Spiegel, Ulm
Printed in Germany

Soweit nicht anders vermerkt, stammen alle Bibeltexte grundsätzlich aus der
Lutherbibel 1984.

Anderenfalls wurde verwendet:
Gute Nachricht für Dich, Deutsche Bibelgesellschaft, Revidierte Fassung 1997 der
»Bibel im heutigen Deutsch«.

INHALT

Einleitung 9

1   Allein im Riss stehen 14

2   Krit, das Lager für die Grundausbildung 37

3   Fortgeschrittenen-Ausbildung in Zarpat 65

4   Im Schatten Gottes stehen 81

5   Der Gott, der mit Feuer antwortet 101

6   Ein Mann Gottes … Die Zusage Gottes 121

7   Ein todsicheres Heilmittel gegen Depressionen . . 147

8   Wenn Gott sagt: »Jetzt reicht's aber!« 166

9   Vor dem Feind auf der Hut sein 185

10   Ein Vertrag über Unsterblichkeit 203

Schlussbetrachtung 222

Bibliografie 225

Anmerkungen 226

Widmung

Seit ich im Jahre 1975 zu schreiben begann,
habe ich immer versucht,
jedes Buch einem Menschen zu widmen,
zu dem das Thema am besten passt.
Daher erscheint es mir angemessen,
dass ich diesen Band jenem Menschen widme,
der ein hervorragendes Vorbild war in allen Dingen,
über die ich hier schreibe,
dem verstorbenen, großen

THOMAS WADE LANDRY
(1924-2000).

Dieser hervorragende Christ
war nicht nur Weltklasse als Spieler und Trainer im Football,
sondern auch 23 Jahre im Vorstand der Incorporate Members
des Dallas Theological Seminary, mir lebenslang ein Freund
und einer meiner höchstgeschätzten persönlichen Helden.
Ich spreche im Namen der gesamten Welt, wenn ich sage,
dass sie besser war, solange er noch unter uns weilte.
Wir werden sein meisterhaftes Vorbild vermissen,
das er uns in Sachen Heldenmut und Demut gab.

EINLEITUNG

Elia –
ein starker schwacher Mann

Die Erinnerung an meine Militärzeit ist mir noch recht lebendig, und irgendwie fühle ich mich zu Menschen hingezogen, die unter dem Druck des Kampfes besonders gute Leistungen erbringen. Dabei interessieren mich manche Schlachten mehr als andere. Aus irgendeinem Grund haben es mir während meines ganzen Erwachsenenlebens besonders die amerikanischen Führer angetan, die sich in unserem längsten und blutigsten Konflikt hervorgetan haben – dem schrecklichen Krieg zwischen unseren einzelnen Staaten. Es ist äußerst schwierig, sich die schreckliche Spannung vorzustellen, die die Herzen dieser tapferen Soldaten und Staatsmänner gequält haben muss, während sie sich im Krieg befanden und wussten, dass der Feind niemand anderes war als ebenfalls Amerikaner … manchmal ein naher Freund oder sogar ein Familienmitglied.

Unter den vielen Persönlichkeiten aus diesem Abschnitt unserer Geschichte, deren Leben ich studiert habe, möchte ich besonders Robert E. Lee hervorheben, jenen Inbegriff eines unbestechlichen Charakters und einen bis auf den heutigen Tag weltweit bewunderten Mann. Wenn man nur seinen Namen erwähnt, denkt jeder sogleich den Begriff »Gentleman« mit. Die Tugenden und Laster der Zeitgenossen Lees in Nord und Süd – Davis, Longstreet, Grant, Scott, Pendleton, Sherman, Stuart, MacClellan, Hood und selbst Lincoln – kann man in Frage stellen und in Zweifel ziehen. Mit Lee ist das anders. Irgendwie gibt es an ihm nichts zu kritisieren. In den Köpfen der Menschen, die den Bruderkrieg untersuchen, stellt er ein großartiges Modell von mindestens zwei Charaktereigenschaften dar, die sich nur selten in einer Person vereint finden: Heldenmut und Demut. Auch wenn sein Herz stark war, blieb doch seine Seele sanft.

In seinem guten Buch »Call of Duty: The Sterling Nobility of Robert E. Lee« (etwa: »Die Pflicht ruft: Der eherne Adel des Robert E. Lee«) hat J. Steven Wilkins eine Momentaufnahme dieser eigentlich widersprüchlichen Züge gemacht, wie sie sich in der Hitze der Schlacht von Petersburg gezeigt haben mögen:

Lee befand sich in exponierter Stellung unter intensivem Feuer. Er befahl den Männern um ihn herum, Schutz zu suchen und trat ins Freie, um einen Jungspatz aufzulesen, der aus seinem Nest gefallen war. Er setzte ihn ins Nest zurück und folgte dann seinen Männern in den Schutz des Unterstandes.[1]

Lee gehörte nicht zu jenen Generälen, die sich in der Sicherheit der letzten Reihe verbergen, sondern flirtete eher mit der Gefahr und das mit einem unerschütterlichen Geist der Unbesiegbarkeit. Er tat seine Pflicht – und weit mehr als nur die Pflicht – angesichts der Gefahr. Er war vollkommen ruhig und zuversichtlich und führte sein Leben in der Sicherheit, dass er sich in der fürsorglichen Hand Gottes befand, dem er von ganzem Herzen vertraute. Einerseits lief er niemals vor der Berufung davon, für das zu kämpfen, was er aufrichtigen Herzens für richtig hielt. Andererseits zog er niemals die Aufmerksamkeit auf seine eigene Person und vermied jeden Pomp und jedes Prestige, die sein Rang oder seine Position hätten mit sich bringen können. Letztlich gab er auch nichts auf den Applaus seiner Bewunderer.

Wenn ich das eben begonnene 21. Jahrhundert vor meinem inneren Auge vorbeiziehen lasse, dann frage ich mich: »Wo haben wir heute solche Leiter?« Eindeutig und stark, doch selbstbeherrscht. Diszipliniert, doch nachsichtig. Mutig bis zur Kühnheit, doch sanftmütig. Heldenhaft im Zentrum der Schlacht, doch demütig nach deren Ende. Zugegeben, es gibt Männer und Frauen, auf die das zutrifft, aber die Tragik liegt in der Kürze dieser Liste. Eine meiner größten Hoffnungen für die späteren Jahre meines Lebens ist, dass es mir gelingen möge, mehr Menschen zu ermutigen, sich aufzumachen und sich so zu entwickeln, dass auch sie zu der dünnen Schicht der Lee-ähnlichen Leiter gezählt werden können.

In erster Linie war es dieser Gedanke, der mich dazu bewogen hat, wieder meinen Stift zu ergreifen und mich einer weiteren biblischen Gestalt zuzuwenden, einer der großen Persönlichkeiten aus der Biografien-Serie des Wortes Gottes. Ich kann mir nur wenige andere denken, die diese beiden unschätzbar wertvollen Charakterzüge so deutlich an den Tag legen wie der Prophet Elia, dessen Berufung alles andere als ruhig und konfliktfrei war. Wie wir entdecken werden, erwies auch dieser Mann echten Heldenmut und wahre Demut mitten im unaufhörlichen Druck der Schlacht.

Bevor wir jedoch anfangen, möchte ich hier unterbrechen und jenen meinen Dank aussprechen, die eine wichtige Rolle dabei gespielt haben, dass dieser Band vor Ihnen liegt. Wohl habe ich die Fakten erforscht und dieses Buch geschrieben; aber ich verdanke drei anderen, dass meine Worte Flügel bekamen, mit denen sie die Enge meines Arbeitszimmers verlassen konnten. Zunächst ist da meine umsichtige und scharfsichtige Herausgeberin, Judith Markham, gefolgt von Mary Hollingsworth, die mir großartig darin assistiert hat, das Manuskript für den Druck vorzubereiten und Julie Meredith, die dazu beigetragen hat, die Rechte und Genehmigungen für die Fußnoten zu besorgen. Diese umsichtigen und kompetenten Frauen verdienen eine lang anhaltende »Standing Ovation«. Ich möchte auch noch zwei langjährigen Freunden aus dem Verlagswesen danken: Joey Paul und Lee Gessner von Word Publishing. Diese beiden Männer kommen mir als Erste in den Sinn, wenn ich überdenke, wer mir beständig eine Quelle der Ermutigung, der Entschiedenheit, Zuversicht und Stärke war, als das Projekt um sein Leben rang. Joeys Bereitschaft, seinen Terminplan aufgrund meiner niemals endenden Anliegen und Wünsche umzuwerfen, brachte den nötigen Schwung in dieses sonst oft belastende Projekt und verschaffte mir große Erleichterung. Es ist ein Vergnügen, bei einer Institution Bücher zu verlegen, die mit solch entgegenkommenden Herren »bestückt« ist.

Zuletzt möchte ich meine Anerkennung für die Unterstützung, die ich hinter den Kulissen erhielt, zum Ausdruck bringen. Mein Dank gilt verschiedenen Gruppen meiner Freunde und meiner Familie, die für mich beten und an meine Fähigkeiten glauben. Ich denke hier an die Mitarbeiter, das Leitungsteam und den Vorstand der Incorporate Members des Dallas Theological Seminary, an den Vorstand und die Direktoren von Insight for Living[2], die Ältesten, Diakone, Mitarbeiter, Pastoren-Kollegen und die neu gegründete Gemeinde Stonebriar Community Church in Frisco/Texas sowie meine Familie (wobei ich meine wunderbaren Enkel einbeziehe!), vor allem meine Frau Cynthia, mit der ich jetzt seit 45 Jahren verheiratet bin. Auf gar keinen Fall – ich wiederhole: *auf gar keinen Fall* – hätte ich meinen Terminplan einhalten (und trotzdem dem Wahnsinn entgehen können), hätte ich nicht die Unterstützung in der Fürbitte durch diese lieben Menschen gehabt, denen ich verantwortlich bin und mit denen mich großartige Beziehungen verbinden, die von Harmonie, Loyalität und Liebe gekennzeichnet sind.

All die hier genannten Menschen teilen mit mir die Hoffnung, dass Gott meine Gedanken zu dem Leben des *Elia – eines Mannes voll Heldenmut und Demut* – benutzen wird, damit auch in Ihnen der tiefe Wunsch wächst, entschieden für das einzustehen, von dem Sie wissen, dass es richtig ist, während Sie sich gleichzeitig tief vor ihm beugen, der all Ihres Vertrauens und Ihres Gehorsams würdig ist. In unserer Welt heute, die sich verlaufen hat, was auch am Mangel an ausgeglichenen, gottgefälligen Leitern liegt, brauchen wir mehr denn je Menschen wie Elia, die sich nicht davor scheuen, ihr Leben mutig vor jenen zu führen, denen sie als Vorbild dienen, während sie gleichzeitig demütig an der Hand ihres Gottes gehen.

– CHUCK SWINDOLL –
Dallas, Texas

Im achtunddreißigsten Jahr Asas, des Königs von Juda, wurde Ahab, der Sohn Omris, König über Israel und regierte über Israel zu Samaria zweiundzwanzig Jahre und tat, was dem HERRN missfiel, mehr als alle, die vor ihm gewesen waren. Es war noch das Geringste, dass er wandelte in der Sünde Jerobeams, des Sohnes Nebats; er nahm sogar Isebel, die Tochter Etbaals, des Königs der Sidonier, zur Frau und ging hin und diente Baal und betete ihn an und richtete ihm einen Altar auf im Tempel Baals, den er ihm zu Samaria baute, und machte ein Bild der Aschera, so dass Ahab mehr tat, den HERRN, den Gott Israels, zu erzürnen, als alle Könige von Israel, die vor ihm gewesen waren.

1. Könige 16,29-33

Und es sprach Elia, der Tischbiter, aus Tischbe in Gilead zu Ahab: »So wahr der HERR, der Gott Israels, lebt, vor dem ich stehe: ›Es soll diese Jahre weder Tau noch Regen kommen, ich sage es denn.‹«

1. Könige 17,1

KAPITEL EINS

Allein im Riss stehen

Ein demütiger Held starb am 11. Februar 2000 an einem Samstagabend. Er war 1924 auf einer Missionsstation in Texas geboren worden. 75 Jahre lang hat Thomas unvergessliche Spuren in seiner Umgebung hinterlassen. Was für eine bemerkenswerte Kombination aus Fleiß, Kreativität und starker Leiterschaft! Was für eine dynamische Mischung aus Würde, Disziplin und gelassener Zuversicht! Und – was noch wichtiger ist – was für ein Vermächtnis!

Wie die meisten berühmten Helden lebte Thomas Landry sein Leben im Licht der Öffentlichkeit. Er arbeitete in einem Umfeld, das sich nur wenige Menschen mit gesundem Menschenverstand aussuchen würden: dort, wo in hartem Wettbewerb jeder des anderen Wolf ist, wo die Leute in die Privatsphäre anderer einbrechen und Kritik allgegenwärtig ist. Ich meine damit natürlich die nationale Football-Liga, die unter dauerndem Druck steht und deren führende Trainer nicht gerade dafür bekannt sind, dass sie schon seit Menschengedenken mit einem Team verbunden sind. Erlauben Sie mir, ein Zitat von einem der farbenfrohen Trainer zu borgen, von Bum Philipps: »Es gibt nur zwei Arten von Trainern – solche, die schon gefeuert worden sind und solche, die noch gefeuert werden.« In unserer Welt, wo es darauf ankommt zu gewinnen, koste es, was es wolle, können Trainer nicht lange überleben.

Aber Trainer Tom Landry überlebte. 29 Jahre war er ununterbrochen bei einem Team, den Dallas Cowboys. Er hinterließ einen solch unauslöschlichen Eindruck bei ihnen, dass sie bis heute um Worte ringen, wenn sie ihre Gefühle der Wertschätzung angemessen auszudrücken versuchen. Dass es ihm gelang, 20 Saisons hintereinander mit demselben Team zu gewinnen, ist ein Rekord im Profi-Football, der ziemlich sicher nicht gebrochen werden wird. Nicht mehr. Trainer dürfen gar nicht mehr lange genug bleiben, um sich als Gewinner auszuweisen. Gier, Selbstbezogenheit, Haschen nach Aufmerksamkeit und der unstillbare Hunger der Öffentlichkeit nach sofortiger Befriedigung untergraben die Geduld, die nötig wäre, um in einem Team Charakter heranzubilden. Aber wir wollen dankbar sein, dass man in Landrys Ära Trainern die Zeit einräumte, die sie brauchten, um ein Team heranzubilden, die Männer als Mentoren zu begleiten, sie zu großartigen Leistungen zu motivieren und – was das Wichtigste ist – ihr Leben für immer zum Guten zu beeinflussen. Es ist kein Wunder, dass Tom Landry zur Legende wurde.

Ich hatte das Vorrecht, Tom Landry persönlich zu kennen. 23 Jahre lang gehörte er zum Vorstand der Incorporate Members von Dallas Theological Seminary. Er saß treu in unseren Sitzungen, sowohl in unseren besten Jahren als auch in den allerschwierigsten. Zu allen Zeiten trat er gelassen und weise auf, und aus seinen Beiträgen sprachen Erfahrung und Reife. Immer erweiterte er unsere Perspektive und verlieh unseren Diskussionen Tiefe.

Viele Helden sehen aus der Entfernung viel besser aus. Aus der Nähe jedoch überraschen und enttäuschen sie uns oft. Bei Tom Landry war das anders. Je besser man ihn kannte, desto mehr bewunderte man ihn.

Die Welt kannte Tom Landry nur aus der Entfernung und betrachtete ihn als guten Menschen. Ich kann Ihnen aus Erfahrung sagen, dass er, wenn man ihn persönlich kannte, ein hervorragender Mensch war. Er war großartig in seiner Integrität, seiner Großzügigkeit, seiner Entschiedenheit und seinen Prioritäten. (Über Letztere sagte er oft: »Zuerst Gott, dann die Familie, zuletzt der Football.«) Großartig war er auch in seiner Demut. Als Tom Landry starb, schien es, als sei eine Ära zu Ende gegangen. Helden sind heute gefährlich selten geworden. Unsere Welt verkommt immer schneller zu einer Welt von Menschen, die sich selbst am wichtigsten sind, die ihren Erfolg allzu unübersehbar vor sich her tragen. Leistungen werden nicht mehr im Verborgenen gelassen, wo andere sie entdecken können, sondern von denen, die sie erreicht haben, schamlos in alle Welt hinausposaunt.

Ich kann nicht für alle Menschen sprechen, aber ich glaube, dass ich eine Mehrheit vertrete, wenn ich sage, dass wir uns nach Helden sehnen, die sich bei näherem Hinsehen als besser erweisen als erwartet. Diese Sehnsucht ist dann noch tiefer gestillt, wenn wir feststellen, dass sich diese außergewöhnlichen Menschen aufrichtige Demut in ihrem Herzen bewahrt haben. Solche einzigartigen Individuen stehen allein im Riss. Nichts bewegt sie von dort weg. Kein Gegner, den sie vor sich haben, jagt ihnen Furcht ein oder beeindruckt sie auch nur. Sie haben keine Angst vor den drohenden Herausforderungen, und keinerlei Presseartikel über ihre Leistungen kann sie einschüchtern oder eingebildet werden lassen.

Es tritt ab: der Cheftrainer des nationalen Football-Teams Tomas Wade Landry.

Es tritt auf: der hebräische Prophet Elia.

Er wird uns vorgestellt als »Elia, der Tischbiter«. (1. Könige 17,1) Damit wird gesagt, dass er quasi aus dem Nichts auftauchte. Wenn Sie meinen sollten, dass Landrys Geburtsort, Missionsstation in Texas, nach einer abgelegenen staubigen Kleinstadt im Bundesstaat mit dem einsamen Stern im Banner klingt, dann sollten Sie mal versuchen, im Alten Mittleren Orient die Stadt Tischbe in Gilead auszumachen! Sogar ein so verlässlicher Gelehrter wie Merrill F. Unger zögert nicht, Unklarheiten über die Herkunft dieses Mannes einzuräumen: »Der Begriff Tischbiter bezieht sich auf jemanden, der aus einer gewissen Stadt namens

Tischbe oder so ähnlich stammt … einem Ort, der unbekannt ist.«[3]

Ein guter Freund von mir wuchs unheimlich weit draußen auf dem Land auf. Er pflegte dies mit einem Lächeln so zu beschreiben: »Als ich noch ein kleiner Junge war, musste man *in Richtung Stadt* gehen, um zu jagen.« So ähnlich muss das mit Tischbe auch gewesen sein. Wir können zwar Gilead auf der Karte finden, nicht aber eine Stadt namens Tischbe »oder so ähnlich«. Das ist einer jener Orte, den der Sand der Zeiten inzwischen vollkommen verschüttet hat. Und doch kam Elia aus jenem vollkommen unwichtigen Ort – also aus dem Nichts, um zum Plan Gottes für sein Volk einen derart wichtigen Beitrag zu leisten, dass er zu einem der berühmtesten Helden Israels wurde, zu einer Legende.

Aber ich greife vor. Lassen Sie uns nochmal von vorne anfangen und tief die geschichtliche Luft einatmen, damit wir begreifen, was diese große biblische Persönlichkeit für den vergessenen und verlorenen Ort von damals bedeutet haben muss.

IM SCHMELZTIEGEL DER GESCHICHTE

Wenn Sie das Leben von Individuen untersuchen, dann müssen Sie auch deren geschichtlichen Hintergrund berücksichtigen. Das ist besonders zu beachten, wenn Sie sich Männern und Frauen widmen, deren Leistungen die Zeiten überdauert haben und die heute in den Annalen als wichtige oder bekannte Menschen geführt werden. Man darf Menschen nicht von den Zusammenhängen ihrer Zeit getrennt betrachten, weil der Stahl des Charakters auf dem Amboss der Zeit geformt und im geschichtlichen Zusammenhang geschmiedet wird. Alle großen Männer und Frauen haben die Hitze dieses läuternden Feuers gespürt, ob sie nun Soldaten waren wie Robert E. Lee, Dichter wie Goethe, Staatsmänner wie Adenauer oder königliche Majestäten wie Ester von Persien.

In wenigen Biografien sind der Hammer der Geschichte und die Gluthitze spürbarer als bei dem Menschen, dem dieses Buch gewidmet ist. Aus diesem Grund ist es wesentlich, dass wir uns die schwierigen Zeiten vor Augen führen, in denen Elia die biblische Szene betrat. Wenn wir erst mal den Zusammenhang verstehen, in dem sein Leben sich abspielte, dann fangen wir an, die Stärke dieses einzigartigen, lederigen Mannes zu schätzen, den Gott so nachhaltig formte, um ihn gegen den Ansturm seiner Tage zu wappnen.

Vor einigen Jahren wurde mir anschaulich vor Augen geführt, wie wichtig es ist, geschichtliche Zusammenhänge wahrzunehmen. Unsere Kinder waren noch klein, und wir zelteten als Familie in Vermont. Es war Herbst, und die Berge waren in Rot, Gelb und Orange gehüllt. Meine älteste Tochter war damals ungefähr vier Jahre alt und kam mit einer Faust voll Wildblumen zu mir. »Schau mal, Papi«, sagte sie eifrig. »Sind die nicht hübsch?« Ich erinnere mich noch ganz genau, wie ich mir ihr kleines, zerrupftes Sträußchen anschaute und lächelnd sagte: »Ja wirklich. Zeig mir doch einmal, wo du die gepflückt hast.«

Sie rannte vor mir her zu einer Stelle, die von unserem Zeltplatz ziemlich weit entfernt war und zeigte auf einen Farbfleck zwischen Unkräutern, Dornen und zackigen Felsen. In der Nähe flogen Hornissen geschäftig um ein Loch in einem Baumstamm. Ich war hell entsetzt, als ich bemerkte, dass sich weniger als einen Meter von den Blumen entfernt ein Abgrund auftat, der wenigstens 120 Meter steil abfiel, wenn nicht 150. Hier, in einer unwirtlichen, gefährlichen Umgebung, hatten diese Blumen völlig unbemerkt geblüht, bis die Augen eines kleinen Mädchens (das zu weit von zu Hause weggegangen war) sie erspähten und zum Leuchten brachten. Nachdem ich erst einmal die Umgebung gesehen hatte, aus der sie gekommen waren, schätzte ich die Faust voll Wildblumen noch sehr viel mehr.

Die meisten der wirklich Großen Gottes sind genau so. Elia ist sicher so. Das erklärt, warum ich so viel Zeit darauf verwenden werde, mir den Ort genau anzusehen, von dem der Prophet, der aus dem Nichts kam, stammte – dieser Prophet, der zwischen gefährlichen Abgründen, Hornissen und Unkräutern der Bosheit erblühte.

EIN BISSCHEN GESCHICHTE

Über einhundert Jahre hatten die Israeliten unter der Herrschaft von drei Königen gelebt: Saul, David und schließlich Salomo. Diese drei jüdischen Regenten waren zu ihrer Zeit große und berühmte Leute, auch wenn nicht einer unter ihnen ohne Fehl und Tadel war. An Salomos Lebensende brach ein Bürgerkrieg in seinem Königreich aus, das unter Gottes gesalbter Leiterschaft geeint gewesen war. Die Auseinandersetzungen wurden immer erbitterter, und die Nation zerfiel in ein nördliches Königreich, das meistens Israel genannt wird, und in ein südliches, das zumeist mit Juda bezeichnet wird. Diese Teilung blieb erhalten, bis beide Königreiche fremden Invasoren anheim fielen und die Juden in die Knechtschaft geführt wurden.

Von dieser Teilung an bis zur Knechtschaft Israels vergingen etwas über 200 Jahre. In dieser Zeit hatte das nördliche Königreich 19 Könige, von denen alle schlecht waren und Gott keineswegs gefielen. Stellen Sie sich das nur einmal vor! Neunzehn nationale Führer nacheinander, 19 Könige, die einer nach dem anderen regierten und dabei »taten, was dem HERRN missfiel«. Das waren die Bedingungen Israels, bis die Assyrer im Jahr 722 v. Chr. ins Land einfielen.

Das südliche Königreich hatte in über 300 Jahren 17 verschiedene Herrscher. Acht dieser Monarchen richteten sich nach Gottes Willen, aber neun waren richtig schlechte Männer, die Gott weder dienten noch ihn anbeteten. Das südliche Königreich, Juda, fand im Jahre 586 v. Chr. sein Ende, als die Babylonier Jerusalem zerstörten und die Hebräer in eine 70 Jahre dauernde Gefangenschaft abführten. Das südliche Königreich wurde später wieder belebt, als Männer wie Nehemia, Esra und Serubbabel aus dem Exil zurückkehrten. Sie kamen ins Land ihrer Vorväter zurück, bauten den Tempel wieder auf und sorgten dafür, dass der einzig wahre Gott wieder angebetet und verehrt wurde.

Wenn Sie noch nie zuvor diese Episode der Geschichte untersucht haben, möchte ich hier innehalten und Sie bitten, das jetzt nachzuholen. Ich weiß, wie sehr mir die Kenntnis der jüdischen

Geschichte an dieser Stelle geholfen hat. Ich erinnere mich an Zeiten, in denen ich versuchte, die Bibel durchzulesen. Da war ich noch ziemlich jung. Alles verlief ziemlich glatt, bis ich zum 1. Buch der Könige kam. Hier kam ich zwangsläufig ins Schleudern. Die Namen an sich waren schon schwer genug, aber als für denselben Zeitraum mehr als ein König als Regent genannt wurde, dachte ich bei mir: »Das hat doch keinen Sinn!« Das Hauptproblem war aber, dass ich vom Unterschied zwischen Israel und Juda nicht genug wusste. Nachdem ich aber einmal die Geschichte richtig verstanden und die verschiedenen Monarchen, die im geteilten Königreich regierten, in den richtigen Zusammenhang eingeordnet hatte, nahm dieser Teil des Alten Testamentes nicht nur Sinn an, sondern auch Gestalt und Farbe.

In dieser Periode der Teilung in das nördliche und das südliche Königreich schickte Gott die verschiedensten Propheten, weil viele Könige richtig schlechte Leute waren und die Hebräer weit abfielen von ihrem Gott. Die Propheten riefen sowohl die Regenten als auch das Volk zur Buße. Ein Prophet zu sein war keine angenehme Berufung. Die meisten der Monarchen wollten mit den von Gott gesalbten Boten nichts zu tun haben, schlugen ihre Warnungen und Zurechtweisungen in den Wind oder taten noch Schlimmeres. Wir wollen uns – nur beispielsweise – Jerobeam anschauen, den ersten König des Nordreiches. Er ist nicht nur in seiner Position als erster König dieser Ära wichtig, sondern auch deshalb, weil er derjenige König war, der ganz gezielt die Samen des Götzendienstes ins Volk Israel einstreute.

> Aber nach diesem Geschehnis kehrte Jerobeam nicht um von seinem bösen Wege, sondern bestellte wieder Priester für die Höhen aus allem Volk. Wer da wollte, dessen Hand füllte er, und der wurde Priester für die Höhen.
>
> 1. Könige 13,33

Mit »Höhen« bezeichnete man ganz allgemein Orte des Götzendienstes, Altäre für Götzen, Orte der Anbetung fremder Götter und Götzen. So erfahren wir gleich zu Anfang, dass der erste König des Nordreiches Priester für den »Gottes«dienst an Götzen anstellte. Verwegen und ohne jede Scham leistete König Jerobeam dem Götzendienst Vorschub. Darüber hinaus war seine 22-jährige Regierungszeit von Betrug und Mord geprägt. Das Nordreich nahm unter Jerobeam einen tragischen Anfang. Und danach kam sein Sohn und Thronfolger Nadab »an seiner Statt«.

> Die Zeit aber, die Jerobeam regierte, sind zweiundzwanzig Jahre. Und er legte sich zu seinen Vätern, und sein Sohn Nadab wurde König an seiner Statt …
>
> 1. Könige 14,20

> Nadab aber, der Sohn Jerobeams, wurde König über Israel im zweiten Jahr Asas, des Königs von Juda, und regierte über Israel zwei Jahre.
>
> 1. Könige 15,25

Haben Sie das mitbekommen? Nadab »wurde König über Israel, im zweiten Jahr Asas, des König von Juda«. Sehen Sie, wie der Hinweis, den ich Ihnen gegeben habe, Ihnen hier weiterhilft? Der eine regierte über Israel, der andere über Juda. Wenn Sie erst einmal begriffen haben, dass es sich um zwei verschiedene Königreiche handelt, können Sie erkennen, dass Asa im Südreich regierte, in Juda, während Nadab im Nordreich an der Macht war, im jetzt also sehr viel kleineren Israel. Aber was für ein König war nun Nadab?

> … und (Nadab) tat, was dem HERRN missfiel, und wandelte in dem Wege seines Vaters und in seiner Sünde, womit dieser Israel sündigen gemacht hatte.
>
> 1. Könige 15,26

Aber Nadab regierte nur zwei Jahre lang. Dann wurde er von seinem Nachfolger ermordet.

Aber Bascha, der Sohn Ahijas, aus dem Stamme Issachar, machte eine Verschwörung gegen ihn und erschlug ihn zu Gibbeton, das den Philistern gehörte. Denn Nadab und ganz Israel belagerten Gibbeton. So tötete ihn Bascha im dritten Jahr Asas, des Königs von Juda, und wurde König an seiner Statt.

1. Könige 15,27-28

Aber was für ein König war nun Bascha?

Als er nun König war, erschlug er das ganze Haus Jerobeam; er ließ auch nicht einen übrig vom Hause Jerobeam, bis er es ganz vertilgt hatte nach dem Wort des HERRN, das er geredet hatte durch seinen Knecht Ahija von Silo, um der Sünden Jerobeams willen, die er tat und womit er Israel sündigen machte und den HERRN, den Gott Israels, zum Zorn reizte.

1. Könige 15,29-30

Wie ich schon sagte, waren alle Herrscher des Nordreiches schlecht, und manche waren noch viel schlimmer als die anderen. Bascha war nicht der Schlimmste, aber er war eindeutig nicht die Art von Mensch, die man sich als Schwiegersohn wünscht. Er war ein übler, mordgieriger Mann und regierte Israel 24 Jahre lang. Und danach?

Auch war das Wort des HERRN durch den Propheten Jehu, den Sohn Hananis, über Bascha gekommen und über sein Haus wegen all des Unrechts, das er vor dem HERRN tat, ihn zu erzürnen durch die Werke seiner Hände, dass es ihm ergehen sollte wie dem Hause Jerobeam, und weil er dieses ausgetilgt hatte. Im sechsundzwanzigsten Jahr Asas, des Königs von Juda, wurde Ela, der Sohn Baschas, König über Israel und regierte zu Tirza zwei Jahre.

1. Könige 16,7-8

Also haben wir es wieder mit einem neuen König auf dem Thron des Nordreiches zu tun. Was für ein Mensch war nun Ela?

Aber sein Knecht Simri, der Oberste über die Hälfte der Kriegswagen, machte eine Verschwörung gegen ihn. Er aber war in Tirza, trank und wurde trunken im Hause Arzas, des Hofmeisters in Tirza. Und Simri kam hinein und schlug ihn tot im siebenundzwanzigsten Jahr Asas, des Königs von Juda, und wurde König an seiner Statt. Und als er König war und auf seinem Thron saß, erschlug er das ganze Haus Bascha und ließ nichts übrig, was männlich war, dazu seine Verwandten und seine Freunde. So vertilgte Simri das ganze Haus Bascha nach dem Wort des HERRN, das er über Bascha geredet hatte durch den Propheten Jehu, um all der Sünden willen Baschas und seines Sohnes Ela, die sie taten und durch die sie Israel sündigen machten, den HERRN, den Gott Israels, zu erzürnen durch ihre Abgötterei.

1. Könige 16,9-13

Nun, war das nicht eine herrliche Dynastie? Ein Mörder macht dem nächsten Platz. Ein Killer bringt den anderen Killer um. Ein Massenmörder schlachtet das gesamte Haus eines anderen Massenmörders hin und gleich seine Freunde und Bekannten mit. Eine Reihe gottloser Männer kommt auf den Thron und tut unablässig Böses vor dem Herrn.

Und doch, so schlimm das auch alles klingt, schauen Sie einmal genau hin, was der Bericht über Omri sagt:

Damals teilte sich das Volk Israel in zwei Teile. Eine Hälfte hing Tibni an, dem Sohn Ginats, und machte ihn zum König, die andere Hälfte aber hing Omri an. Aber das Volk, das Omri anhing, wurde stärker als das Volk, das Tibni anhing, dem Sohn Ginats. Und Tibni starb; da wurde Omri König. Im einunddreißigsten Jahr Asas, des Königs von Juda, wurde Omri König über Israel und regierte zwölf Jahre, und davon zu Tirza sechs Jahre. Er kaufte den Berg Samaria von Schemer für zwei Zentner Silber und baute auf dem Berg eine Stadt und nannte sie Samaria nach dem Namen Schemers, dem der Berg gehört hatte. Und Omri tat, was dem HERRN missfiel, und trieb es ärger als alle, die vor ihm gewesen waren, und wandelte in allen Wegen Jerobeams, des Sohnes Nebats, und in seiner Sünde, durch die dieser Israel sündigen machte, dass sie den HERRN, den Gott Israels, erzürnten durch ihre Abgötterei … Und Omri legte sich zu seinen Vätern und wurde begraben zu Samaria. Und sein Sohn Ahab wurde König an seiner Statt.

1. Könige 16,21-26.28

Trotz allen Blutvergießens und bei aller Abgötterei und Bosheit der vorangegangenen Könige sagt der Schreiber über Omri, dass er es noch »ärger trieb als alle, die vor ihm gewesen waren«! Und dann kam sein Sohn Ahab an die Macht!

Blutvergießen und Meuchelmord, Mord und Intrige, Gemeinheit und Unmoral, Verschwörung und Betrug, Hass und Götzendienst hatten in Israel sechs lange, dunkle Jahrzehnte lang geherrscht. Die Herrschaft des Bösen begann im Herzen des Throninhabers und verbreitete sich im Volk, bis sie jeden Einzelnen im Herzen erreichte. Zu allem Überfluss geriet nun schließlich Ahab an den Thron, der Isebel heiratete.

AHAB UND ISEBEL

Wie verhängnisvoll diese Ehe war, zeigt sich bereits an der Stelle, an der Isebel eingeführt und vorgestellt wird.

> Es war noch das Geringste, dass er wandelte in der Sünde Jerobeams, des Sohnes Nebats; er nahm sogar Isebel, die Tochter Etbaals, des Königs der Sidonier, zur Frau und ging hin und diente Baal und betete ihn an.
>
> 1. Könige 16,31

Auch wenn wir noch nicht wissen, was als Nächstes kommen wird, haben wir doch schon einen Hinweis auf die Bedeutung dieser Frau für die Geschichte Israels, schon dadurch, dass wir in den vorhergegangenen Kapiteln niemals den Namen der Ehefrau eines Königs erfahren haben. Jetzt plötzlich nennt man uns nicht nur den Namen des nächsten Königs, nämlich Ahab, sondern auch der Frau, die er heiratete: Isebel.

Warum geschieht das? Warum veranlasst Gott den Schreiber, hier innezuhalten und sich mit der Ehe des Königs zu beschäftigen? Warum ist es so wichtig, dass wir den Namen und die Herkunft der Frau des Ahab erfahren? Ich glaube, dass es dafür zwei Gründe gibt.

- *Erstens war sie der beherrschende Charakter in dieser Ehe.* In Wahrheit regierte Isebel das Königreich. Sie war die graue Eminenz, die eigentliche Macht hinter dem Thron. Ahabs Regierung war in Wirklichkeit eine schlecht kaschierte »Weiberherrschaft«, ein Matriarchat: Isebel befehligte den König, und auf diesem Umweg war sie die wahre Regentin des Volkes Israel.

- *Zweitens war sie diejenige, die die Verehrung des Baal in die Wege leitete.* Isebels Vater, Etbaal, stammte aus Sidon; er war der König der Sidonier. Die Anbetung und Verehrung des Baal stammte ursprünglich aus Kanaan und wurde schon lange in dieser Gegend praktiziert. Aber in den Herzen der Israeliten hatte sie keinen Raum, bis es zu dieser Eheschließung Ahabs kam. Man könnte sagen, sie war Teil der Mitgift Isebels. Als Ahab sie heiratete, brachte sie ihre geistliche Erbschaft mit: den Götzendienst an Baal.

Baal wurde angebetet als Gott des Regens und der Fruchtbarkeit, der die Jahreszeiten, die Ernte und das Land beherrschte. Mit dem Götzendienst an Baal wurden zugleich alle heidnischen Sitten und barbarischen Opferbräuche ins Königreich Israel eingeführt, sodass die Situation im Land noch viel schlimmer wurde.

DER PLÖTZLICHE BEDARF
AN DER ANWESENHEIT EINES PROPHETEN

J. Oswald Sanders schreibt in einem alten Werk, »Robust in Faith« (etwa: »Standfest im Glauben«): »Elia erschien zur Stunde null der Geschichte Israels … Wie ein Meteor leuchtete er in der rabenschwarzen geistlichen Nacht Israels auf.«[4] Niemand hätte mit einem Ehepaar wie Ahab und Isebel besser umgehen können als Elia. Der unnachgiebige, ausgemergelte Prophet aus Tischbe wird zu Gottes Werkzeug der Konfrontation.

F. B. Meyer nennt Isebel die »Lady Macbeth des Alten Testamentes«. Sie trug tatsächlich alle Kennzeichen der Besessenheit durch Dämonen und war in der Tat, gemessen an ihren Taten, die Frau der Stunde für Satan.

In geistlicher Hinsicht befand sich alles in absolut aussichtsloser Lage. Der Riss zwischen Gott und seinem Volk hätte gar nicht tiefer und breiter sein können. Stellen Sie sich nur einmal vor, wie tief die dämonische Dunkelheit gewesen sein muss:

> … und (Ahab) richtete ihm einen Altar auf im Tempel Baals, den er ihm zu Samaria baute, und machte ein Bild der Aschera, so dass Ahab mehr tat, den HERRN, den Gott Israels, zu erzürnen, als alle Könige von Israel, die vor ihm gewesen waren.
>
> 1. Könige 16,32-33

Die Aschera stand stellvertretend für die Hauptgöttin Tyre, die nach der Mythologie der Götzen die Mutter des Baal war. Die Ascherim waren Säulen in der Form der Aschera, wobei alle mit der Verehrung des Baal verbunden wurden.

Wenn ich diesen Bericht lese, kann ich beinahe die tiefen Seufzer des Berichterstatters hören und ihm nachempfinden, mit welch wehem Herzen er diese heiligen Zeilen niederschrieb. Falls Sie das nicht nachvollziehen können, werden Sie auch nicht verstehen, was für einen ungeheuer tiefen Eindruck die unerwartete, plötzliche Ankunft des Elia machen musste.

Und es sprach Elia, der Tischbiter, aus Tischbe in Gilead zu
Ahab: »So wahr der HERR, der Gott Israels, lebt, vor dem
ich stehe: ›Es soll diese Jahre weder Tau noch Regen kommen, ich sage es denn.‹«

1. Könige 17,1

Mit voller Kraft bricht sich der Prophet Gottes, der vom Himmel
Gesandte, Bahn in diese Ära unüberbietbarer Schlechtigkeit und
Bosheit. Schon eine oberflächliche Analyse seiner Einführung er-
gibt drei wesentliche Faktoren: seinen Namen, seine Herkunft
und seinen Stil.

Sein Name

Das Erste, was unsere Aufmerksamkeit auf sich ziehen muss, ist
Elias Name, eigentlich *Elijah*. Das hebräische Wort für »Gott«
im Alten Testament ist *Elohim*, das auch mit *El* abgekürzt wird.
Das Wort *Jah* ist der abgekürzte Begriff für *Jehova*, Herr. So sind
also in Elias Namen das Wort für »Gott« und das für »Herr« vereint. Dazwischen findet sich der kleine Buchstabe »i«, der im
Hebräischen wie ein Personalpronomen fungiert und »mein« bedeutet. Wenn man alles drei zusammenfügt, bedeutet sein Name
also: »Mein Gott ist Jehova (der Herr)« oder »Gott ist mein
Herr«.

Ahab und Isebel beherrschten das Land, und Baal war der
Gott, den sie anbeteten. Als aber Elia mit einem Satz die Bühne
betrat, besagte schon sein Name: »Ich habe einen Gott, den einzig wahren Gott. Sein Name ist Jehova. Er ist der Einzige, dem
ich diene und vor dem ich stehe.«

Wie schon gesagt, die geistliche Kluft zwischen Gott und seinem Volk war so tief und breit wie nie zuvor. Und Elia stand in
genau diesem Riss.

Der zweite bedeutende Punkt bei Elia ist der Ort seiner Herkunft. Elia war aus Tischbe, weshalb er »Elia, der Tischbiter« hieß. Sie erinnern sich sicher, dass wir so gut wie nichts über Tischbe wissen, nicht einmal, wo es genau lag. Jedoch zeigt der Text an, dass es in Gilead zu finden ist, im nördlichen Transjordanland, also auf der östlichen Seite des Jordans. Mit archäologischer Hilfe haben Historiker ein paar Einzelheiten darüber »ausgegraben«.

Gilead war eine einsame Gegend, in der sich der Großteil des Lebens unter freiem Himmel abspielte. Eine Gegend, in der die Leute mit hoher Wahrscheinlichkeit hart im Nehmen – und Austeilen – waren, sonnengegerbt, muskulös und lederig. Es war sicher kein Gebiet, in dem man poliert daherkam, durchgestylt, bis in die feinsten Verästelungen gebildet und diplomatisch. Es war ein karges Land und man spürt, dass Elias Äußeres ganz dazu passte. Sein Benehmen war rau und zackig und mag ans Ungehobelte und Ungebildete gegrenzt haben. Ähnlich feurige Figuren hat Gott noch mehrfach zu bestimmten Zeiten in eine Welt geschickt, die durch nichts darauf vorbereitet war. Diese Charaktere gewinnen sicher nicht viele Freunde, aber eines ist todsicher: Man kann sie nicht ignorieren. Propheten sind immer so. Sie müssen wohl so sein.

Harry Emerson Fosdick hat in seinem meisterhaften Werk *Great Voices of the Reformation* (»Wichtige Stimmen der Reformationszeit«) das Porträt eines großen feurigen Propheten Schottlands gezeichnet, nämlich des John Knox, das ich hier wiedergeben möchte:

Knox war ein ernster Mann in einer ernsten Zeit in einem rauen, gewalttätigen Land. Dr. Thoma McCrie hat gesagt: »Das vorreformatorische Christentum war weltweit verunstaltet worden, aber in der gesamten westlichen Kirche nirgends so stark wie in Schottland. Aberglauben und religiöse Hochstapelei erreichten ihre schlimmsten Formen und wurden von einem ungebildeten

Volk mit verkommenen Manieren ungemein leicht aufgenommen.« Von Anfang an war die Straße, die Knox zu bereisen hatte, alles andere als eben, und man musste schon ein rauer Mensch sein, um diese Reise durchzustehen … Andere versuchten, die Zweige des Papismus zu beschneiden, Knox aber ging ihm an die Wurzel, um ihn insgesamt zu vernichten.[5]

Knox besaß aber auch eine zarte und vorsichtige Seite. Man sagte, dass er manchmal, wenn er die Bibel aufschlug, »vor lauter Tränen kein Wort hervorbrachte«. Man sagte auch, dass die Königin »die Feder des John Knox mehr fürchtete als die Armeen Schottlands zusammen«. Er war ein Briefschreiber, ein Mann bewegender Zartheit und ein Prophet, der keine Angst hatte und der sich durch nichts und niemanden einschüchtern ließ. Genau diese Art Mensch brauchte Schottland in dieser dunklen, ernsten Stunde.

Und genau einen Mann wie Elia brauchte Israel in dieser dunklen Stunde seiner Geschichte. Ein karger, einsamer Mann aus der ungehobelten Stadt Tischbe.

Sein Stil

Elias Name war wichtig und seine Herkunft war es auch. Aber was unmittelbar ins Auge springt, wenn ich an Elia denke, ist sein Stil. Vom allerersten Wort an geht er den König gerade an. Ohne auch nur einen Augenblick zu zögern, ohne das leiseste Anzeichen von Angst oder Gehemmtheit stellt sich Elia vor diesen König hin und kommt direkt zur Sache.

Erinnern Sie sich bitte daran, dass das Königreich in Israel zu dieser Zeit schon mindestens 60 Jahre des Unglaubens hinter sich hatte, Jahre, in denen gnadenlose Herrscher das Sagen hatten und in denen Abfall von Gott, Götzendienst und kaltblütige Morde an der Tagesordnung waren. Darüber hinaus waren dieser Monarch und seine dominante Ehefrau die Allerschlimmsten überhaupt. Auf die Bühne kommt ein Prophet aus dem Nichts. Er folgt nicht dem Protokoll, stellt sich nicht vor, hält sich nicht im Geringsten mit irgendwelchen Ehrbezeugungen vor den Majestäten auf. Er ist kein komplex differenzierender Mann, nicht geschniegelt und gebügelt, ohne höhere Bildung und ohne höfische Umgangsformen. Er kündet schlicht an: »So wahr der Herr, der Gott Israels lebt, vor dem ich stehe, genauso sicher wird es in den kommenden Jahren weder regnen noch gar tauen, es sei denn, ich befehle es.«

Elia ist ein Mann, der ein Ziel hat. Er erklärt sich zum Diener »des Herrn, des Gottes Israels«, inmitten des offenbaren Götzendienstes an Baal um ihn herum. Er bereitet seine Zuhörer nicht auf seine Warnung vor, sondern kündet ganz unumwunden an: »kein Regen – nicht einmal Tau – jahrelang, bis ich es gebiete«. Seine Worte klingen hart und unumstößlich, aber Sie müssen sich vor Augen führen, dass er seine Faust dem Teufel mitten ins Gesicht schüttelt. Er bringt die Dinge zurecht. In Texas gibt es die Redewendung: »Entweder angeln wir jetzt oder wir suchen Köder.« »Baal oder nicht Baal«, sagt Elia mit anderen Worten, »Leute, ihr werdet keinen Regen mehr erleben. Und ohne Regen keine Ernte. Euer Vieh wird kläglich umkommen. Die Leute werden verdursten. Jetzt kommt es darauf an.«

Elia bringt das an den Mann, was er zu sagen hat. Er ist ein Bote, der im Riss steht, ganz einzigartig gesalbt und eingesetzt von Gott. Er reist alleine, schlägt Alarm und versucht, die unentschiedene oder sogar feindliche Bevölkerung aufzurütteln.

WENN SIE ALLEIN DASTEHEN

Noch heute gibt es Menschen, die allein in den Riss treten, die noch immer versuchen, uns aus dem Schlaf zu rütteln. Eine Hand voll mutiger Studenten der Columbine Highschool fällt mir unmittelbar ein. Geladene Gewehre und Todesgefahr konnten sie nicht zum Schweigen bringen. Ich halte sie für moderne Elias, die Gott einsetzte, um eine Leben verändernde Botschaft weiterzugeben. Diese mutigen Männer und Frauen sind bereit, für die Wahrheit einzutreten und zu sagen, was zu sagen ist. Sie sind Helden, Persönlichkeiten, die durch und durch echt sind.

Elia, David, Ester, Mose und Josef stehen da neben Menschen wie Knox, Lee und anderen. In ihnen ist keine einzige nur mittelmäßige Zelle. Diese Männer und Frauen waren bereit, sich auch allein den stärksten Gewalten ihrer Tage entgegenzustellen und ohne Scham oder Gehemmtheit den Namen des Herrn zu verkünden.

Erinnern Sie sich, was ein anderer großer Prophet unter Gottes Führung darüber geschrieben hat?

> Ich suchte unter ihnen, ob jemand eine Mauer ziehen und in die Bresche vor mir treten würde für das Land, damit ich's nicht vernichten müsste; aber ich fand keinen.
>
> Hesekiel 22,30

Noch immer geht die Suche weiter. Unser Herr sucht noch immer Menschen, die bereit sind, alles zu geben, um das Ruder herumzureißen. Christen dürfen nicht wagen, nur Mittelmaß zu sein. Wir dürfen uns nicht im Hintergrund auflösen oder uns in der neutralen Umgebung unserer Welt unsichtbar machen. Manchmal muss man sehr genau hinsehen und sehr lange mit einem Einzelnen sprechen, bevor er oder sie bereit ist, sich Gott ganz zu unterstellen und ihm gehorsam zu dienen. Manchmal muss man sehr lange um sich schauen, um jemand Mutiges zu finden, der bereit ist, sich alleine hinzustellen und für Gott zu sprechen. Ist es das, was wir in unserem Zeitalter der Toleranz und des Kompromisses hervorgebracht haben?

Elias Leben lehrt uns, was der Herr fordert.

DIE LEKTIONEN, DIE UNS EIN HELD, DER IM RISS STEHT, BEIBRINGT

Wir können verschiedene Lektionen dauerhaft vom Vorbild des Elia lernen.

Erstens: Gott sucht in schwierigen Zeiten ganz besondere Leute.
Gott brauchte einen ganz besonderen Menschen, der sein Licht
in die Schwärze jener Tage leuchten lassen konnte. Aber Gott
fand ihn nicht in einem Palast oder am Gerichtshof. Er fand ihn
nicht mit gesenktem Kopf in einer Prophetenschule herumlau-
fen. Er fand ihn nicht einmal unter den Durchschnittsbürgern.
Gott fand ihn in Tischbe, wer hätte das gedacht? Ein Mann, der
bereit war, sich in den Riss zu stellen, durfte nicht einfach redegewandt oder wie geleckt sein, er musste etwas aushalten können.

Gott hielt nach jemandem Ausschau, der genug Rückgrat hatte, notfalls auch allein dazustehen. Jemand, der mutig genug war,
um offen vor allen zu sagen: »Dies ist falsch!« Jemand, der einem
Götzendiener direkt gegenüberstehen könnte und noch immer
verkünden würde: »Gott allein ist Gott.«

In unserer Kultur heute – in unseren Schulen, Büros, Fabri-
ken, Kantinen und Vorstandszimmern, unseren Eliteeinrichtun-
gen und Gerichtshöfen – brauchen wir Menschen, die Gott gehören und ihm dienen. Wir brauchen anerkannte Profis unter den
Athleten, Hausfrauen, Lehrern, Geschäftsleuten, unter den Persönlichkeiten, die im Rampenlicht stehen ebenso wie unter den
Menschen, die still vor sich hin leben, die die Sache Gottes vo-
rantreiben, die bereit sind, auch allein dazustehen – die aufrecht
stehen, unverrückbar und stark!

Wie stehen Sie daran gemessen da? Was für eine Figur machen
Sie? Haben Sie Ihre Prinzipien, von denen Sie eigentlich überzeugt sind, aufgegeben oder verwässert, nur, um im Geschäft zu
bleiben? Um einen Titel oder einen Job zu erhalten? Um das
Team nicht zu sprengen? Um »in« zu sein bei den Leuten, beliebt
und angesehen? Um die Beförderung zu bekommen oder den
nächsten Rang? Haben Sie angefangen, gegenüber einem bestimmten Verhalten oder gewissen Redewendungen ein Auge zu-
zudrücken, während Sie noch vor ein paar Jahren darüber er-
schrocken wären? Schließen Sie zur Zeit moralische Kompro-
misse, weil Sie nicht als prüde gelten möchten?

Menschen, die sich am Hof des Ahab gemütlich eingerichtet

haben, werden sich niemals dazu aufraffen können, mit Elia in die Bresche zu springen.

Zweitens: Gottes Methoden sind oft überraschend. Gott hat keine Armee hervorgebracht, die Ahab und Isebel vernichtet hätte. Auch hat er keinen schillernden Prinzen gesandt, der die Sache Gottes redegewandt vorgetragen oder versucht hätte, die königlichen Hoheiten zu beeindrucken. Stattdessen tat Gott das eigentlich Unvorstellbare: Er erwählte jemanden wie ... nun, einfach einen Elia.

Denken Sie zur Zeit, jemand anderes als Sie sei doch viel besser geeignet für jenen Kurzzeit-Einsatz in der Mission, für jene Gruppe, in der Menschen auf Leiterschaft vorbereitet werden, für diesen Dienst in Ihrer Gemeinde?

Sind Sie Hausfrau und meinen, dass Ihr Beitrag zum Dienst für Gott nicht der Rede wert sei? Meinen Sie, nur andere Leute seien besonders berufen oder begabt?

Wenn das so sein sollte, könnten Sie eine Chance verpassen, die direkt vor Ihrer Nase liegt. Sie könnten sogar mitten in einem Dienst stehen und es noch nicht einmal bemerken. (Welchen wichtigeren Dienst könnte es beispielsweise geben als den einer treuen Ehefrau und einer hingegebenen Mutter?) Ihr Dienst könnte einfach darin bestehen, sich um zwei oder drei Menschen zu kümmern, und das ist es dann schon. Werten Sie das nicht ab. Gottes Methoden sind oft überraschend. Wenn ich es mir genau überlege, habe ich seine Vorgehensweise manchmal direkt unlogisch gefunden. Sie erscheint unseren beschränkten Hirnen als nicht wirklich sinnvoll. Davids Brüder lachten sich kaputt bei der Vorstellung, dass er sich Goliat allein entgegenstellen wollte. Und wie war das mit Josua, der einige Male mit dem ganzen Volk um die Mauern Jerichos herumzog und dann die Trompeten blasen ließ? Das sind doch seltsame Vorgänge, finden Sie nicht?

Drittens: Wir stehen vor Gott! Wenn wir allein in die Bresche springen, dann stehen wir letztendlich vor Gott selbst. Wenn der Ruf an uns ergeht – wird Gott uns dann bereit und willig finden, uns ganz für ihn einzusetzen? Wird er in uns ein Herz vorfinden, das sich ihm ganz unterordnet? Wird er zu uns sagen können:

»Oh ja, dieses Herz gehört mir ganz. Jawohl, ich erkenne dort so große Hingabe, dass ich dieses Leben auch wirklich einem Ahab gegenüber einsetzen kann. Genau nach dieser Art der Hingabe habe ich gesucht«?

Wenn Ihr Christsein nicht diesen besonders gehärteten Stahl in Ihr Rückgrat eingepflanzt hat, nicht dieses besonders gute Mark in Ihre Knochen eingebracht hat, dann ist da etwas schrecklich falsch gelaufen – entweder schon in der Botschaft, die Sie erreicht hat oder später in Ihrem Herzen. Gott sucht Männer und Frauen, deren Herz ihm ganz und gar gehört, Männer und Frauen, die sich von ihrer Umgebung abheben.

Als ich auf dem Gymnasium war, war eines meiner Lieblingsfächer Schauspiel. Zu unserer Schauspieltruppe gehörte ein rothaariger Schüler namens Sam. Er war so super in jeder Rolle, die er übernahm, dass er alle übrigen mühelos ausstach. Er war so gut, dass er sehr bald viel Eifersucht unter den aufstrebenden Laienspiel-Schülern auslöste. Das Problem wurde immer schwieriger. Als Sam in seinem Abitursjahr war und sein Abschluss-Stück besetzt werden sollte, erhielt der Regisseur solchen Druck, dass er schließlich nachgab und sagte: »Okay, ich werde ihm die Rolle des Butlers geben.«

Der Butler hatte im gesamten Stück kein Sterbenswörtchen zu sagen. Das Einzige, was er zu tun hatte, war, in jedem Akt, in jeder Szene immer an derselben Stelle zu stehen, im gesamten Stück. Mit einer solchen Rolle kann man eigentlich nicht viel anfangen, sollte man meinen.

Und stellen Sie sich vor: Sam bekam dennoch die Auszeichnung für den besten Schauspieler in diesem Abschluss-Stück. Er hatte kein einziges Wort zu sagen, aber wie viele Ausdrucksformen fand er für seine Rolle! Er karikierte, er machte die verschiedensten Gesichter und fand diverse Bewegungen, die das Publikum belohnte. Um die Wahrheit zu sagen: Wenn er nicht gewesen wäre, wäre das gesamte Stück durchgefallen. Sogar als Butler, der keinerlei Sprechrolle hatte, hob er sich deutlich von unserer nichtigen Schauspielleistung ab.

Es ist vollkommen unwichtig, welche Rolle im Leben Sie spielen. Sie sind in keinem Fall unwichtig, wenn es darauf ankommt, sich für die Wahrheit einzusetzen.

Welche Stelle hat Gott Ihnen zugewiesen? Was auch immer es sein mag – Gott sagt zu Ihnen: »Du stehst vor MIR. Ich möchte dich einsetzen und gebrauchen als meinen einzigartigen Sprecher für deine Zeit und deine Umwelt, hier und heute.«

Elia, dieser hagere, raubeinige Mann, der aus dem Nichts auftaucht und plötzlich in das Buch der Geschichte springt, ist ein deutlicher Zeuge für den Wert des Lebens, jedes einzelnen Lebens, das Gott voll und ganz unterstellt ist. Ein unbekannter Mann aus einem Dorf am Rande der Welt ist berufen worden, sich allein gegen das Böse zu stellen, während um ihn herum die turbulenteste, gewalttätigste, dekadenteste aller Zeiten tobt.

Schauen Sie sich um. Der Bedarf ist noch immer groß; und Gott sucht noch immer.

Und es sprach Elia, der Tischbiter, aus Tischbe in Gilead zu Ahab: »So wahr der HERR, der Gott Israels, lebt, vor dem ich stehe: Es soll diese Jahre weder Tau noch Regen kommen, ich sage es denn.« Da kam das Wort des HERRN zu ihm: »Geh weg von hier und wende dich nach Osten und verbirg dich am Bach Krit, der zum Jordan fließt. Und du sollst aus dem Bach trinken, und ich habe den Raben geboten, dass sie dich dort versorgen sollen.«

Er aber ging hin und tat nach dem Wort des HERRN und setzte sich nieder am Bach Krit, der zum Jordan fließt. Und die Raben brachten ihm Brot und Fleisch des Morgens und des Abends, und er trank aus dem Bach. Und es geschah nach einiger Zeit, dass der Bach vertrocknete; denn es war kein Regen im Lande.

1. Könige 17,1-7

KAPITEL ZWEI

Krit, das Lager für die Grundausbildung

E uch kriege ich auch noch klein!« In den zehn Wochen Grundausbildung, die ich vor über 40 Jahren im Ausbildungslager des US-Marinecorps verbrachte, habe ich das Hunderte von Malen gehört, bis zum Abwinken. In meiner Erinnerung kamen diese Worte von einem Mann, dem ich rasch zu gehorchen lernte. So leitete er seine Ansprachen ein, die er mit Leidenschaft vortrug. Ich kann mir diese Worte immer noch ganz deutlich in Erinnerung rufen, und an den schrillen Ton meines Drillmeisters erinnere ich mich ebenso lebendig. Er meinte jede Silbe, die er sagte, und er hielt seine Versprechen.

Da standen wir nun also vor ihm, eine unorganisierte, zusammengewürfelte Meute von ungefähr 70 jungen Männern in allen Größen und aus allen Schichten, zusammengesammelt an einem uns fremden Ort, und keiner von uns hatte eine Ahnung, was uns erwartete (wofür ich heute sehr dankbar bin). In den folgenden Monaten wurde jeder Hauch von Selbstgenügsamkeit und Arroganz, jede Andeutung eines unabhängigen Geistes und jeder Gedanke an Widerstand abgekratzt, entfernt, vernichtet. Jederlei Gleichgültigkeit gegenüber einer Autoritätsperson wurde ersetzt durch absolute Hingabe an das, was man uns befahl, koste es, was es wolle. Wir lernten, das Höllenfeuer intensiver, extremer Grundausbildung durchzustehen, für das das Marinecorps während seiner gesamten stolzen und bewährten Geschichte schon immer berühmt-berüchtigt gewesen war.

Die disziplinierte Reglementierung eines Grundausbildungslagers – tagein, tagaus, Woche um Woche – bewirkte bei jedem von uns bemerkenswerte Veränderungen. Das Ergebnis war, dass wir diesen Ort, verglichen mit der Zeit unserer Ankunft, als völlig veränderte Menschen verließen. Die Isolation unseres Aufenthaltsortes, der Verzicht auf Leckereien und alle sonstigen Annehmlichkeiten, der unaufhörliche, monotone Drill und die fordernden, wiederholten Inspektionen, die Prüfungen, die uns dazu zwangen, uns dem Unbekannten zu stellen, ohne Furcht zu zeigen (alles durchzogen von der Entschlossenheit und den dauernden Schikanen unseres Drillmeisters, die einen verrückt machten), trugen wunderbare Früchte. Wir bemerkten es kaum, dass wir lernten, uns den Befehlen unseres Kommandeurs zu unterstellen. Gleichzeitig wurden wir körperlich fit, gefühlsmäßig wach und seelisch bereit, uns jedem möglichen Konflikt zu stellen, bis hin zur harten Wirklichkeit, einem Feind in der Schlacht ins Auge zu sehen.

Diese Art rauer Grundausbildung von Soldaten ist so ziemlich genau das, was Gott vorhatte, als er seinen Diener Elia vom Königshof des Ahab wegschickte zum Bach Krit. Der Prophet hatte ja keine Ahnung, dass diese Zeit des Verstecktseins am Bach Krit *seine* Grundausbildung werden würde. Dort würde er lernen, seinem Kommandeur blind zu vertrauen, bis er schließlich reif sein würde für eine Schlacht mit einem betrügerischen, hinterhältigen Feind. Um das zu erreichen, musste Gott ihn am Bach Krit »kleinkriegen«.

> Da kam das Wort des HERRN zu ihm: »Geh weg von hier und wende dich nach Osten und verbirg dich am Bach Krit, der zum Jordan fließt.
> Und du sollst aus dem Bach trinken, und ich habe den Raben geboten, dass sie dich dort versorgen sollen.«

Er aber ging hin und tat nach dem Wort des HERRN und setzte sich nieder am Bach Krit, der zum Jordan fließt.

1. Könige 17,2-5

Wenn wir beim Lesen dieser Worte versuchen, uns vorzustellen, wie die Umstände anfangs waren, erhalten wir eine Ahnung davon, wie unerwartet Gottes Plan gewesen sein muss. Die logischste Sache wäre doch gewesen, Elia in unmittelbarer Nähe des Königs zu halten, um ihn als beständigen Stachel einzusetzen, der den gottlosen Monarchen zwingen würde, sich Gott zu unterwerfen und vor dem zu kapitulieren, der ihn erschaffen hatte. Immerhin besaß keiner der königlichen Ratgeber oder Weisen die Integrität Elias. Niemand war in der Umgebung des Königs, der ihn wegen seines götzendienerischen Abfalls oder seines grausamen, unfairen Vorgehens gegenüber Israel hätte zurechtweisen können. Es wäre doch überaus sinnvoll gewesen, Elia am Hof des Königs zu lassen …

So weit die menschliche Logik.

Gottes Plan ist immer voller Überraschungen und Geheimnisse. Ich habe darüber schon an anderer Stelle ausführlich geschrieben. Daher will ich hier nur unterstreichen, dass es sich dabei um ein immer wiederkehrendes Charakteristikum des scheinbar unerklärlichen Planes Gottes handelt. Während *wir* uns sicher dafür entschieden hätten, Elia am Königshof zu lassen, wo er unablässig Ahab auf den Zehen hätte stehen können, lag das nicht im Plan des Vaters. Er wollte noch manches im Herzen seines Dieners erreichen, wollte ihn auf kommende Ereignisse vorbereiten, die ihn hätten zerstören können, wenn er weniger gehorsam, weniger hingegeben, weniger gut vorbereitet gewesen wäre. Daher sandte Gott ihn unmittelbar weg in die Isolation, wo er vor jedermann verborgen war, wo er nicht nur vor körperlicher Gefahr sicher war, sondern auch auf den bevorstehenden Auftrag besser vorbereitet werden konnte.

Der Held Gottes sollte ein wichtiges Werkzeug in der Hand Gottes werden. Dazu musste er erst erniedrigt und gezwungen werden, Gott ganz zu vertrauen. Er musste, mit anderen Worten,

»kleingemacht« werden. A. W. Tozer sagte es gerne so: »Es ist zweifelhaft, ob Gott einen Menschen über alle Maßen segnen kann, wenn er ihn nicht vorher tief verletzt hat.«[6] Im Verlauf vieler Jahre habe ich die Beobachtung gemacht, dass ein Mensch umso besser von Gott eingesetzt werden kann, je tiefer die Verletzung ging.

Oft tragen Ortsnamen im Alten Testament symbolische Bedeutung. Der Bach *Krit*, den man heute nicht mehr lokalisieren kann, heißt auf Hebräisch eigentlich »*Cherith*«, und dieser Begriff hat eine klare Bedeutung. Er ist von dem Verb *Cha-rath* abgeleitet, das so viel bedeutet wie »abschneiden«, »zurechtstutzen«, »fällen«. Das Wort wird in zweierlei Bedeutungen benutzt: »abgeschnitten sein« von seinem Volk, von den Segnungen des Bundes, und »abgeschnitten sein« wie ein gefällter großer Baum. So war also der Mann, der gerade noch als Sprecher im Namen Gottes vor dem König Ahab gestanden hatte, jetzt, am Cherith, von seinen Beziehungen und Aktivitäten, die ihn vermutlich vielfach angeregt hätten, abgeschnitten. Gleichzeitig wurde er auch zurechtgestutzt, kurz und klein gemacht: Gott hatte eine sehr unangenehme Lage dazu ausgesucht, Elia dazu zu bringen, ihm vorbehaltlos zu vertrauen, dass er ihn täglich mit dem Nötigsten versorgen würde.

Sehen Sie, das war zu diesem Zeitpunkt das Problem. Elia war ein *Sprecher* Gottes, aber noch nicht wirklich ein *Mann* Gottes. Wir wollen diese Anmerkung einmal untersuchen. In 1. Könige 17,1 beschreibt der Berichterstatter Elia noch als »Elia, den Tischbiter«. Er kam aus dem Nichts und stand plötzlich vor dem König, um ihm die Botschaft Gottes zu überbringen. Doch als die Grundausbildung vorüber ist, als er die wichtigsten Erfahrungen am Bach Krit oder Cherith gemacht hat, ist er ein veränderter Mensch und wird daher in Vers 24 als »Mann Gottes« bezeichnet.

Am Anfang des Kapitels ist Elia einfach der Mann aus Tischbe, einer Stadt irgendwo in Gilead. Aber gegen Ende des Kapitels tritt er als *Mann Gottes* in Erscheinung. Zwischen den Versen 1 und 24 liegt das, was ich als Elias »Grundausbildungs-Erfahrung« bezeichnen möchte. Schauen wir uns doch noch einmal an, was die Erfahrung vom Bach Krit für diesen Mann bedeutet haben mag.

DIE ELEND LANGE DÜRRE

Als er das erste Mal auf die Bühne tritt, steht Elia als Sprachrohr Gottes vor dem König Ahab und kündigt eine Dürre an. Aber es handelt sich nicht um eine normale Dürre.

> Und es sprach Elia, der Tischbiter, aus Tischbe in Gilead zu Ahab: »So wahr der HERR, der Gott Israels, lebt, vor dem ich stehe: ›Es soll diese Jahre weder Tau noch Regen kommen, ich sage es denn.‹«
>
> 1. Könige 17,1

Dieser einfache, unbekannte Sprecher, der Mann aus dem Nichts, steht vor dem mächtigsten Mann des Landes, dessen dominierende Ehefrau Isebel – die graue Eminenz – entschlossen ist, Israel von allen Propheten Jehovas zu befreien. »Isebel (rottete) die Propheten des HERRN aus«, heißt es in 1. Könige 18,4. Sie brachte einen nach dem anderen um, ohne jeden Respekt, als seien sie lästige Schmeißfliegen. Dennoch steht Elia direkt vor Ahab und verkündet unzweideutig: »Es wird eine jahrelange Dürre kommen.« Gleichzeitig gibt er die Quelle seiner Information bekannt: »der Herr, der Gott Israels«. Damit macht er die Bedeutung, die Ahab sich selbst gern zulegte, klar zunichte.

Zwischen den Zeilen sagt Elia offenkundig noch etwas anderes: »Ahab, lass uns Tacheles reden! Du bist nicht die wichtigste Person im Lande. Diese Stellung gebührt allein dem lebendigen Gott des Himmels und der Erden, Jehova, der der unangefochtene Herrscher über allen und allem ist. Kannst du Regen aufhalten, der fällt? Kannst du nicht. Aber er kann's. Er kann diese Regenwolken verschließen, und zwar genau so lange, wie es ihm richtig erscheint, und das verkündet er dir hier: Es wird weder regnen noch tauen, es sei denn, ich befehle es.«

Wenn ich versuche, mich an die Stelle Ahabs zu versetzen, dann wäre das Wort aus Elias Ansprache, das mich am meisten packen würde, der Begriff »Jahre«. Das Volk Israel konnte einer Dürre von ein paar Wochen oder vielleicht sogar Monaten standhalten. Die Brunnen würden nicht sofort austrocknen, und die natürlichen Zisternen in den Felsen, die Regenwasser stauen, würden den Menschen bei einer Dürre von normaler Dauer über die Runden helfen. Mangelnder Regen ist normal in einem trockenen Landstrich. Aber hier reden wir nicht von Wochen und Monaten, hier geht es um Jahre! »Es soll diese *Jahre* weder Tau noch Regen kommen, ich sage es denn«, sagt Elia, »nicht, bevor Gott, der Herr, mir den Befehl gibt, das erlösende Wort zu sagen.«

Es führt kein Weg daran vorbei. Hier geht es um eine lebensbedrohliche Ankündigung. Wenn ich mich in diese Situation hineinversetze, denke ich, dass Elia den inneren Wunsch gehabt haben muss, sich ins Straßengetümmel zu stürzen und überall die Leute zu warnen: »Um Himmels willen, Leute! Gott versucht, eure Aufmerksamkeit auf sich zu ziehen. Hört auf das Wort Gottes! Es wird eine unheimlich lange, vernichtende Dürre kommen! Kehrt um!« Aber Gott befahl ihm nicht, das zu tun. Gott sandte seinen Propheten für eine ganze Weile in die Isolation des Grundausbildungslagers Krit.

Gott nahm somit Elia weg vom Palast und führte ihn in das Versteck, das er persönlich für ihn ausgesucht hatte. Er nahm ihn aus dem Publikum in eine persönliche Zufluchtsstätte, vom Sonnenlicht der Aktivität in die Schatten der Verborgenheit.

IN DEN SCHATTEN EINTAUCHEN

Jeder Soldat, der seine Grundausbildung hinter sich hat, kann Ihnen erklären, dass während dieser Zeit jede geschlagene Stunde des Tages jemand einem befiehlt, wohin man zu gehen hast, wann man wo zu sein hat, was man zu tun hat und wie man überlebt. Das ist ein entscheidender Faktor des Trainings. Und genau das hat Gott für seinen Propheten getan. Er sagte Elia genau, wohin er zu gehen hatte, was er tun sollte, wenn er dorthin kam, und wie er dort überleben konnte. Wie befremdlich dieser Plan Elia erschienen sein muss!

Als Erstes sollte er sich *verstecken*.

> »Geh weg von hier und wende dich nach Osten und verbirg dich am Bach Krit, der zum Jordan fließt.«
>
> 1. Könige 17,3

»Mich verstecken? Ich bin doch ein Prophet! Ich bin ein Mann, der an den Palast gehört. Ich muss doch draußen öffentlich dein Wort verkündigen. Du scheinst zu vergessen, Herr, dass du mich zum Predigen berufen hast.«

»Nein«, sagte Gott zu Elia, »nicht jetzt. Verstecke dich!«

Das hebräische Wort, das hier benutzt wird, legt den Gedanken an Verborgenheit, an Abwesenheit mit einem bestimmten Ziel nahe. »Verbirg dich, Elia«, sagt Gott. »Begib dich in die Verborgenheit und entzieh dich der Öffentlichkeit.«

Dieser Befehl, sich zu verbergen, ist einer der schwierigsten, wenn man der Empfänger ist, und ganz mühsam zu befolgen. Die Anweisung, sich hinwegzubegeben in die Einsamkeit, hinauszutreten aus dem öffentlichen Rampenlicht, sich in den Hintergrund zurückzuziehen und absichtlich unerkannt zu bleiben, ist für die allermeisten sehr schwierig zu befolgen. Das trifft vor allem auf die Menschen zu, die sich im Rampenlicht wohl fühlen, die gerne vorne stehen, die offensichtlich mit Leitungsgaben versehen sind. Auch Machertypen sind davon betroffen und die Sorte Mensch, die eine Aufgabe sofort nachdem sie bekannt geworden ist, erledigt sehen will.

Sie mögen eine fähige Frau sein, ob nun als Hausfrau oder Karrierefrau. Und dann nimmt man Ihnen plötzlich Ihre Welt nicht enden wollender Tätigkeiten und effektiven Beteiligtseins weg! Gott sagt unzweideutig Nein. »Verbirg dich. Zieh dich in die Einsamkeit zurück. Komm heraus aus dem Rampenlicht. Lass alles stehen und liegen, was deinen menschlichen Ehrgeiz befriedigt, dein Ego nährt und deinen Stolz sättigt. Geh und lebe am Bach.«

Manchmal zwingt uns Krankheit solch einen Wandel auf. Manchmal erreichen wir den Höchststand unserer Energie und fangen an auszubrennen oder sind gerade im Begriff, damit anzufangen. Manchmal nimmt uns Gott von einer Stelle weg und formt uns um, für eine neue.

Gott hatte zwei Gründe, warum er Elia gebot, sich zu verbergen. Erstens wollte er Elia vor Ahab und Isebel, die allen Propheten Gottes an den Kragen wollten, schützen. Zweitens wollte er ihn zum Mann Gottes ausbilden. Wenn Gott uns nahezu aus heiterem Himmel sagt, dass wir uns verstecken sollen, dann hat er im Allgemeinen beides für uns im Sinn: Schutz und Ausbildung.

DIE GÖTTLICHE VERSORGUNG

Das Erste, was Gott tut, nachdem er Elia ins Ausbildungslager Krit gesandt hat, ist, ihm zu sagen, wie er es überleben wird. Es wird eine harte und einsame Erfahrung werden, wie beim Überlebenstraining, und deshalb gibt Gott Elia das folgende bemerkenswerte Versprechen:

> »Und du sollst aus dem Bach trinken, und ich habe den Raben geboten, dass sie dich dort versorgen sollen.«
>
> 1. Könige 17,4

Die Raben werden Gottes »Catering Service« sein und es übernehmen, seinem Propheten Lebensmittel zu bringen. »Die Raben werden dir Essen bringen, Elia.« Ist das nicht unglaublich?

Können Sie sich vorstellen, wie ein Gespräch mit Elia ausgefallen wäre, wenn es zu genau jenem Zeitpunkt hätte stattfinden können? Elia verlässt mit seiner Reisetasche über der Schulter den Palast des Ahab, als ihm jemand zuruft:

»Hallo, Elia! Wohin gehst denn du?«

»Ich gehe hier weg ... bin unterwegs ... ins Hügelland.«

»Wo willst du übernachten?«

»An einem gewissen Ort namens Krit. Da muss es einen kleinen Bach geben.«

»Krit? Nie gehört. Wo ist denn das?«

»Ich weiß es auch noch nicht so recht. Das wird mir Gott zeigen. Ich glaube, es liegt dort östlich des Jordans irgendwo.«

»Was willst du denn dort machen?«

»Nun, zum einen werde ich aus jenem Bach trinken.«

»Ach ja, der Bach! Aber wovon willst du dich denn dort draußen ernähren?«

»Ach, weißt du, Gott hat mir mitgeteilt, dass die Vögel mir zu essen bringen werden.«

Gott sorgt für Elias körperliches Wohlergehen in der Zeit der Abgeschiedenheit. Aber er sorgt auch für sein geistliches Wohlergehen. Gott wusste, was Elia brauchte; daher waren die Stille und die Einsamkeit wesentliche Bestandteile seiner Erfahrung im Grundausbildungslager Krit.

A. W. Pink schreibt über Elia und sagt dabei Folgendes:

Der Prophet brauchte weitere Schulung im Verborgenen, wenn er persönlich dazu geeignet sein wollte, in der Öffentlichkeit für Gott zu sprechen … Der Mensch, den Gott einsetzt, muss auf kleiner Flamme gehalten werden; er oder sie muss sich ernsthafter Disziplin unterziehen … Der Prophet muss ganze drei Jahre in der Zurückgezogenheit verbringen. Wie demütigend! Doch leider kann man einem Menschen nur schwer vertrauen. Wie wenig kann er ertragen, sobald er an einen Ehrenplatz gestellt wird. Wie schnell kommt das eigene Ich an die Oberfläche, und schon ist das Werkzeug bereit zu glauben, dass es mehr sei als ein schlichtes Werkzeug. Wie bedauerlich einfach ist es, den Dienst, den Gott uns anvertraut hat, zu einem Siegerpodest zu machen, auf das wir uns dann selbst stellen, um uns allen stolz zu zeigen.«[7]

Mit anderen Worten sagte Gott also zu Elia: »Du musst aus dem Rampenlicht verschwinden. Du brauchst jetzt eine Begegnung mit mir, im Bergland, wo du meine Stimme klar hören kannst. Wir müssen mehr Zeit miteinander verbringen Elia und du brauchst noch mehr Schulung.«

Das Gute an Elias Reaktion ist, dass er gehorchte, ohne auch nur einen Augenblick zu zögern. Er fragte nicht einmal nach dem Warum.

> Er aber ging hin und tat nach dem Wort des HERRN und setzte sich nieder[8] am Bach Krit, der zum Jordan fließt.
>
> 1. Könige 17,5

Beachten Sie bitte die Formulierung: Er ging hin und *lebte* am Bach Krit. Es ist eines, einen Tagesmarsch in den Busch zu unternehmen oder ein Wochenende oder auch mal zwei oder drei Wochen in der freien Natur zu zelten. Solche Abenteuer bieten den Genuss, eine Zeit lang alle Sorgen des Alltags hinter sich lassen zu können und andererseits den Trost, im Notfall jederzeit auf eine Verbindung zur Zivilisation zurückgreifen zu können. Aber es ist etwas vollkommen anderes, wenn man in der freien Natur leben muss, allein und auf unbestimmte längere Zeit. Genau das aber tat Elia monatelang, vermutlich sogar fast ein Jahr lang. Gott sagte: »Geh dorthin. Lass dich dort nieder. Lebe dort.« Und dann tat Elia das auch.

Würden Sie einen solchen Auftrag von Gott akzeptieren, mit demselben unmittelbaren Gehorsam? Wie viele unter uns würden nur eines sagen: »Ja, Herr. Ich vertraue dir unbedingt. Ich brauche das Rampenlicht nicht, um zu überleben. Bin schon unterwegs. Geh nur voran.« Genießen wir nicht das komfortable und aktive Christsein?

Natürlich ist nichts falsch daran, ein Leiter zu sein oder eine befriedigende Rolle als Sprecher Gottes auszufüllen. Aber doch verfallen wir unheimlich leicht der Sucht nach öffentlicher Aufmerksamkeit oder dem Gefühl, für Gottes Plan unentbehrlich zu sein. Wie leicht vernachlässigen, ignorieren oder übersehen wir Gelegenheiten, die wir nutzen sollten, um uns zurückzuziehen, uns neu zu formieren, vieles zu überdenken und unser geistliches Leben zu erneuern.

ELIAS REAKTION

Ob nun im Palast oder ganz für sich allein, Elia war bereit, seinem Herrn zu dienen. Ob im Rampenlicht oder in der Stille, er war damit zufrieden, sich in der Verschwiegenheit der stillen Hügel an einem Bach östlich des Jordans zu verlieren. Und dort sorgte Gott dafür, dass alle seine Bedürfnisse befriedigt wurden.

> Und die Raben brachten ihm Brot und Fleisch des Morgens und des Abends, und er trank aus dem Bach.
>
> 1. Könige 17,6

Was für eine unglaubliche Erfahrung das gewesen sein muss! Ein bisschen Brot und Fleisch am Morgen, ein anderes belegtes Brot am Abend und während des ganzen Tages das erfrischende, kristallklare, kühle Wasser des Baches. Wenn Sie je Israel bereist haben und die Gegend jenseits des Jordans, dann ist Ihnen klar, wie wertvoll Wasser dort das ganze Jahr über ist, ganz zu schweigen während einer Dürrezeit! Und doch versorgte Gott seinen Propheten mit quellfrischem Bergwasser. Wann immer er wollte, brauchte er sich nur auf alle viere niederzulassen, seine Hand ins Wasser zu tauchen und das kühle süße Lebenswasser mit vollen Händen zu schöpfen, auch wenn das Land um ihn herum trocken und öde war.

Aber wir können nicht immer an einem fröhlich plätschernden Bach leben. Erinnern Sie sich, dass sich Elia in einem Trainingslager befand, nicht im Disneyland. Zeiten ausgedehnten Trainings und intensiver Prüfungen gehören zu den Anforderungen im Lehrplan Gottes zur Charakterformung.

> Und es geschah nach einiger Zeit, dass der Bach vertrocknete; denn es war kein Regen im Lande.
>
> 1. Könige 17,7

Eines Morgens bemerkte Elia, dass der Bach nicht wie bisher über die Felsbrocken schoss und nicht mehr ganz so fröhlich plätscherte. Da dieser einzige Bach seine Lebensader war, beobachtete er ihn sicher sehr genau. In den folgenden Tagen bemerkte er, wie das Wasser abnahm und immer weniger wurde, bis der Bach nur noch aus einem Rinnsal bestand. Dann kam der Morgen, wo es gar kein Wasser mehr gab, sondern nur noch nassen Sand. Die heißen Winde trockneten bald auch diese Feuchtigkeit aus, und der Sand wurde steinhart. Es dauerte nicht lang, und in dem ausgedörrten Bachbett taten sich Risse auf. Kein Wasser mehr, kein Tropfen. Der Bach war total ausgetrocknet.

Erscheint Ihnen diese Erfahrung des Grundausbildungslagers irgendwie vertraut? Da erfahren Sie die Freude eines vollen Bankkontos, eines gedeihenden Geschäftes, einer aufregenden Karriere, die immer neue Möglichkeiten bietet, einer herrlichen Beziehung, eines großartigen Dienstes … und dann kommt der Zeitpunkt, wo der Bach ausgetrocknet vor Ihnen liegt. Was nun?

Gerade eben haben Sie noch die Freude gehabt, Ihre Stimme zum Lobpreis Gottes einsetzen zu können und schon bildet sich eine Wucherung auf Ihren Stimmbändern, die operiert werden muss. Aber der Chirurg entfernt mehr als nur die Wucherung; er hat auch Ihre wunderbare Stimme ruiniert. Der Bach ist ausgetrocknet.

Sie haben das Gymnasium hinter sich gebracht, haben einen viel versprechenden Beruf begonnen und sich mit anregenden, begabten Menschen umgeben. Im Zenit Ihrer Karriere ändert sich alles: Das Geld wird knapp. Ihre besten Freunde ziehen sich zurück. Die meisten sind verschwunden, und die Zukunft erscheint trostlos. Der Bach ist ausgetrocknet.

Ihre Firma ist umgezogen und Sie mussten die Gemeinde verlassen, die Ihnen so viele Jahre ein Zuhause war. Die wunderbare Musik, die Sie dort genossen hatten, ist nur noch Erinnerung. Die Predigten in der Gemeinde am neuen Wohnort sind äußerst schwach. Ihre Kinder sind unzufrieden. Der Bach ist ausgetrocknet.

Ihr Lebenspartner hat jedes Interesse an Ihnen verloren und Sie kürzlich um die Scheidung gebeten. Es gibt keine Zuneigung mehr und keinerlei Anzeichen einer Wende zum Guten. Der Bach ist ausgetrocknet.

Ich habe auch Zeiten erlebt, in denen mein Bach ausgetrocknet war und ich habe an mir beobachtet, dass mich immer wieder Dinge, über die ich selbst jahrzehntelang gepredigt und gesprochen hatte, erstaunt und überrascht haben. Was war passiert? War Gott gestorben? Nein. Meine Vision war nur ein bisschen unscharf geworden, mein Blick hatte sich getrübt. Die Umstände hatten dazu geführt, dass mein Denken etwas vernebelt worden war. Ich sah nach oben und konnte ihn nicht mehr so klar erkennen. Das Problem wurde dadurch noch schlimmer, dass ich das Gefühl hatte, dass er mich nicht mehr hören würde. Der Himmel schien ehern. Wenn ich mit ihm redete, kam nichts zurück, höchstens mein eigenes Echo. Mein Bach war versiegt und ausgetrocknet.

So etwas ist auch John Bunyan passiert, der im 17. Jahrhundert in England lebte. Er predigte gegen die Gottlosigkeit seiner Zeit und die Behörden warfen ihn ins Gefängnis. Sein Bach der Möglichkeiten und der Freiheit trocknete aus. Aber weil Bunyan unbeirrbar an Gott glaubte, weil er daran festhielt, dass Gott noch lebte und am Werk war, verwandelte er dieses Gefängnis in einen Ort des Lobpreises, des Gottesdienstes und der Kreativität, indem er »Pilgrim's Progress« (Die Pilgerreise) schrieb, die berühmteste Allegorie der englischen Sprachgeschichte. Vertrocknete Bäche können keineswegs den vorsorgenden Plan Gottes durcheinander bringen. Ganz im Gegenteil führen versiegte Quellen oft dazu, dass dieser Plan erst recht zu Tage tritt.

LEKTIONEN FÜR ELIA UND FÜR UNS

Elia war in einer sehr prekären, lebensbedrohlichen Lage. Der Bach war vertrocknet, die Quelle versiegt. Hatte Gott seinen treuen Diener etwa vergessen? Hat Gott Sie vergessen? Hat er Sie im Stich gelassen?

Bevor wir noch einen Schritt weitergehen, möchte ich hier kurz innehalten und überlegen. Zwei Lektionen kommen mir in den Sinn, wenn ich diesen Abschnitt aus Elias Leben überdenke.

Die erste: Derselbe Gott, der Wasser schenkt, kann es auch zurückhalten. Das ist sein souveränes Recht.

Unsere menschlichen Gefühle sagen uns, dass unser treuer himmlischer Vater, wenn er uns einmal Wasser gegeben hat, es uns niemals vorenthalten wird. Das wäre doch nicht fair. Wenn Gott uns einmal einen Partner geschenkt hat, dann sollte er ihn niemals von uns nehmen. Wenn Gott uns erst mal ein Kind anvertraut hat, dann darf er es niemals wieder zu sich holen. Wenn er uns erst mal eine gut gehende Firma hat aufbauen lassen, dann hat er doch kein Recht, sie uns wieder wegzunehmen. Wenn er schon einmal unsere Gemeinde mit einem gläubigen Pastor beschenkt hat, dann darf er ihn doch nirgendwo sonst hinschicken. Wenn er uns Wachstum eines Dienstes geschenkt hat, der uns Freude macht und Erfüllung beschert, dann hat er doch nicht das Recht, einfach einzugreifen und zu sagen: »Moment mal. Ich glaube nicht, dass ihr noch weiter in die Breite und in die Höhe wachsen müsst. Ich möchte euch lieber erst mal in die Tiefe wachsen lassen.«

Wenn wir uns in einer höchst unangenehmen Lage wiederfinden, sind wir geneigt, uns verlassen zu fühlen, ärgerlich zu werden und zu denken: *Wie konnte Gott mich derart vergessen?!* In Wirklichkeit ist oft das Gegenteil der Fall. In diesem Augenblick stehen wir mehr als sonst im Zentrum seiner Aufmerksamkeit und seiner Sorge.

Ich weiß natürlich nicht, wie sich Elia fühlte oder was er dachte, als er zum ersten Mal das trockene Bachbett sah, aber ich weiß aus Erfahrung, dass, wenn ein Bach versiegt, zwei Dinge sicher sind: 1) Gott lebt noch und es geht ihm gut. 2) Er weiß genau, was er tut.

Drei Verse, die aus der Feder Jesajas stammen, haben mir sehr geholfen, als ich eine Zeit erlebte, in der mein Bach nicht mehr so sprudelnd dahinplätscherte, sich in ein Rinnsal verwandelte und schließlich versiegte. Diese Verse sind eine ermutigende Erinnerung daran, wer hier die Zügel in der Hand hat, und sie haben mich in letzter Sekunde davor bewahrt, wütend auf Gott und andere Menschen zu werden.

Zion aber sprach:
»Der HERR hat mich verlassen,
der Herr hat meiner vergessen.«

»Kann auch ein Weib ihres Kindleins vergessen,
dass sie sich nicht erbarme über den Sohn ihres Leibes?
Und ob sie seiner vergäße,
so will Ich doch deiner nicht vergessen.«

»Siehe, in die Hände habe Ich dich gezeichnet;
deine Mauern sind immerdar vor mir.«

Jesaja 49,14-16

»Der Herr hat mich im Stich gelassen … Er hat sich abgewandt von mir … Er hat mich vollkommen vergessen.« Haben Sie noch nie so etwas gesagt? Natürlich. Wie war das letzten Montagmorgen? Sie sind gerade von einer wunderbaren Wochenend-Retraite zurückgekehrt. Sie haben viel Zeit mit dem Wort Gottes verbracht. Der Lobpreis war erhebend. Sie hatten wohltuende Gemeinschaft mit anderen Gläubigen. Sie haben viel gelacht und tiefe Gebetszeiten erlebt. Ihr Bach ist randvoll und sprudelt nur so über. Dann schlägt es acht Uhr morgens. Es ist Montagmorgen. Sie sind wieder zu Hause, und Ihre gesamte Welt bricht krachend über Ihnen zusammen. »Der Herr hat mich vergessen. Er hat sich vollkommen aus meinem Leben zurückgezogen.«

Aber Gott sagt, auch wenn Ihr Bachbett steinhart ausgetrocknet vor Ihnen liegt: »Ich habe dich in meine Hand gezeichnet. Du stehst mir unaufhörlich vor Augen.« Dann setzt er das wunderbare Bild von der jungen Mutter mit ihrem Baby ein und überrascht Sie, indem er Sie ganz realistisch mahnt: »Würde eine Mutter ihr Neugeborenes vergessen?« Sicherlich nicht, oder? Aber wenn wir uns manche Geschichten aus den Nachrichten und dem Fernsehen anschauen, dann ist uns klar, dass es durchaus Mütter gibt, die ihre Kinder nicht nur vergessen, sondern sie aussetzen. Babys werden in Müllsäcken gefunden, manche können Gott sei Dank gerettet werden. Andere landen in der Babyklappe, wo die Hilfsorganisationen sich um sie kümmern. Winzige

Würmchen werden ausgesetzt, manche sogar, nachdem sie verletzt, gequält, vergewaltigt worden sind und manche werden tatsächlich kaltblütig umgebracht. So unglaublich es auch scheinen mag, das kommt vor, dass Mütter ihre Babys, die voll und ganz auf sie angewiesen sind, vernachlässigen und vergessen. Aber jetzt kommt's: Gott ist anders. Gott zieht sich niemals von Ihnen zurück, setzt Sie auch nicht aus und vergisst Sie nicht – niemals! Wir sind auf Dauer in seine Handflächen eintätowiert, unübersehbar.

Halten Sie einmal inne und schauen Sie sich ihre Handinnenflächen an. Stellen Sie sich dann vor, es seien die Hände Gottes und Sie stehen mitten darin. Die Amplified Bible gibt Jesaja 49, 16 mit den folgenden Worten wieder: »Ich habe dich unauslöschbar in meine Hände eingezeichnet, habe ein Bild von dir in beide Handinnenflächen hineintätowiert.« Was immer wir auch tun oder lassen, es steht ihm immer vor Augen. Nicht der flüchtigste Augenblick unseres Lebens geht vorüber, ohne dass Gott genau weiß, wo wir sind und wie wir uns fühlen. Gott wird niemals die Augenbrauen gespannt oder nervös zusammenziehen, sich angestrengt umschauen und fragen: »Wo in aller Welt ist jetzt Chuck Swindoll wieder geblieben? Schon wieder habe ich ihn verlegt.« Sowas passiert Gott nicht. Ich stehe mitten in seinen Handflächen. Und für Sie gilt genau das gleiche.

Wenn Sie am Rande eines vollkommen ausgedörrten Bachbettes ankommen, dann liegt das nicht daran, dass Gott einräumen müsste: »Au weia, wie ist dieser Mensch denn dorthin geraten?« Nein, im Gegenteil. Gott sagt dann: »So ist es recht. Genau dort möchte ich dich haben. Prima. Haarscharf an die richtige Stelle platziert.«

»Aber es schmerzt mich, Herr. Ich denke an Zeiten, die so viel einfacher waren als diese hier. Als ich aus diesem Bach im Überfluss zu trinken hatte. Ich fühle mich, als hätte ich mich meilenweit verlaufen.«

»Ich weiß, aber genau hier möchte ich dich im Augenblick haben. Ich habe dich nicht vergessen. Vertraue mir.«

Ich kann mich noch genau an die Phase des Wandels, die ich

1994 zu durchlaufen hatte, erinnern. Fast 23 Jahre lang hatte ich einen wunderbaren Dienst in Fullerton/Kalifornien gehabt und war dabei, eine völlig neue Karriere am Dallas Seminary anzufangen. Was für eine Umstellung! Ich verließ die Pastorenstelle einer lebendigen örtlichen Gemeinde, die voller Anziehungskraft und Potenzial war. Ich war dort von über 20 Mitarbeiterinnen und Mitarbeitern umgeben gewesen, die Gott mir an die Seite gestellt hatte und die Hand in Hand miteinander arbeiteten. Und nun befand ich mich in einer akademischen Umwelt, eingetaucht in eine Menge von Leuten, die ich kaum kannte. (Es stellte sich dann heraus, dass auch das prächtige Leute waren, aber damals kannten wir einander noch nicht.) Wir verließen ein Haus, in dem unsere Familie jahrelang gelebt hatte, eine Heimat, in der wir tiefe Wurzeln geschlagen hatten, wo sich gute Beziehungen entwickelt hatten und der Tagesablauf vertraut war. Mein noch eben sprudelnder Bach war drauf und dran zu versiegen. Nichts war mehr vertraut.

Seitdem kenne ich auch das Gefühl der *Einsamkeit* sehr genau. Meine Frau Cynthia blieb in Kalifornien, um ihre Leitungsfunktion in unserem gemeinsam aufgebauten Radioprogramm »Insight for Living« weiter auszuüben, um unser herrliches Haus zu verkaufen, um unser Eigentum einzupacken und alle anderen Einzelheiten, die mit einem größeren Umzug verbunden sind, zu regeln. Währenddessen arbeitete ich schon im Dallas Seminary und wohnte in einem winzigen Appartement, das mir wunderbare, großzügige Freunde in einer Garage eingerichtet hatten. Cynthia und ich sahen uns normalerweise an den Wochenenden, aber manchmal erlaubten unsere Pflichten nicht einmal das. Wie kam ich mir an der falschen Stelle vor! Gelegentlich beschlich mich sogar das Gefühl, Gott habe mich seltsam im Stich gelassen. Immer wieder einmal kommt es vor, dass mein Gefühl mir diesen Streich spielt. »Ich bin ja soooo alleine!«, dachte ich.

Mein Bach war versiegt.

Hatte Gott uns wirklich vergessen? Natürlich nicht! Hatte er uns ausgesetzt? Nicht einen Sekundenbruchteil. War er sich unserer Umstände bewusst und sorgte er für uns? Ja! Er wusste genau, wo wir uns befanden und wie es uns ging. Er wusste auch, dass ich mich damals auf die Sechzig zu bewegte und eine neue Periode der Grundausbildung am Bach Krit brauchte. Er musste mich daran erinnern, dass es Zeit war, ihm neu zu vertrauen – und nur ihm allein, mitten in allen Umstellungen, in allem Wechsel, in der Einsamkeit und der Fremdheit meiner Umgebung – in *ALLEM*!

Wenn ich heute auf diese Zeit zurückblicke, dann bin ich so dankbar für diese Zeit der Umstellung. Wie viele Dinge hat er Cynthia und mir in dieser Zeit über sich beigebracht. Wie erstaunt und dankbar sind wir und wie sehr freuen wir uns, nun zu sehen, wie er uns hier gebraucht hat. Gott hatte uns nicht vergessen.

Gott hatte auch Elia nicht vergessen – dort, an der Ostküste des Jordans neben dem ausgetrockneten Bach Krit, in dessen Bett nur noch Sand und Geröll zu finden waren. Genau hier setzt die zweite Lektion ein: *Dass das Bachbett trocken war und rissig, war nämlich ein direktes Ergebnis von Elias eigenen Gebeten!*

> Elia war ein Mensch wie wir, doch als er darum betete, dass kein Regen fallen sollte, regnete es dreieinhalb Jahre lang nicht auf der Erde!
>
> Jakobus 5,17

Gemäß dieser Feststellung im neutestamentlichen Jakobusbrief hatte Elia gebetet, dass es nicht regnen möge, und letztlich hat es dann auch tatsächlich dreieinhalb Jahre nicht geregnet. Insofern war das ausgetrocknete Bachbett ein Hinweis darauf, dass alles, wofür er gebetet hatte, einzutreffen begann. Er erlebte die Erhörung seines Gebetes.

Ist Ihnen so etwas schon einmal passiert? »Herr, mache mich zu einem Mann, der dir gefällt. Herr, forme mich zu einer Frau nach deinem Herzen.« In Ihrem Herzen denken Sie vielleicht noch: ... *aber schenke, dass es nicht zu sehr schmerzt.* »Vater, mach mich stabil, geduldig und voller Barmherzigkeit«, beten Sie und denken: ... *nimm mir aber nichts von meinen Annehmlichkeiten.*

»Herr, lehre mich glauben und mache mich stark«, ... *aber leiden möchte ich nicht.* Haben Sie je so mit Gott zu verhandeln versucht? Wir wollen »Instant-Reife«, die uns nichts kostet – keine Opfer, keine verletzten Gefühle noch sonst irgendeine Härte. »Herr, gib mir Geduld – *aber bitte sofort!*«

Gottes geistliches Grundausbildungslager funktioniert nach anderen Regeln. Es ist dazu da, dass wir uns dort geistlich entwickeln, auf Reife zu, nicht auf Komfort und Gemütlichkeit. Aber Selbstverleugnung ist keine beliebte Tugend, schon gar nicht in der heutigen Kultur.

Kurz bevor Robert E. Lee starb, brachte eine junge Mutter ihr Neugeborenes zu ihm. Mit großer Zartheit nahm Lee das Baby und hielt es in den Armen. Er schaute tief in die Augen des Kindes, sah dann die Mutter an und sagte: »Sie müssen ihm beibringen, dass es sich selbst verleugnen muss.«

Der kampferprobte Veteran wusste sehr genau, wovon er sprach. Douglas Southall Freeman schreibt: »Wenn man sein Leben zusammenfassen müsste in einem einzigen Satz aus jenem Buch, das er so oft las, dann wären es die Worte: ›Will mir jemand nachfolgen, so verleugne er sich selbst und nehme sein Kreuz auf sich und folge mir.‹«[9] (Matthäus 10,38)

Der Gott, dem wir dienen, ist da unnachgiebig. Er hört nicht damit auf, uns immer weiter auszubilden. Er schert uns das Haupthaar, er nimmt uns den bequemen und gemütlichen Lebensstil, er bringt uns in überfüllte und ungewohnte Massenunterkünfte, er teilt uns neue Freunde zu – ganz wie im Grundausbildungslager der Marineeinheiten.

In diesem Prozess nimmt er uns *all* unseren Stolz. Und dann fängt er damit an, den Grundstein zu legen für Heldenmut, eine neue Art des Stolzes, wenn Sie so wollen – die Art, die nicht mehr sich selbst verteidigt, sondern ihn. Was für eine wunderbare Veränderung! Wie wesentlich ist sie für unsere Reise hin zu einem reifen Christsein! All das gehört dazu, wenn Gott uns zuerst kleinkriegen muss.

VIER LEKTIONEN VOM BACH KRIT

Wir wollen die ungewohnte Szene am Krit, das knochentrockene Bachbett, wo aus dem jungen Propheten ein Mann Gottes geschmiedet wird, nicht verlassen, ohne uns die Wahrheiten anzuschauen, die hier enthalten sind.

Erstens: *Wir müssen bereit sein, beiseite genommen zu werden, wenn Gott im Begriff ist uns einzusetzen.* F. B. Meyer nennt das »den Wert des verborgenen Lebens«[10]. Diese Wahrheit kommt in den Worten eines alten englischen Chorals lebendig zum Ausdruck:

»Speak, Lord, in the stillness,	Sprich, Herr, in der Stille,
While I wait on Thee;	Wenn ich auf Dich höre.
Hushed my heart to listen,	Mein Herz lauscht auf
	Dein Reden –
In expectancy.«[11]	in Erwartung.

Wir müssen bereit sein, beiseite genommen zu werden, damit wir in der Stille auf die Stimme Gottes hören können. Wir müssen heraus aus dem Stimmengewirr des Alltags, heraus aus unserer Betriebsamkeit, weg von unseren eigenen Terminplänen und Wünschen. Es ist wichtig, dass wir den tiefen, bleibenden Wert des verborgenen Lebens kennen lernen.

Wenn ich an verborgene Leben denke, dann fallen mir die Mütter von Kleinkindern ein. Ich denke an mitfühlende Männer und Frauen, die sich jetzt um ihre alten Eltern kümmern. Ich denke an sehr fähige und hoch qualifizierte Menschen, die scheinbar zur Zeit vollkommen unnütz sind. Ich denke an Schüler, die noch im Klassenzimmer sitzen und sehr vieles lernen müssen. Es ist ein verborgenes Leben, das Leben, in dem die bleibenden, wichtigen Lektionen gelernt werden.

Zweitens: Gottes Anweisung enthält Gottes Fürsorge. Gott spricht: »Geh an den Bach – und ich werde dich versorgen.«

Vance Havner erzählt in seinem Buch »It Is Toward Evening« (Es wird Abend) die Geschichte von einigen Farmern, die sich auf Baumwolle spezialisiert hatten. Da fiel plötzlich der Baumwollkäfer verheerend in die Ernte ein. Diese Männer hatten all ihre Ersparnisse in Baumwolle gesteckt, all ihre Felder damit bebaut, all ihre Hoffnung auf Baumwolle gesetzt. Dann kam der Käfer. Es dauerte gar nicht lange, und es schien, als seien sie alle auf dem direkten Weg ins Armenhaus.

Aber Farmer sind ja bekanntlich entschiedene und einfallsreiche Leute. Sie sagten sich: »Gut, wenn wir keine Baumwolle pflanzen können, dann lasst uns Erdnüsse anbauen.« Sie erhielten Darlehen für die Erstbestellung – und zu aller Erstaunen brachte ihnen die Erdnussernte mehr Gewinn ein als sie je mit Baumwolle hätten erzielen können.

Als die Farmer merkten, dass das, was sie als Katastrophe betrachtet hatten, ihnen in Wahrheit zum Vorteil gereichte, errichteten sie dem Baumwollkäfer ein großes, eindrucksvolles Denkmal – ein Denkmal für genau das, von dem sie anfangs angenommen hatten, es werde sie vernichten.

»Manchmal geben wir uns mit einer langweiligen Routine zufrieden, die ebenso eintönig ist wie Jahr um Jahr Baumwolle zu pflanzen«, sagt Havner, der persönlich schon ein wunderbarer Heiliger Gottes war, als er dies schrieb. »Dann sendet Gott eine Art Baumwollkäfer; er reißt uns aus unserem Rhythmus, und wir müssen neu lernen zu leben. Finanzielle Rückschläge, große Trauer oder Betrübnis, körperliche Schwäche, Verlust der Position – wie viele von uns sind erst durch Schwierigkeiten dazu getrieben worden, bessere Ehemänner zu werden und viel bessere Frucht in ihrem Leben und Glauben zu bringen! Das Beste, was einigen von uns passieren konnte, war das Eintreffen ihres persönlichen ›Baumwollkäfers‹.«[12]

Wenn Gott Anweisungen erteilt, dann sorgt er auch vor. Das war's, was Elia am Leben erhalten hat, während er im Grundausbildungslager Krit war.

Drittens: Wir müssen lernen, Gott von Tag zu Tag zu vertrauen. Ich weiß, manche sagen sich jetzt: »O Chuck, das habe ich schon hundertmal gehört.« Aber wenn Sie das nicht auch leben, dann haben Sie es noch nicht oft genug gehört. Sie müssen lernen, im Heute zu leben … ganz im Heute. Sie können nicht im Morgen leben oder morgen in einer Woche.

William Elliott schreibt in »For the Living of These Days« (ungefähr: »Wie man in unseren Tagen leben kann«): »Manche Menschen sind so sehr unter Druck, angespannt, abgelenkt und voller Sorge, weil sie nicht die Kunst erlernt haben, einen Tag nach dem anderen zu leben. Körperlich leben wir doch auch einen Tag um den anderen. Das geht nicht anders. Aber in unserer Seele versuchen wir immer wieder, alle Zeiten gleichzeitig zu erleben – das Gestern, das Heute und das Morgen. Das klappt einfach nicht.«[13]

Ist Ihnen aufgefallen, dass Gott Elia zu keiner Zeit mitgeteilt hat, wie der zweite Schritt aussehen würde, bevor er nicht den ersten getan hatte? Gott sagte dem Propheten, er solle zu Ahab gehen. Erst als Elia im Palast angekommen war, teilte Gott ihm mit, was er dort sagen sollte. Nachdem er das ausgerichtet hatte, befahl Gott ihm: »Geh jetzt an den Bach.« Er sagte ihm nicht, was dort passieren würde; er sagte nur: »Geh an den Bach und verbirg dich.« Elia wusste nichts über die Zukunft, aber er hatte Gottes Zusage: »Ich werde dich dort versorgen.« Gott sagte ihm nichts vom nächsten Schritt, bis der Bach vollkommen ausgetrocknet war.

Das führt uns zur vierten Lektion.

Viertens: Ein ausgetrocknetes Bachbett ist oft ein Zeichen dafür, dass Gott mit unserem Leben zufrieden ist, nicht unzufrieden. Wenn Ihnen diese Botschaft hier entgeht, dann haben Sie fast alles verpasst. Der ausgetrocknete Bach ist gewöhnlich ein Zeichen, dass Gott uns annimmt, kein Zeichen der Ablehnung und des Urteils über uns.

Gerade, als Abraham auf dem Höhepunkt seiner Karriere angelangt war und als großer Mann Gottes bekannt wurde, befahl Gott ihm: »Nimm Isaak, lege ihn auf den Altar und töte ihn.« Also, wenn Abraham das nicht wie ein knochentrocken gewordener Bach vorkam, was dann, meinen Sie nicht? Trotzdem war es das Zeichen dafür, dass Gott mit seinem Diener ausgesprochen zufrieden war und großen Gefallen an ihm hatte.

Genau in der Mitte seiner bemerkenswert erfolgreichen ersten Missionsreise wurde Paulus in Lystra gesteinigt und liegen gelassen, weil man ihn für tot hielt. Sein Bach hätte gar nicht trockener sein können. Und doch wurde dieser dunkle Tag zu einem der Wendepunkte seines Lebens.

Josef wurde in ein ägyptisches Verlies geworfen, nachdem man ihn hinterhältig angeklagt und zu Unrecht verurteilt hatte. Während der ausgesprochen qualvollen Zeit im Gefängnis ist Josefs Bach ganz sicher ausgetrocknet. Bedeutete das, dass Josef Gott missfallen hätte? Ganz im Gegenteil! Dass Gott große Freude an Josef hatte, betont die Bibel vielfach. Aber er wollte, dass Josef ganz besonders wichtige Dinge lernen sollte, in der Stille und Einsamkeit des Gefängnisses, abseits des Rampenlichtes und abgesondert vom Alltagsleben in einer Welt der Freiheit.

Ich möchte Sie auch an unseren Herrn Jesus erinnern, den sündlosen Sohn Gottes. Sogar er musste durch die Todesangst im Garten Gethsemane hindurch.

UNSER HINDERNISPARCOURS

Zur Grundausbildung gehört unbedingt der grauenvolle, zermürbende und manchmal vernichtende Hindernisparcours. Nichts daran ist spaßig oder leicht; doch durch die Disziplin, die er verlangt, wird der Rekrut auf jede mögliche zukünftige Situation, insbesondere auf feindliches Feuer, vorbereitet. Im geistlichen Leben bereitet Gott uns in der Regel für jede nur mögliche Zukunft, die er für uns vorgesehen hat, vor, damit wir künftig von dem verborgenen Leben profitieren können. Dazu baut er meistens vier größere Hindernisse auf. Ich vergleiche sie gerne mit vier unnachgiebigen Membranen des Fleisches: Stolz, Angst, Ärger/Bitterkeit und jahrelange Gewohnheiten. Wenn wir lernen, diese Schichten des Widerstandes zu überwinden, macht uns das fit für die Kämpfe mit dem Feind unserer Seele.

Stolz: Wenn Gott uns aus dem Rampenlicht holt, fängt er an, unseren Stolz zu bearbeiten. Das ist Teil des wichtigen Vorganges, den wir durchlaufen müssen, um zurechtgestutzt zu werden. Anfangs wehren wir uns dagegen, doch unser Widerstand bewirkt Enttäuschung und Verwirrung. Wir kämpfen dagegen, weil wir uns an das Rampenlicht, die öffentliche Aufmerksamkeit und den Applaus, der dem Ego so wohl tut, so gewöhnt haben. Aber wie bei Elia besteht Gott darauf, dass wir uns verbergen sollen. Auch Johannes der Täufer musste Jahrhunderte später lernen und erkennen: »Er muss zunehmen, ich aber muss abnehmen.« (Johannes 3,30) *Wir lernen Unterordnung* durch diesen schmerzhaften Prozess.

Angst: Wenn wir uns eine Weile verborgen haben und noch nicht einmal wissen, wie lange das noch dauern wird, begegnen wir einer anderen fleischlichen Widerstandskraft: der Angst. Gott setzt alle Arten von Verlust dazu ein, um uns diese Schicht in uns zu offenbaren: Verlust von Status, Prestige und Beliebtheit, Verlust von Privilegien, von Menschen, die uns nahe stehen, von Finanzen und Gesundheit. Wenn er dieses Hindernis für uns durchbricht und überwindet, schafft er eine neue Tiefe geistlicher Reife in uns. Wenn wir in dem Hindernisrennen diese Hürde zu überwinden gelernt haben, dann wissen wir, was es heißt, *im und aus Glauben zu leben.*

Ärger und Bitterkeit: Der gesamte Vorgang wird unausweichlich eine Schicht des Ärgers freilegen. Das kommt daher, dass in der Regel in uns Ärger darüber aufsteigt, dass Gott uns zwingt, unsere »Rechte« loszulassen, die wir auf Dinge, Menschen und Umstände zu haben meinen: das Recht auf ein Gehalt, das wir für angemessen halten, auf eine bestimmte Behandlung, die wir zu verdienen wähnen oder das Recht auf Annehmlichkeiten, die wir doch genießen dürfen sollten. Unser Ärger wird immer stärker. Er flüstert uns zu: »Du hast doch ein Recht darauf!« Aber Gott fährt fort, an uns zu feilen, zu schmirgeln oder aber auch zu meißeln, bis aufs Mark, bis wir schließlich sagen: »Okay, okay, ich überlasse alles dir.« An diesem Punkt *lernen wir dann zu vergeben.* Ärger, das ist mir aufgegangen, wurzelt in der Regel in der fehlenden Bereitschaft zu vergeben.

Gewohnheiten: Schließlich benutzt Gott den Hindernisparcours des Glaubens, um unsere langjährigen Gewohnheiten zu durchbrechen. Er durchbricht Herzenshaltungen, die sich in den geschäftigen Jahren aktiven Dienstes gebildet haben, hohe, oft unrealistische Erwartungen und erfolgsorientierte Motive, die unserer Fleischlichkeit Vorschub geleistet haben. All das wird schließlich aus unserem Leben entfernt und in jener Phase begreifen wir, worauf Gott aus ist: auf die völlige Umkrempelung, die Erneuerung unseres inneren Menschen. Und genau *an dieser Stelle lernen wir Demut* – die Krönung des Werkes, das Gott an uns tut.

Das Geheimnis, wie man zu einem Mann oder einer Frau nach dem Herzen Gottes wird, ist dieser Vorgang. Stolz, Angst, Ärger und Gewohnheiten sind unbestechliche Zeugen der Gegenwart des Fleisches. Aber die Menschen, die nach dem Bild Christi geformt sind, leben nicht nach dem Fleisch. Frauen und Männer Gottes manipulieren keine Ereignisse so, dass sie daran Gefallen haben und Vorteile daraus ziehen können. Deshalb vernichtet Gott den Stolz, entfernt die Angst, zerbricht den Ärger und ändert langjährige Gewohnheiten, bis der ganze innere Mensch erneuert ist … bis wir in Gott ruhen und bereit sind, seinen Willen zu tun statt unseres eigenen.

In ihrem Gedicht »Gethsemane«[14] konzentriert Ella Wheeler Wilcox das, was ich soeben ausgeführt habe:

Down shadowy lanes, across strange streams	Am Ende dunkler Straßen, jenseits fremder Flüsse,
Bridged over by our broken dreams;	die überbrückt werden durch die Trümmer unserer Träume.
Behind the misty caps of years,	Hinter den Gipfeln der Jahre, die in den Wolken liegen,
Beyond the great salt fount of tears,	jenseits der salzigen Quelle unserer Tränen,
The garden lies.	liegt der Garten.
Strive as you may,	Du magst noch so sehr versuchen, es zu vermeiden,
You cannot miss it in your way.	aber dein Weg wird dich hindurchführen.

All paths that have been,
or shall be,

Pass somewhere
through Gethsemane.
All those who journey,
soon or late,
Must pass within the
garden's gate;
Must kneel alone in
darkness there,
And battle with some
fierce despair.
God pity those who
cannot say,
»Not mine but thine«,
who only pray,

»Let this cup pass,«
and cannot see
The purpose in
Gethsemane.

Alle Wege, die je beschritten
worden sind und noch
gegangen werden,
führen früher oder später
durch Gethsemane.
Alle, die unterwegs sind,
ob früher oder später,
müssen durch das Tor
dieses Gartens,
müssen dort allein im
Dunkeln knien
und mit überwältigender
Verzweiflung ringen.
Gott, sei denen gnädig,
die nicht sagen können:
»Nicht mein Wille geschehe,
sondern deiner«, die stattdessen
stehen bleiben bei der Bitte:
»Lass diesen Kelch an mir
vorübergehen«!
Sie verkennen ja den Sinn
von Gethsemane.

In einem sehr realen Sinn hat Gott für seine Kinder ein Grundausbildungslager vorgesehen, das sich nicht nur über acht oder zehn Wochen erstreckt. Es ist auch weder ein Wochenendseminar noch ein Arbeitskreis, dem wir uns vorübergehend anschließen oder den wir nach Belieben auch auslassen könnten. Gottes Grundausbildungslager findet in Intervallen statt, immer wieder einmal im Leben jedes Christen. Und dort, zwischen allen Hindernissen und umgeben von Schmerzlichem und Einsamkeit, werden wir merken, wie lebendig Gott in unserem Leben am Wirken ist – wie lebendig er ist und wie er regiert und alles in seiner Hand hält. Er will bei uns einmarschieren, uns kleinkriegen, zurechtstutzen, unser altes Selbst brechen und vernichten, damit wir zu den neuen Leuten werden, die wir nach seinem Plan sein sollen.

Es ist vollkommen unwichtig, wie viele Jahre Sie schon mit Jesus unterwegs sind, immer wieder einmal führt unser Weg durch Gethsemane. Es kommt immer dann wieder vor, wenn Gott uns an den Bach des verborgenen Lebens sendet. Es kommt immer dann wieder vor, wenn er uns die Orientierung nimmt, weil er uns einen neuen, unbekannten Standort zuweisen möchte, wenn er alle Sicherheiten vernichtet, alle Krücken wegnimmt, wenn er die meisten unserer Annehmlichkeiten beseitigt, fast immer, wenn er »Rechte« wegnimmt, die wir uns zu genießen angewöhnt hatten. Und das alles tut er, um uns umzuformen – in die Person, die wir ohne all diese Eingriffe niemals werden würden.

Elia ging an den Bach Krit als energischer Sprecher Gottes – als Prophet. Er kam vom Bach Krit zurück als ein tiefgründiger Mann Gottes. Die Veränderung kam dadurch, dass er am Ufer eines versiegenden Baches zurechtgestutzt worden war.

Da kam das Wort des HERRN zu ihm:
»Mach dich auf und geh nach Zarpat, das bei Sidon liegt, und bleibe dort; denn ich habe dort einer Witwe geboten, dich zu versorgen.«
Und er machte sich auf und ging nach Zarpat. Und als er an das Tor der Stadt kam, siehe, da war eine Witwe, die las Holz auf. Und er rief ihr zu und sprach: »Hole mir ein wenig Wasser im Gefäß, dass ich trinke!«
Und als sie hinging zu holen, rief er ihr nach und sprach: »Bringe mir auch einen Bissen Brot mit!«
Sie sprach: »So wahr der HERR, dein Gott, lebt: Ich habe nichts Gebackenes, nur eine Hand voll Mehl im Topf und ein wenig Öl im Krug. Und siehe, ich hab ein Scheit Holz oder zwei aufgelesen und gehe heim und will mir und meinem Sohn zurichten, dass wir essen – und sterben.«
Elia sprach zu ihr: »Fürchte dich nicht! Geh hin und mach's, wie du gesagt hast. Doch mache zuerst mir etwas Gebackenes davon und bringe mir's heraus; dir aber und deinem Sohn sollst du danach auch etwas backen. Denn so spricht der HERR, der Gott Israels: ›Das Mehl im Topf soll nicht verzehrt werden, und dem Ölkrug soll nichts mangeln bis auf den Tag, an dem der HERR regnen lassen wird auf Erden.‹«
Sie ging hin und tat, wie Elia gesagt hatte. Und er aß und sie auch und ihr Sohn Tag um Tag. Das Mehl im Topf wurde nicht verzehrt, und dem Ölkrug mangelte nichts nach dem Wort des HERRN, das er durch Elia geredet hatte.

1. Könige 17,8-16

KAPITEL DREI

Fortgeschrittenen-Ausbildung in Zarpat

Nach Ende meiner Grundausbildung in der Marineeinheit ging es für mich mit einer Infanterie-Schulung für Fortgeschrittene weiter. In mancherlei Hinsicht waren die Regimenter der beiden Trainingszeiten gleich, aber die Schulung für Fortgeschrittene war eine weitaus größere Herausforderung, war schwieriger und noch rauer. Zudem gab es nun keinen allgegenwärtigen Drillmeister mehr, der uns befohlen hätte, was zu tun sei. Statt der vertrauten und sich oft monoton wiederholenden Drills und der ständigen Schikanen waren wir nun mit »Kriegsspielen« auf offenem Feld beschäftigt. Wir übten die Landung mit Amphibienfahrzeugen, lebten unter freiem Himmel, mussten einige Tage am Stück wach bleiben und lernten, wie man längere Zeit ohne Nachschub ganz allein in feindlicher Umgebung überlebt.

In all den Wochen dieser Fortgeschrittenenausbildung zwang man uns, das in die Praxis umzusetzen, was zuvor theoretisch besprochen und durchgenommen worden war. Wir hatten nun nicht nur den Härtetest zu bestehen, ständig draußen zu sein, ohne ein festes Dach über dem Kopf, ohne feste warme Mahlzeiten und saubere Betten, sondern wir befanden uns zudem in einem Gebiet, das von imaginären feindlichen Truppen besetzt war, gegen die wir in simulierten Kämpfen anzutreten hatten. Wenn man uns fing, unterwarf man uns schwierigsten Bedingungen: Entzug von Kontakten, Nahrung, Schlaf, Licht und dazu Verhöre. All dies sollte uns auf den Ernstfall vorbereiten, falls unser Land in einen Krieg verwickelt würde.

Diese Einzelheiten aus meiner Militärzeit sind mehr als nur Erinnerungen eines alten Mariners. Ich rede mit Ihnen darüber, weil sie eine dramatische Analogie zu dem bilden, was Elia in der nächsten Phase seiner Ausbildung zum Mann Gottes mitmachen musste. Nachdem er den Härtetest im Krit-Lager bestanden hatte, erwartete ihn in Zarpat ein noch viel schwierigeres Ausbildungsverfahren.

Der ausgetrocknete Bach war ja erst der Anfang! Gott hatte Pläne für Elia, die ihn weit über das hinausführen sollten, was er in den ruhigen Tagen der Einsamkeit und Meditation erlebt hatte, als der Bach ihn tränkte und die Vögel des Himmels ihm regelmäßig seine Mahlzeiten brachten, in einfacher, ununterbrochener und zuverlässiger Routine. Wenn Gott jemanden so machtvoll einsetzt wie er Elia in den vor ihm liegenden Jahren einsetzen sollte, muss er erst noch die Ausbildung für Fortgeschrittene durchlaufen. Für Elia war Zarpat sein nächstes Ausbildungslager.

Aufgrund des historischen Berichtes, der uns in 1. Könige vorliegt, sind wir in der Lage zu beobachten, wie die Ausbildung anschlägt. Hoffentlich lernen wir dann die wichtigen Prinzipien, die wir in Elias Erfahrungen erkennen können.

> Da kam das Wort des HERRN zu ihm: »Mach dich auf und geh nach Zarpat, das bei Sidon liegt, und bleibe dort; denn ich habe dort einer Witwe geboten, dich zu versorgen.«
>
> 1. Könige 17,8

Wie schon zuvor möchte ich hier zuerst auf die Bedeutung des Ortsnamens eingehen. »Zarpat« oder auch »Zarepta« kommt von einem hebräischen Verb, das so viel bedeutet wie »schmelzen«, »einschmelzen«. Interessanterweise bedeutet das zugehörige Hauptwort »Schmelzofen«, »Schmelztiegel«. Der Ort, an den der Prophet sich begeben sollte, mag seinen Namen daher gehabt haben, dass es dort eine Art Schmelzofen gab oder daher, dass es dort immer so heiß war wie in einem Hochofen. Wir wissen es nicht sicher. Aber woher auch immer der Ort seinen Namen hatte, Zarpat sollte sich als »Schmelztiegel« für Elia erweisen, als ein Ort, an dem Gott den Propheten weiter läutern würde und an dem sich Dinge ereignen sollten, die den Rest seines Lebens entscheidend bestimmen würden.

Es war beinahe, als wollte Gott zu seinem Diener sagen: »Ich habe dich zuerst nach Krit gebracht, um dir die hellen Scheinwerfer und die öffentlichen Auftritte abzugewöhnen, damit ich dich dort zurechtstutzen und zurückführen konnte auf einen Mann, der sich auf mich verlassen würde, komme, was da wolle. Ich war dort bei dir, um deinen inneren Menschen durch die Disziplinen der Einsamkeit, der Stille und der Verborgenheit zu erneuern. Aber jetzt ist es an der Zeit für einen noch tieferen Eingriff. Jetzt, lieber Elia, werde ich die Temperatur im Hochofen anheben und dich einschmelzen, damit ich dich noch weitaus exakter zu dem Mann machen kann, der die Dinge tut und die Aufgaben erfüllt, die ich für dich vorgesehen habe.«

Wenn Sie lange genug an der Hand Gottes unterwegs waren, dann wissen Sie, dass er Prüfungen oft direkt aufeinander folgen lässt. Oder vielleicht wäre es genauer, zu sagen, dass er eine nach der anderen auf einen zukommen lässt. Gewöhnlich hören seine vorbereitenden Prüfungen nicht einfach nach ein oder zwei Anläufen auf. Sie scheinen sich zu vervielfachen. Sobald Sie einem Hochofen entstiegen sind, in der Annahme: *Nun gut, das habe ich jetzt hinter mich gebracht*, finden Sie sich schon im nächsten wieder, wo die Flammen womöglich noch heißer sind.

Schmelzöfen bewirken, dass wir Christus ähnlich werden. Genau das hatte sicher der Liederdichter im Sinn, als er diese Worte niederschrieb:

The flame shall
not hurt thee,
I only design,
Thy dross to consume
and thy gold to refine.[15]

Die Flamme soll dich
nicht verzehren.
Ich habe nur vor, alles
Unlautere an dir zu verbrennen
und das Gold in dir zu läutern.

Genau dazu ist der Hochofen da. Das ist seine Funktion: Er bringt alle Unreinheiten an die Oberfläche, wo sie abgeschöpft werden, sodass immer reineres Metall übrig bleibt, das dann in die gewünschte Form gegossen werden kann, solange es flüssig ist.

Nachdem ich das Gymnasium abgeschlossen hatte, arbeitete ich zunächst vier Jahre in einem Maschinengeschäft. Ein Teil meines Einarbeitungstrainings fand in der so genannten Wärmebehandlungs-Abteilung statt. Dort wurden Metallstangen, die 90 bis 120 cm lang waren und so dick wie meine Arme, in weiß glühende Öfen geschoben, wo sie erhitzt wurden, bis die Schlacke an die Oberfläche kam. (Schlacke ist ein unbrauchbarer Schaum, der sich an der Oberfläche von geschmolzenem Metall bildet. Dieser Schaum besteht aus allen nicht-metallischen, verunreinigenden Materialien, die das Metall entwerten würden, wenn man sie nicht herausschmelzen würde.) Wenn diese Verunreinigungen erst einmal entfernt waren, formte man das extrem heiße, weiche Metall, ließ es durch riesige Pressen laufen und unterwarf es einer Serie von Hämmern, die auf das Metall herunterdonnerten. Dann erhitzte man es von neuem und warf es in Bottiche mit Sole oder Öl. Bei diesem Verfahren erzeugte das Eisen Laute, die einem wilden Tier ähnlich waren, das in einer Falle gefangen sitzt und aufschreit. Das Metall reagierte auf die Einwirkungen und Veränderungen, denen man es aussetzte, damit es verbessert und verformt werden konnte, bis es die Schläge, den Zug und den Druck, denen es bei sinngemäßer Verwendung standhalten sollte, aushielt, bis es also die vorgesehene Stabilität und Stützkraft hatte.

GOTTES PLAN FÜR ELIA

Gott kennt die Zukunft seines Propheten. Gott kennt die Stärken, die Elia dann brauchen wird, wenn er in der Schlacht die Oberhand behalten soll. Er weiß, was für eine Last sein Prophet tragen können muss. Es ist keine Aufgabe für einen Jammerlappen. Dünnhäutige Softies kann man dafür nicht brauchen. Daher sendet er Elia in den Schmelzofen von Zarpat, wo alle Unreinheiten, alle Schlacke verbrannt werden.

Dennoch hat Gott, als er seinen Diener durch die Gluthitze des Hochofenfeuers schickt, diesen keinesfalls vergessen. Erinnern Sie sich, Elia ist in die Hände Gottes »geschrieben«. (Jesaja 49,16)

Gott weiß genau, wo Elia sich befindet. »Da kam des Herrn Wort zu ihm.« (1. Könige 17,8) *Gott weiß genau, wo wir uns befinden.* Manchmal vergessen wir das. Manchmal meinen wir sogar, fühlen zu können, dass Gott uns vergessen habe. Stimmt nicht. Gott weiß sehr genau, wo wir stehen und wie es uns ergeht. Wenn Sie also unter dem Gefühl, im Stich gelassen worden zu sein, leiden, wenn Sie drauf und dran sind, sich eine Selbstmitleid-Party zu geben, dann graben Sie sich ein ins Wort Gottes. In der Hitze des Schmelzofens müssen Sie sich Stellen aussuchen wie Jesaja 41,10:

> »Fürchte dich nicht, ich bin mit dir; weiche nicht, denn ich bin dein Gott. Ich stärke dich, ich helfe dir auch, ich halte dich durch die rechte Hand meiner Gerechtigkeit.«
>
> Jesaja 41,10

In diesem und jeder Menge anderer großer Versprechen sagt Gott: »Ich weiß genau, wo du gerade bist und ich bin an deiner Seite.« *Was für ein Trost!*

Gott weiß, wo Elia ist. Gott ist ebenfalls dort und glücklicherweise bleibt er nicht stumm.

Und *Gott weiß auch, wohin Elia unterwegs ist.* Das ist etwas, was wir weder wissen können noch müssen – wohin wir unterwegs sind. Ich persönlich bin ja so froh, dass ich das nicht weiß. Wenn ich schon heute alles wüsste, was mir im nächsten Jahr so alles zustoßen wird, dann wäre ich sicher so beunruhigt, dass ich kein Auge mehr zutäte. Aber Gott weiß Bescheid. Er ist gnädig genug, uns einen Schritt um den anderen in die Zukunft zu führen und genau das tut er nun auch mit Elia.

»Steh auf, geh nach Zarpat … und bleibe dort«, sagt Gott zu Elia.

Elia sollte einfach einen Schritt nach dem anderen gehen. «Steh auf!« Das ist nicht schwer und fällt auch nicht schwer. Zweifellos war Elia froh, dass er das ausgedörrte Bachbett verlassen durfte. »Geh!« Auch das ist weder schwer noch schlimm. Mal einen Tapetenwechsel zu haben tut uns wohl. Aber dann kommt es hart: »Bleibe dort!« Das ist der Punkt, an dem die Sache wehtut.

Manche von uns sind bereit, eine Zeit vorübergehender Prüfung durchzustehen. Mal eine Stunde oder zwei. Einen Tag oder zwei. Vielleicht auch mal eine ganze Woche, höchstens. Aber todsicher wollen wir nicht an einem Ort der Prüfung *bleiben*, verweilen oder gar wohnen.

Erinnern Sie sich an die früheren Anweisungen Gottes an Elia? Er sollte an dem Bach wohnen und leben. Jetzt sagt Gott zu Elia: »Geh nach Zarpat und *bleibe* dort.« Als Gott dies sagte, befand sich Elia noch am Bach Krit, der östlich des Jordans liegt. Wenn Sie sich jetzt eine Landkarte des alten Israels anschauen, werden Sie feststellen, dass »Zarpat bei Sidon« ganz weit im Westen lag, an der Küste des Mittelmeeres, mindestens 160 km westlich des Baches. Das bedeutete, dass Elia einen langen Marsch vor sich hatte, über Land, ungeschützt, und dabei suchten doch Ahabs Schergen überall nach ihm! Der König hatte, wenn Sie so wollen, ein Kopfgeld auf Elia ausgesetzt und ihn auf der Fahndungsliste ganz oben angesiedelt. Elia musste sich also, wenn er den Marsch in Angriff nahm, unbedingt auf Gottes Schutz und Geleit verlassen.

Ahabs Armee suchte aggressiv nach Elia. Trotzdem befahl Gott seinem Propheten, den Schutz der Deckung in der einsamen

Natur aufzugeben, ins Freie zu treten und bewohnte Gegenden zu durchqueren, um an sein Ziel zu gelangen. Was für ein Wagnis! Aber Gott wusste genau, wohin sein Mann unterwegs war. Denn *Gott hatte einen Ort vorbereitet*.

> »Mach dich auf und geh nach Zarpat, das bei Sidon liegt, und bleibe dort; denn ich habe dort einer Witwe geboten, dich zu versorgen.«
>
> 1. Könige 17,9

Ich weiß ja nicht, wie es Ihnen damit ergeht, aber ich persönlich hätte diesen Teil der Anweisung als demütigend empfunden. Gott sagte nicht: »Ich befehle dir, nach Zarpat zu gehen, damit du dort eine arme Witwe versorgst.« Stattdessen würde eine arme Witwe diesen berühmten Mann Gottes versorgen, der schon vor dem König gestanden hatte. Diese Stelle in Elias Geschichte ist eine wunderbare Erinnerung daran, dass es oft die demütigenden Aufgaben sind, die uns für die größeren, entscheidenden Aufgaben vorbereiten.

In meinem ersten Jahr als Student am Dallas Seminary, im Jahr 1959, belegte ich Griechisch bei Dr. Bert Siegle, einem gottesfürchtigen Mann mit sanfter Stimme, den Gott nachhaltig im Leben seiner Studenten gebrauchte. Ich wusste nicht, was es war, was uns an den Lektionen von Dr. Siegle so beeindruckte, aber manchmal war es, als würden wir dem Himmel ganz nahe gebracht. Irgendwie hielt uns dieser Griechisch-Professor in seinen Händen und hob uns zum Himmel empor.

Dr. Siegle starb, noch bevor meine Zeit am Dallas Seminary im Jahr 1963 zu Ende ging. Erst nach seiner Beerdigung habe ich entdeckt, *wie* Gott diesen Mann zu einem ganz besonderen Menschen geläutert hatte.

Jahre zuvor, während der Zeit der großen Wirtschaftsflaute, war unser Institut manchmal nicht in der Lage gewesen, die Gehälter der Professoren zu bezahlen. Daher hatte Bert Siegle, um weiter lehren zu können, einen Zusatzjob als Müllmann für das Seminar angenommen. Er arbeitete auch in der Putzkolonne mit.

Er nahm bereitwillig die demütigenden Arbeiten auf sich, den Müll der Studenten wegzuräumen und in den Toiletten Fliesen zu verlegen, damit er an der Fakultät bleiben und die Studenten weiter unterrichten konnte. Als ich das hörte, ging mir auf, was es gewesen war, das uns diesen Mann so lieben ließ: Sein demütiges Herz hatte unsere Achtung gewonnen.

Ich weiß nicht, welche Zukunft Gott für Sie oder mich im Sinn hat, aber das läuternde Feuer des Hochofens wird sicher demütigende Erfahrungen für uns enthalten. Sie sind ein wesentlicher Teil des Planes Gottes für und mit uns. Bei Elia war es seine Bereitschaft zuzulassen, dass eine arme Witwe ihn versorgen würde.

ELIAS PRÜFUNGEN

Elia reagierte auf den Plan Gottes mit sofortigem Gehorsam.

> Und er machte sich auf und ging nach Zarpat. Und als er an das Tor der Stadt kam, siehe, da war eine Witwe, die las Holz auf. Und er rief ihr zu und sprach: »Hole mir ein wenig Wasser im Gefäß, dass ich trinke!« Und als sie hinging zu holen, rief er ihr nach und sprach: »Bringe mir auch einen Bissen Brot mit!«
>
> 1. Könige 17,10-11

Als Elia in Zarpat eintraf, musste er zwei Prüfungen bestehen:

Zunächst kam der Test der *ersten Eindrücke*. Unterschätzen Sie niemals erste Eindrücke, denn sie sind oft ein Test! Elia starb beinahe vor Durst. Der Bach muss wohl schon vor einiger Zeit ausgetrocknet gewesen sein. Dann war er einige Kilometer über trockenes, ödes Land gewandert. Am Tor der Stadt Zarpat sah er eine Witwe Holz sammeln. Aha, das musste die Witwe sein, die ihn versorgen sollte!

»Bitte gib mir etwas zu trinken«, sagte Elia. »Und wenn du schon gerade unterwegs bist, kannst du mir auch noch ein Stück Brot bringen?«

Sie sprach: »So wahr der HERR, dein Gott, lebt: Ich habe nichts Gebackenes, nur eine Hand voll Mehl im Topf und ein wenig Öl im Krug. Und siehe, ich hab ein Scheit Holz oder zwei aufgelesen und gehe heim und will mir und meinem Sohn zurichten, dass wir essen – und sterben.«

1. Könige 17,12

Was für eine Überraschung! Willkommen in Zarpat, Elia! War das nicht die Frau, die für deine Ernährung zuständig sein sollte?

Elia war in der Erwartung nach Zarpat gegangen, dass er dort ein bisschen besser versorgt werden würde als am Bach Krit. Allerdings legten die ersten Eindrücke etwas ganz anderes nahe. Offenbar würde es hier kaum etwas zu beißen geben. Vielleicht würde er hier nicht gerade verdursten, aber es sah ganz so aus, als werde er dort verhungern.

Haben die ersten Eindrücke Sie je blenden können? Haben Sie sich je vorgenommen, eine andere Schule zu besuchen oder in eine andere Gemeinde zu gehen? Oder in eine andere Stadt zu ziehen und eine andere Arbeit aufzunehmen? Oder neue Herausforderungen anzunehmen? Wie schnell kann dann plötzlich alles ganz anders kommen als geplant! Doch manchmal kommt es nicht nur anders, sondern weitaus schlimmer als bisher. Solch ein Schock des ersten Eindrucks kann furchtbar sein!

Im Sommer 1961 absolvierte ich ein Praktikum in einer Gemeinde in Palo Alto/Kalifornien. Am Ende dieser Zeit setzten sich Pastor Ray Stedmann und ich zusammen, um meinen Aufenthalt auszuwerten. Ich sagte ziemlich offen zu ihm: »Wissen Sie, Ray, als wir im Mai hierher kamen, war das ein Tiefschlag. Es war Samstagabend und schon dunkel. Sie waren weg. Die Mitarbeiter der Gemeinde waren nach Hause gegangen. Niemand war da, um uns willkommen zu heißen. Ich wusste nicht, wo ich hin sollte oder was man von mir erwartete. Erst mit dem zweiten oder dritten Telefonat konnte ich irgendjemanden erreichen, der uns helfen konnte. Das war eine große Entmutigung.«

Ray lächelte nur und sagte: »Chuck, das war schon der erste Teil der Ausbildung.«

»Ich kann mich nicht erinnern, das in irgendeinem Handbuch gelesen zu haben«, erwiderte ich.

»Stimmt«, sagte Ray. »Das steht auch nirgends.« Dann fügte er noch ein paar Worte hinzu, an die ich mich bis heute erinnere. »Aber Chuck, du wirst in deinem gesamten Leben und Dienst immer wieder etwas Neues beginnen müssen. Dies bringt sofort auch immer Schwierigkeiten und Probleme mit sich. Die Art, wie du mit der Enttäuschung dieses Samstagabends umgegangen bist, sagt uns etwas über dein Durchhaltevermögen und deinen Charakter.« Ich muss hinzufügen, dass ich damals ziemlich dünnhäutig und empfindlich war. Ich brauchte diese Prüfung und diesen Lebensrat. Sie haben mir gut getan.

Elia kam also nach Zarpat und fand nichts als eine Frau, die Hölzchen suchte, mit denen sie ihr letztes Feuerchen anfachen konnte, um ihre Henkersmahlzeit zu kochen und danach zu verhungern. Was für eine maßlose Enttäuschung nach der langen Wanderung und den vielen Entbehrungen unterwegs!

Damit kommen wir zur zweiten Prüfung, dem Test der *Unmöglichkeiten*. Elia war in eine Lage hineingeschlittert, die, aus menschlicher Perspektive gesehen, einfach unmöglich war. Aber die gute Nachricht ist, dass er über die Schwierigkeiten hinaussehen konnte. Er ging dieses Problem nicht mit Angst, sondern im Glauben an. Schauen Sie sich seine Reaktion an:

> Elia sprach zu ihr: »Fürchte dich nicht! Geh hin und mach's, wie du gesagt hast. Doch mache zuerst mir etwas Gebackenes davon und bringe mir's heraus; dir aber und deinem Sohn sollst du danach auch etwas backen. Denn so spricht der HERR, der Gott Israels: ›Das Mehl im Topf soll nicht verzehrt werden, und dem Ölkrug soll nichts mangeln bis auf den Tag, an dem der HERR regnen lassen wird auf Erden.‹«
>
> 1. Könige 17,13-14

Elia war entschlossen, den Schock des ersten Eindrucks schon im Entstehen zu bekämpfen, noch bevor er ihn niedergeschlagen machen könnte. Die Witwe hatte ihren Blick auf die Unmöglichkeiten gerichtet: eine Hand voll Mehl, ein winziger Rest Öl, ein paar Hölzchen. Elia aber krempelte die Ärmel hoch und konzentrierte sich auf die Möglichkeiten.

Woher konnte er das plötzlich? Er war ein Mann Gottes mit Ausbildung. Er war am Bach Krit gewesen und hatte dort den Beweis für Gottes Treue erlebt. Er hatte überlebt, auch als der Bach bereits versiegt war. Er hatte Gott ohne Wenn und Aber gehorcht und war heil und gesund bis nach Zarpat gekommen.

Sie können nicht mitreden, wenn Sie diesen Weg nicht selbst gegangen sind. Sie können niemanden ermuntern, das Unwahrscheinliche zu glauben, wenn Sie nicht selbst das Unmögliche geglaubt haben. Sie können niemals die Kerze der Hoffnung eines anderen entzünden, wenn Ihre eigene Fackel des Glaubens nicht brennt.

Als Elia den fast vollkommen leeren Mehlbehälter und den Ölkrug mit dem kaum mehr sichtbaren Rest darin sah, sagte er beinahe achselzuckend: »Aber das sind doch für Gott keine echten Probleme! Geh nur hinein und backe uns ein paar schöne Kekse. Erst welche für mich und dann noch für dich und deinen Sohn!« Dann sagte er ihr auch den Grund für seine Zuversicht. Hören Sie sich nur diese zuversichtlichen Worte des Glaubens und Vertrauens an! »Der Mehlbehälter wird nicht zur Neige gehen und der Ölkrug wird nicht leer werden, bis auf den Tag, an dem der Herr wieder Regen auf diese Erde senden wird.«

Was für eine Zusage! Die Frau muss Elia, diesen müden, staubigen Fremden, verwirrt und verwundert angesehen haben, als sie von ihm Worte hörte, wie sie sie noch niemals zuvor gehört hatte.

Sind Sie je in der Nähe eines Menschen gewesen, der voller Glauben war? Haben Sie je Umgang gehabt mit Männern oder Frauen Gottes? Solche Menschen führen das Wort »unmöglich« gar nicht in ihrem Vokabular! Wenn Sie keinen solchen Gläubigen kennen, dann suchen Sie sich Menschen, die innerlich stark und gefestigt sind. Sie brauchen sie in Ihrem Leben. Gott gebraucht solche Verbindungen, um unseren Glauben aufzubauen.

Diese Witwe am Tor der Stadt Zarpat hörte Elia mit weit offenem Mund zu, und ich bin überzeugt, dass sie dieses Ereignis vollkommen umkrempelte. Elia nahm sie in jene Lektion hinein, die er selbst zuvor gelernt hatte: die Lektion des treuen Gehorsams. Gott sagte »geh« und er ging. Nun erwartet Elia von der Frau dieselbe Art des Gehorsams. Er weist sie an »hinzugehen« und zu »tun«.

> Sie ging hin und tat, wie Elia gesagt hatte. Und er aß und sie auch und ihr Sohn Tag um Tag. Das Mehl im Topf wurde nicht verzehrt, und dem Ölkrug mangelte nichts nach dem Wort des HERRN, das er durch Elia geredet hatte.
> 1. Könige 17,15-16

Ihre Reaktion war, dass sie »hinging« und »tat«. Das ist Gehorsam in seiner einfachsten Form.

Der Gehorsam des Menschen und die Treue Gottes – das ist eine Kombination, die Wunder wirkt! Lesen Sie diesen Satz bitte noch ein paar Mal. Mitten im Hochofen gehorchten Elia und die Witwe, und Gott sorgte für ein Wunder. Der Mehlbehälter wurde nicht mehr leer. Der Ölkrug trocknete nie mehr aus. Wie aufregend muss das für die Frau und ihren Sohn gewesen sein, sich zu Tisch zu setzen und diese ersten »Wunderkekse« zu genießen!

Die Witwe von Zarpat traf in ihrer Küche auf Gott. Sie schaute in den Mehlbehälter – und sie fand Mehl. Sie sah in den Ölkrug – und sie fand Öl. Als sie das letzte Mal in ihrer Speisekammer nachgesehen hatte, war da kaum genug für auch nur die winzigste Mahlzeit. Jetzt hatte sie jeden Morgen und jeden Abend Grund zum Lob Gottes, der sie alle versorgte. Ich kann mir ganz lebendig vorstellen, wie der altvertraute Lobpreis von ihren Lippen kam, wenn sie ihre täglichen Mahlzeiten bereitete: »Lob sei Gott, von dem alles Brot und jeder Keks kommt ...!«

Das bedeutet übrigens nicht, dass die Witwe und ihr Sohn alles gehabt hätten, was sie sich nur wünschten. Aber es bedeutet, dass sie alles hatten, was sie brauchten. Wenn Sie ans Ende Ihrer eigenen Ressourcen gekommen sind und Gott dann zu dem, was Sie sich wünschen, Nein sagt, aber zu dem, was Sie brauchen Ja, dann werden Sie mehr als zufrieden sein.

Nachdem ich Elias ganzes Leben studiert hatte, bin ich zu der Ansicht gekommen, dass Zarpat eine entscheidende Weggabelung war für die Vorbereitung auf seine Rolle als Mann Gottes.

VIER LEKTIONEN – PRINZIPIEN, DIE DER ÜBERLEGUNG WERT SIND

Wenn ich mir diesen Wendepunkt in Elias Leben und Dienst anschaue, dann kann ich dort vier Lektionen erkennen, die nur darauf warten, in unser Leben umgesetzt zu werden:

Erstens: *Gottes Führung ist oft überraschend. Analysieren Sie sie nicht.*

Wenn Gott Sie nach Zarpat führt, dann versuchen Sie bitte nicht, einen Sinn darin zu finden. Gehen Sie einfach hin. Wenn Gott Sie in eine schwierige Lage versetzt, und wenn Sie Frieden darüber haben, dort zu sein, dann rennen Sie nicht weg. Bleiben Sie einfach dort. Je länger ich lebe, desto fester bin ich überzeugt, dass Gottes Führung oft nach menschlichem Ermessen unlogisch ist. Sie bleibt sehr oft ein Geheimnis, wenigstens aus unserer beschränkten menschlichen Perspektive.

Zweitens: *Die erste Zeit ist oft die Schlimmste – geben Sie nicht auf!* Erinnern Sie sich an meine Anmerkungen über den Schock des ersten Eindrucks? Er ist real. Er kann zu Panik führen und uns dazu veranlassen, das Handtuch zu werfen. Tun Sie's nicht! Der Feind unserer Seelen liebt es, uns entgleisen zu lassen, uns zu entmutigen, uns dazu zu verleiten, insgesamt aufzugeben. Doch lassen Sie uns von Elias Beispiel lernen. Nicht einmal eine arme Witwe, die kaum mehr genug Energie in sich spürte, ein paar Stöckchen zusammenzutragen, um auf dem Feuerchen, das sie daraus entzünden würde, ihre Henkersmahlzeit zu kochen, entmutigte ihn. Und Gott gebrauchte seinen Glauben, um neue Hoffnung in ihr zu entfachen, um ihr einen Grund zum Weitermachen zu geben. Zuversicht in Gott und Vertrauen auf ihn sind ansteckend.

Drittens: *Dreh- und Angelpunkt von Gottes Zusagen ist oft*

unser Gehorsam. Ignorieren Sie daher nicht den Teil, den Sie selbst zu ihrer Verwirklichung beitragen können! Gott sprach: »Elia, steh auf und geh!« Elia stand auf und ging. »Frau, gehe hinein und bereite das Mahl zu!«, befahl Elia. Sie ging hin und bereitete es zu. Wenn ein Versprechen erfüllt wird, haben wir sehr oft vorher einen Schritt des Gehorsams tun müssen. Wenn Zusagen an Bedingungen geknüpft sind, dann geht unser Gehorsam der Fürsorge Gottes voraus. Seien Sie äußerst vorsichtig und lehren Sie nichts, was zu Passivität führen könnte! Sich auf den Herrn verlassen ist das eine; passive Gleichgültigkeit jedoch ist etwas ganz anderes.

Viertens: *Gottes Fürsorge deckt oft gerade das Nötigste. Versäumen Sie aber trotzdem nicht, ihm dafür zu danken!* Vielleicht haben Sie nicht die Stellung, die Sie immer erträumt haben, aber Sie stehen in Lohn und Brot. Vielleicht haben Sie nicht den Status erreicht, den Sie eingeplant hatten, aber seine Fürsorge bewirkt, dass Sie genug haben … gerade genug. Wenn Sie Ihre Dankbarkeit für jenen fernen Augenblick aufheben, an dem all Ihre Träume in Erfüllung gehen, dann könnte es leicht sein, dass Sie zu einem verschrobenen Christen verkommen, der immer auf ein »Mehr« wartet und nie zufrieden ist. Dankbare Zufriedenheit ist in unserer konsumorientierten Kultur eine Tugend, die dringend gebraucht wird.

Gott ist entschlossen, seine Heiligen vollkommen zu machen. Daher legt er diese wertvollen Metalle in seinen Schmelzofen. Er sitzt dabei und überwacht den Vorgang der Läuterung. Liebe ist sein Thermometer und Liebe legt den exakten Hitzegrad fest. Er wird es nicht zulassen, dass einer auch nur eine Sekunde zu lange einer Überhitze ausgesetzt ist. Sobald die Unreinheiten verbrannt sind, sobald er sich selbst im Glanz der gereinigten Metalle spiegeln und wieder erkennen kann, hört die Prüfung auf.[16]

Ich finde dieses Bild, das A. T. Pierson gebraucht, ausgesprochen hilfreich: Sobald Gott in Ihnen sein Ebenbild klar widerspiegelt sieht, holt er Sie aus dem Hochofen, lässt Sie abkühlen und dann sind Sie bereit für die nächsten Ereignisse, die er für Sie vorgesehen hat.

Der Sohn Gottes, unser Retter, hat die allerschwierigste Prüfung überstanden, das heißeste Feuer durchlebt, als er ans Kreuz ging. Er kämpfte nicht gegen den Willen Gottes an, sondern akzeptierte ihn. Er sagte: »Gott, ich bin gekommen, deinen Willen zu tun.« Und wir sind doch alle von Herzen dankbar, dass er nicht aufgegeben und irgendwann dem ganzen Unternehmen den Rücken gekehrt hat, nicht wahr? Er hielt aus bis zum Ende. Wir erheben ihn, weil er das Werk auf Golgatha *vollendet* hat.

Es ist nicht nur möglich, sondern sehr wahrscheinlich, dass die meisten unter uns in irgendeiner Phase ihres Lebens schon durch eine Hochofen-Zeit gegangen sind oder dies noch vor sich haben. Wir sind am Bach Krit gewesen und sind nach Zarpat gegangen. Alles gehört zum Plan Gottes. Vergessen Sie nie, dass sogar Jesus Christus ein Mann »voller Schmerzen und Krankheit« war. (Jesaja 53,3) Wir können ihm niemals ähnlich werden, wenn wir uns den Hochofen-Zeiten entziehen.

Alle Straßen, die auf der Reise des Glaubens zur Reife führen, führen auch durch Zarpat.

Und nach diesen Geschichten wurde der Sohn seiner Haus-
wirtin krank; und seine Krankheit wurde so schwer, dass kein
Odem mehr in ihm blieb. Und sie sprach zu Elia: »Was hab
ich mit dir zu schaffen, du Mann Gottes? Du bist zu mir ge-
kommen, dass meiner Sünde gedacht und mein Sohn getötet
würde.«
Er sprach zu ihr: »Gib mir deinen Sohn!« Und er nahm ihn
von ihrem Schoß und ging hinauf ins Obergemach, wo er
wohnte, und legte ihn auf sein Bett und rief den HERRN an
und sprach: »HERR, mein Gott, tust du sogar der Witwe, bei
der ich ein Gast bin, so Böses an, dass du ihren Sohn tötest?«
Und er legte sich auf das Kind dreimal und rief den HERRN
an und sprach: »HERR, mein Gott, lass sein Leben in dies
Kind zurückkehren!«
Und der HERR erhörte die Stimme Elias; und das Leben
kehrte in das Kind zurück, und es wurde wieder lebendig.
Und Elia nahm das Kind und brachte es hinab vom Oberge-
mach ins Haus und gab es seiner Mutter und sprach: »Sieh da,
dein Sohn lebt!« Und die Frau sprach zu Elia: »Nun erkenne
ich, dass du ein Mann Gottes bist, und des HERRN Wort in
deinem Munde ist Wahrheit.«

1. Könige 17,17-24

KAPITEL VIER

Im Schatten Gottes stehen

Das elfte Kapitel des Hebräerbriefes ähnelt insofern *Readers' Digest*, als es uns eine Zusammenfassung von Männern und Frauen des Glaubens aus dem Alten Testament bietet. Dieses Kapitel nennt uns ihre Namen und erzählt uns kurz, was sie »durch den Glauben« schafften und erreichten. Dieser unglaublich aufschlussreiche Bericht öffnet uns nicht nur die eigenen Augen des Glaubens, ruft uns nicht nur dazu auf, es ihnen gleichzutun und zu leben wie sie, sondern gibt uns auch dramatische Einblicke in die überraschenden Wege Gottes.

»Durch den Glauben brachte Abel Gott ein besseres Opfer dar als Kain ...« (V. 4.)

»Durch den Glauben wurde Henoch in den Himmel aufgenommen, ohne zu sterben ...« (V. 5)

»Durch den Glauben baute Noah eine Arche, um seine Familie vor der Flut zu retten ...«(V. 7)

»Durch den Glauben gehorchte Abraham, als Gott ihn aufforderte, seine Heimat zu verlassen und in ein anderes Land zu ziehen, das Gott ihm als Erbe geben würde ...« (V. 8)

»Durch den Glauben konnte Sara mit Abraham ein Kind be-

kommen, obwohl beide zu alt waren und obwohl Sara unfrucht-
bar war ...« (V. 11)

»Durch den Glauben segnete Isaak seine beiden Söhne Jakob
und Esau ...« (V. 20)

»Durch den Glauben segnete Jakob, als er alt geworden war
und im Sterben lag, die beiden Söhne Josefs ...« (V. 21)

»Aus Glauben sprach Josef unmittelbar vor seinem Tod davon, dass Gott das Volk Israel aus Ägypten führen würde ...«
(V. 22)

»Durch den Glauben versteckten die Eltern von Mose ihr
Kind nach der Geburt drei Monate lang ...« (V. 23)

»Durch den Glauben weigerte sich Mose, als er erwachsen war,
sich als Sohn der Tochter des Pharaos bezeichnen zu lassen ...«
(V. 24)

»Durch den Glauben kam die Prostituierte Rahab nicht mit
den anderen Einwohnern der Stadt um, die sich geweigert hatten,
Gott zu gehorchen ...« (V. 31)

Nach dieser wunderbaren Liste von Männern und Frauen des
Glaubens kommen wir zu einem äußerst aufschlussreichen Satz:

»Frauen erhielten ihre geliebten Angehörigen aus dem Tod zurück.« (V. 35)

Ich finde es interessant, dass Elia nicht unter diesen großen Vor-
bildern im Glauben aufgezählt ist. Dabei war doch sein Leben
gekennzeichnet von einer ganzen Serie von Glaubenstaten. Gott
aber hat sich entschieden, ihn hier nicht zu erwähnen, jedenfalls
nicht namentlich. Wenn wir aber zu der Feststellung kommen,
dass durch Glauben »Frauen ihre geliebten Angehörigen aus dem
Tod zurückerhielten«, dann bin ich überzeugt, dass Gott Elias
Glauben durchaus im Hinterkopf hatte – als Beispiel für solch
eine Rückkehr ins Leben, die zu Elias Zeit und vor seinen Augen
geschah. Gott selbst hat dieses Wunder vollbracht und er gebrauchte dazu seinen Propheten und Diener Elia.

Wie diese Ehrenliste der Gläubigen bestätigt, ist Gott auf unmögliche Situationen spezialisiert. Wenigstens an vier Stellen berichtet uns die Bibel, dass er genau das tut, was wir nicht können:

>»Ach, Herr HERR, siehe, du hast Himmel und Erde gemacht durch deine große Kraft und durch deinen ausgereckten Arm, und es ist kein Ding vor dir unmöglich.«
Jeremia 32,17

>»Siehe, ich, der HERR, bin der Gott allen Fleisches; sollte mir etwas unmöglich sein?«
Jeremia 32,27

>»Denn bei Gott ist nichts unmöglich.«
Lukas 1,37

Er antwortete: »Was menschlich gesehen unmöglich ist, ist bei Gott möglich.«
Lukas 18,27

Es gibt Zeiten, in denen Gott ganz allein handelt, um das Unmögliche möglich zu machen. Als er die Welt erschuf, gab es niemanden außer ihm selbst. Als er Christus von den Toten auferweckte, war niemand außer Gott zur Stelle. Er handelte ganz allein.

Aber viel öfter setzt Gott bei seinem Vorgehen andere mit ein. In der Liste der großen Gläubigen kommen viele vor, die in geheimnisvoller Weise an Wundern beteiligt wurden, obwohl die Kraft, Wunder zu bewirken, ausschließlich von Gott kam. Er hätte in jedem Fall auch alles allein bewirken können, und dennoch war und ist es seine Absicht, seine Wunder durch menschliche Werkzeuge zu wirken, durch Leute wie Sie und mich, die – ganz anders als Gott – niemals das Unmögliche schaffen könnten. Sie waren am Ort des Geschehens, als Gott sich entschloss, durch und an Menschen zu tun, was sie allein niemals hätten tun können. Durch ihre Worte, Hände und Aktivitäten erreichte er das Unmögliche.

Während sie im Schatten Gottes standen, wurden sie zu Werkzeugen seiner geheimnisvollen Wunder wirkenden Kraft.

Genau an dieser Stelle finden wir Elia wieder, in einem Ereignis, von dem in 1. Könige 17,17 berichtet wird.

GEH WEG UND VERSTECK DICH

Und nach diesen Geschichten wurde der Sohn seiner Hauswirtin krank, und seine Krankheit wurde so schwer, dass kein Odem mehr in ihm blieb.

1. Könige 17,17

Wenn man die erste Zeile dieses Textes liest, schiebt sich als Erstes die Frage in den Vordergrund: Nach *welchen* Geschichten? Was war der Lage vorausgegangen, in der wir Elia jetzt vorfinden? Folgen Sie mir noch mal dorthin zurück, wo wir ihn verlassen hatten.

Zunächst hatte Gott seinem Diener den Mut gegeben, sich vor König Ahab hinzustellen und eine jahrelange Dürre anzukündigen. Ziemlich unmittelbar danach befahl Gott Elia, etwas Unglaubliches zu tun: Er sollte sich aus der Öffentlichkeit zurückziehen, sich so schnell wie möglich zum Bach Krit begeben und sich dort verborgen halten. Während dieses Aufenthaltes wurde er zweimal täglich von Raben versorgt und konnte sein Trinkwasser aus dem Bach beziehen – der allerdings später versiegte. Elia blieb eine uns unbekannte Zeit an dem Bach Krit und wartete in der Einsamkeit der Verborgenheit auf Gott. Währenddessen wurde er zum Mann Gottes. Er lernte, sich vollkommen auf Gott zu verlassen.

Als nächsten Schritt sandte Gott ihn nach Zarpat. Nachdem er am Bach Krit zurechtgestutzt und innerlich zerbrochen worden war, kam jetzt der Hochofen, die Gluthitze der Läuterung auf ihn zu. Als er dort ankam, fand er eine Witwe und ihren Buben an der Kante des Verhungerns vor. Auf Gottes Geheiß zog Elia bei ihnen ein. Elia sagte sinngemäß zu der Witwe: »Wir werden uns von Tag zu Tag ganz auf Gott verlassen.« Und tatsächlich sorgte Gott einen Tag um den anderen für sie (wie er es immer tut). Das Mehl ging nicht zu Ende und der kleine Ölkrug nicht zur Neige. Tagtäglich befriedigte Gott ihre Bedürfnisse.

Und so lebt Elia also – in der Verborgenheit und hart geprüft, was wohl mit »nach diesen Geschichten« gemeint ist. Elia steht nun vor einer anderen unmöglichen Lage. Aber jetzt ist alles anders. Elia war es inzwischen gewohnt, dem Unmöglichen ins Auge zu sehen. Sein Glaube war gereift. Er ist bereit für die nächste Prüfung und setzt seine Zuversicht auf seinen Gott.

EIN TODESFALL IN DER FAMILIE

> Und nach diesen Geschichten wurde der Sohn seiner Hauswirtin krank, und seine Krankheit wurde so schwer, dass kein Odem mehr in ihm blieb.
>
> 1. Könige 17,17

Wir erfahren nicht, was dem Sohn der Witwe fehlte, aber die Krankheit war so ernst, dass der Junge starb. Er hatte »keinen Atem mehr in sich«. Als das passierte, suchte die Mutter jemanden, dem sie die Schuld dafür geben konnte. Das ist eine normale Reaktion. Es liegt in der menschlichen Natur, jemanden für die schlechten und schlimmen Dinge im Leben verantwortlich zu machen. Das trifft vor allem dann zu, wenn ein geliebter Mensch stirbt. Manchmal beschuldigen wir dann sogar die, die am allermeisten geholfen haben.

> Und sie sprach zu Elia: »Was hab ich mit dir zu schaffen, du Mann Gottes? Du bist zu mir gekommen, dass meiner Sünde gedacht und mein Sohn getötet würde.«
>
> 1. Könige 17,18

Die Frau meint, Elia sei an dem schlimmsten Ereignis schuld, das ihr je zugestoßen ist: dem Tod ihres kleinen Sohnes. Sie sieht seinen Tod aber auch als Zeichen dafür, dass Gott sie verurteilt hat. Auch wenn der Prophet nichts getan hatte, womit er diese Vorwürfe auch nur im Entferntesten verdient hätte, auch wenn sie und ihr Sohn bisher überhaupt nur dank der wundersamen Versorgung überlebt hatten, die die Gegenwart Elias und die Kraft Gottes bewirkt hatten – sie beschuldigt ihn.

Aber wir wollen nicht zu streng mit ihr ins Gericht gehen. Jeder, der einen geliebten Menschen verloren hat, besonders wenn es sich um ein Kind handelt, versteht ihren abgrundtiefen Kummer. Manchmal sagen wir in Situationen wie dieser Dinge, die wir später bereuen. So verstehen wir, was diese trauernde Mutter gedacht und gefühlt haben mag, als sie Elia anschaute und sagte: »Was habe ich mit dir zu tun, du Mann Gottes? Du bist nur in mein Haus gekommen, um Gott an meine Sünden zu erinnern. Darum musste mein Sohn jetzt sterben.« (nach »Gute Nachricht für dich«)

Da steht sie nun also, tränenüberströmt, mit der kleinen Leiche auf den Armen. Genau in diesem Augenblick streckt Elia *seine* Arme aus und sagt einfach zu ihr: »Gib ihn mir.«

> Er sprach zu ihr: Gib mir deinen Sohn! Und er nahm ihn von ihrem Schoß und ging hinauf ins Obergemach, wo er wohnte, und legte ihn auf sein Bett.
>
> 1. Könige 17,19

Die Frau steht also da und hält den schlaffen, leblosen Körper ihres einzigen Kindes in den Armen. Ihre ganze Welt ist eingestürzt, plötzlich und unerwartet. Und alles, was Elia sagt, ist: »Gib ihn mir!«

Wissen Sie, was mich an dieser Szene beeindruckt? Es ist das Schweigen des Elia. Irgendwie weiß er, dass er in diesem Augenblick nichts sagen kann, was diese zutiefst bekümmerte Frau auch nur annähernd trösten oder beruhigen könnte. Nichts, was er jetzt sagen könnte, würde ihrer verwundeten Seele wohl tun. Er kämpft nicht gegen sie an. Er argumentiert nicht, rechtfertigt sich nicht und streitet nicht mit ihr herum. Er erinnert sie nicht an all das, was er für sie getan hat und wie viel sie ihm schuldet oder wie sehr sie sich schämen sollte für die Vorwürfe. Er bittet sie nur, ihre Last in seine Arme zu legen.

Wenn Sie einen Augenblick innehalten, werden Sie merken, dass Elia sich wieder einmal in einer Lage befindet, die er, zumindest aus menschlicher Sicht, nicht verdient hat. Er hat Gott gehorcht, indem er erst zu König Ahab ging und sich danach am Bach Krit verbarg. Er hat sich unter Gottes Führung aufgemacht vom Bach Krit nach Zarpat. Er hat *genau* das getan, was Gott ihm befohlen hatte. Er hat Gott vertraut und jetzt treffen ihn die haltlosen Vorwürfe der Frau mit voller Wucht.

Manchmal scheint Gott uns in seinen Schraubstock zu spannen und ihn dann zuzudrehen, immer enger, immer fester, bis wir unter seinem souveränen Druck ächzen und fragen: »Was will er mir nur antun?« Wir halten uns immer enger an ihn und wissen schließlich nicht mehr, wie wir noch mehr in Übereinstimmung mit ihm leben könnten, aber unerbittlich folgt eine Prüfung auf die andere.

Genau dort steht Elia jetzt, aber er wankt und weicht nicht. Er steht aufrecht und schweigend im Schatten Gottes, fest verankert im Glauben, voll Zuversicht in die Kraft seines Gottes. Das ist Demut im besten Sinn.

Er zieht Gottes Handeln nicht in Zweifel. Ihm platzt nicht der Kragen. Er verliert nicht die Kontrolle. Er streitet nicht herum mit der tief verwundeten Frau. Er sagt nur mit stillem Mitgefühl: »Gib den Jungen mir.«

Was mich auch tief berührt, ist die Sanftmut dieses Mannes. Auch wenn Elia keinerlei Vorwurf von der Frau verdiente, ließ er ihren Ausbruch in aller Ruhe über sich ergehen. Das ist Sanftmut. Jemand hat einmal über diese Frucht des Heiligen Geistes gesagt, sie sei »das Wasserzeichen des Himmels«. Wo sich mitten in einer äußerst angespannten Situation wie dieser hier Sanftmut zeigt, wird sie zum Zeugnis dafür, dass der Geist Gottes in demjenigen am Werk ist, der alles Recht hätte zurückzuschlagen, es aber ganz ruhig unterlässt. So wird durch diesen zarten und sanften Augenblick offenkundig, dass der Heilige Geist in Elia lebt.

Vor vielen Jahren hat mir meine Mutter ein kleines Verschen beigebracht, das ich bis heute immer wieder zitiere. Wenn ich versucht bin, mich zu verteidigen oder wenn ich dazu verleitet werde, mich verbal zu rächen, dann haben mich diese Zeilen manchmal schon gerettet.

Gentle Spirit, dwell with me,	Sanfter Geist, wohne in mir,
I myself would gentle be;	Damit auch ich sanft sein kann.
And with words that help and heal	Offenbare durch helfende, heilende Worte,
Would Thy like in mine reveal.[17]	Dass du in mir lebst und ich dir ähnlich bin.

Mich beeindruckt auch diese zutiefst trauernde Mutter. Ohne weitere Fragen und ohne zu zögern legt sie den leblosen Körper ihres heiß geliebten Sohnes in Elias Arme. Vielleicht hat die Sanftmut des Propheten plötzlich ihr Herz erreicht und sie dazu bewegt, ihm wieder zu vertrauen.

Dann stieg Elia, der Mann Gottes, still die Stufen zu dem Raum hinauf, wo er sicher schon oft mit Gott gerungen hatte, vermutlich regelmäßig. Ich sage das, weil ich davon überzeugt bin, dass Elia täglich Stunden und manchmal wohl auch ganze Tage in diesem Raum auf den Knien verbrachte. Er hatte sich das sicher schon am Bach Krit angewöhnt.

Haben Sie einen solchen Raum – einen Ort, wo Sie sich mit Gott treffen? Haben Sie eine Möglichkeit zum stillen Rückzug, wo Sie und der Herr sich regelmäßig zu Unterredungen treffen? Wenn nicht, möchte ich es Ihnen dringend ans Herz legen, sich einen solchen Platz zu schaffen – Ihre eigene Prophetenkammer, in der Sie Begegnungen mit Gott haben können. Dort können Sie sich auf alle Situationen des Lebens vorbereiten. Ohne einen solchen Raum wird dem Fundament Ihres Glaubens auf die Dauer die nötige Festigkeit fehlen.

Was tun Sie, wenn eine Tragödie auf Sie zukommt? Was tun Sie, wenn Sie einer Prüfung unterzogen werden? Was ist Ihre erste Reaktion? Beklagen Sie sich? Machen Sie anderen Vorwürfe? Versuchen Sie, einen Weg zu finden, um sich irgendwie heraus-

zuwinden? Ziehen Sie sich in sich selbst zurück und leiden still
vor sich hin? Oder haben Sie sich angewöhnt zu tun, was Elia tat?
Gehen Sie an Ihren besonderen Treffpunkt und ziehen Sie sich
zurück, um Gott zu begegnen, ihm Ihr Herz auszuschütten und
ihn reden zu lassen? Elia lebt uns das wunderbar vor. Keine Panik, keine Furcht, keine Hetze, kein Zweifel. Warum auch? Elia
weiß ganz genau, dass es wahr ist:

> Wer im Schutz des Höchsten lebt, der findet Ruhe im Schat
> ten des Allmächtigen. Der spricht zu dem HERRN: Du bist
> meine Zuflucht und meine Burg, mein Gott, dem ich ver-
> traue.
> Denn er wird dich vor allen Gefahren bewahren und dich in
> Todesnot beschützen. Er wird dich mit seinen Flügeln bede-
> cken, und du findest bei ihm Zuflucht. Seine Treue schützt
> dich wie ein großes Schild.
>
> Psalm 91,1-4

ALLEIN MIT GOTT

Lassen Sie uns nun Elia einige Momente begleiten und ihn betrachten, wie er im Schatten des Allmächtigen steht. Es ist eine
heilige Szene. Und so wollen wir sie auch behandeln.

Zunächst legt Elia den Leichnam des Jungen behutsam auf
sein Bett und dann tritt er im Gebet vor Gott:

> … und rief den HERRN an und sprach: »HERR, mein Gott,
> tust du sogar der Witwe, bei der ich ein Gast bin, so Böses an,
> dass du ihren Sohn tötest?«
>
> 1. Könige 17,20

Elia mag gegenüber der Frau geschwiegen haben, aber nicht gegenüber Gott. Ihm trägt er die schwierigen Fragen vor.

»Herr, warum tust du, was du tust? Was willst du mir sagen?
Warum solltest du dieser armen Mutter das Herz brechen wollen? Ich habe dir gehorcht. Ich habe auf dein Wort gewartet. Ich

habe sie gebeten, auf dich zu warten. Und jetzt dies? Diese Situation geht über meine Kraft und ich sehe keinen Ausweg. Ich kann keinen Trost finden. Herr, was machst du? Was bedeutet das alles?«

Ganz allein im Schatten Gottes ... Dort kämpft man solche Kämpfe. Elia kann ganz offen mit seinem Gott reden, denn er hat in der Zeit seines persönlichen Ringens, also in der Zeit, als er verborgen war, echte Vertrautheit mit Gott gewonnen.

> Und er legte sich auf das Kind dreimal und rief den HERRN an und sprach: »HERR, mein Gott, lass sein Leben in dies Kind zurückkehren!«
>
> 1. Könige 17,21

Halt mal! Was geht denn hier vor? Bis zu dieser Stelle ist in der Bibel nirgendwo von der Auferstehung eines Toten berichtet worden. Am nächsten kommt die Entrückung des Henoch einer Auferstehung, aber er wurde weder auferweckt noch wieder belebt; er wurde entrückt und starb überhaupt nicht. Gott nahm ihn einfach direkt in seine Herrlichkeit hinein, mitten aus dem Leben: »Und weil er mit Gott wandelte, nahm ihn Gott hinweg und er ward nicht mehr gesehen.« (Genesis 5,24)

Was geht also in Elia vor? Wie wagt er es, Gott um etwas zu bitten, was noch nie da gewesen ist?

Elia konnte nicht als eine Art geistlicher Anwalt Akten durchforsten und versuchen, einen früheren Fall zu finden, auf den er hätte verweisen können: »Ah, ein Präzedenzfall, dokumentiert in den Schriften – hier ist ein Fall wie meiner. Gott tat dies dort. Deshalb wird er es auch hier tun.« Aber Gott hat niemals behauptet, dass er alles und jedes, was er jemals getan hat, schriftlich dokumentieren werde. Und ich bin überzeugt, dass er die Berichte in seinem Wort absichtlich sozusagen unvollständig gelassen hat, damit wir unser Vertrauen nicht auf die Vergangenheit setzen, sondern auf einen Gott, der heute lebt, der kreativ und real ist und der die Macht hat, unseren Bedürfnissen heute auch im *Heute* zu begegnen.

Elia hatte kein Handbuch mit dem Titel: »Wie Gott immer handelt«, nach dem er hätte vorgehen können. Stattdessen war er allein auf seinen Glauben zurückgeworfen. Er hatte einzig und allein Glauben an den lebendigen Gott.

Wünschen Sie sich nicht auch manchmal, ein Buch zu besitzen, in dem Sie beispielsweise unter »Ungeduld« nachschlagen könnten? Wäre doch toll, wenn darin etwas stünde nach der Art: »Was zu tun ist, wenn ich ungeduldig werde angesichts scheinbar endloser Anfechtungen und Prüfungen«, gefolgt von den Schritten eins, zwei, drei, vier und fünf. In ganz besonders hartnäckigen oder dringenden Fällen würden noch die Schritte sechs bis acht empfohlen. Oder Sie könnten nachschlagen, was zu tun ist, wenn der Tod an die Tür klopft – Schritte eins bis vier. Falls Sie ihn schon lange ersehnt haben, dann stattdessen die Schritte fünf bis neun. Aber ein solches Handbuch gibt es nicht. Glücklicherweise hat Gott in seinem Wort Prinzipien dargelegt, denen wir in den meisten Krisen folgen können, jedoch kein genaues Vorgehen festgelegt, das auf alle schwierigen oder unmöglichen Situationen anwendbar wäre. Gott lässt Unsicherheiten und offene Fragen in unserem Leben zu, damit wir uns an ihn wenden und uns auf ihn und auf die Prinzipien, die in seinem großartigen und gnädigen Wort festgehalten sind, stützen. Das ist alles, worauf wir zurückgreifen können. Aber das genügt auch vollauf.

Elia vertraute also allein auf den lebendigen Gott und breitete sich doch tatsächlich über den toten Jungen. Zeremoniell betrachtet war das eine Handlung, die unrein machte, denn ein Mann Gottes durfte keine Toten berühren. Aber diese unmögliche Lage schrie geradezu nach einer extremen Ausnahme. Daher stieg Elia auf das Bett und legte sich genau über das Kind – Hand auf Hand, Körper auf Körper, Gesicht auf Gesicht.

> Und er legte sich auf das Kind dreimal und rief den HERRN an und sprach: »HERR, mein Gott, lass sein Leben in dies Kind zurückkehren!«
>
> 1. Könige 17,21

Was für ein Gebet! Elia konnte auf nichts zurückverweisen, wie etwa: »Lass das Leben dieses Kindes zurückkehren, wie du es bei Henoch getan hast, bei Isaak, bei Mose und bei ...«, denn es gab keinen Präzedenzfall für dieses besondere Wunder, das Gott tun sollte. Daher sagte Elia im Grunde nichts anderes als: »Herr, ich vertraue darauf, dass du ein Wunder tun wirst. Ich bitte dich, das uns Unmögliche möglich zu machen.« Dann wartete er ab. Alles ruhte in diesem epochalen Moment des Glaubens in den Händen Gottes.

Manche unter Ihnen mögen gerade an einem solchen Punkt in ihrem Leben angekommen sein, wo es darauf ankommt, das gesamte Leben in die Hände Gottes zu legen. Die Umstände sind äußerst kritisch und nur ein Wunder kann neues Leben in Ihre Lage bringen. Die Gegebenheiten sind vollkommen außerhalb Ihrer Kontrolle. Daher bringen Sie alles an jenen Ort, wo Sie sich mit Gott treffen, stellen sich dort in den Schatten Ihres Gottes und breiten alles vor ihm aus. Dazu können Sie sich auf die Erde legen zum äußeren Zeichen dafür, dass Sie alle eigenen Wege und Lösungsversuche aufgeben. In jedem Fall werden Sie ihn um sein Eingreifen bitten, ihm erklären, dass Sie auf seine Wunder wirkende Kraft vertrauen und sich nicht auf Ihren eigenen Verstand verlassen.

Dr. Raymond Edman schreibt in seinem Büchlein »*In Quietness and Confidence*« (In aller Stille und voll Zuversicht) über einen Mann Gottes, der gerade eine solche Prüfung durchmachte:

So trafen wir ihn an: Er war eine ganze Weile still vor seinem Gott, dann schrieb er für sich folgende Worte auf:

Erstens hat er mich hierher gebracht. Es ist in seinem Willen, dass ich mich befinde, wo ich gerade bin, sei es, wie es sei. Darauf will ich vertrauen.

Zweitens wird er mich auch hier in seiner Liebe bewahren. Er wird mir die Gnade schenken, mich so zu verhalten, wie es seiner Kinder würdig ist.

Drittens wird er diese Prüfung in Segen verwandeln und mir durch sie Lektionen beibringen, die ich nach seinem Willen lernen soll. Dies wird er durch seine Gnade in mir wirken.

Letztens: Er kann mich zu seiner Zeit hier wieder herausholen. Wie und wann das geschehen kann, weiß er.[18]

Könnten Sie diese Feststellungen für sich so aufschreiben? Wenn Sie es können – werden Sie es auch wirklich tun und glauben?

Ich bin, wo ich bin, weil Gott es so will.

Ich werde von ihm gehalten und versorgt.

Ich werde von ihm geschult und ausgebildet.

Er wird mir zu seiner Zeit seine Ziele und Pläne für mich offenbaren.

Noch einmal: Gottes Wille, Gottes Fürsorge und Schutz, Gottes Schulung, Gottes Zeit und Ziel. Was für eine hervorragende Zusammenfassung dessen, was es bedeutet, Gott von *ganzem* Herzen und von *ganzer* Seele zu vertrauen!

Elia sagte: »Herr, ich bin auf dein Geheiß hier. Dies ist kein unglücklicher Zufall. Ich stehe hier in deinem Schatten. Das ist deine Berufung für mich. Und zu deiner Zeit bitte ich dich, nicht nur das Unglaubliche zu tun, sondern das Unmögliche.«

> Und der HERR erhörte die Stimme Elias, und das Leben kehrte in das Kind zurück, und es wurde wieder lebendig.
>
> 1. Könige 17,22

Sicher ist es unbeschreiblich, was in dem kleinen Raum da oben geschehen sein muss, als sich der kleine Leichnam zu bewegen begann, wieder atmete und Elia zusehen konnte, wie das Leben in den Körper des Jungen zurückkehrte! Es lässt sich nicht in Worte fassen, wie es sich anfühlt, gerade noch in einer solchen Anfechtung gestanden zu haben und dann zuschauen zu dürfen, wie Gott in einem geheimnisvollen Augenblick alles wunderbar löst. Nur wenn Sie auch einmal in einer solchen Situation gestanden haben, werden Sie jetzt lächeln und sagen: »Amen, das ist wirklich wahr. Ich weiß genau, wovon Sie reden. Ich habe mit eigenen Augen miterlebt, wie Gott so etwas tat.«

Elia sah, dass gerade ein großes Wunder geschah. Es geschah

vor seinen Augen und unter seinen Händen. Schauen Sie sich an, was er dann tat:

> Und Elia nahm das Kind und brachte es hinab vom Oberge-
> mach ins Haus und gab es seiner Mutter und sprach: »Sieh
> da, dein Sohn lebt!«
>
> 1. Könige 17,23

Beachten Sie, was Elia *nicht* tat. Er sagte nicht: »Schau mal, was *ich* erreicht habe!« Nein, so etwas hätten *wir* vielleicht getan oder irgendein Fernseh-Evangelist ... nicht aber Elia. Elia ging schlicht die Treppe hinunter mit dem Jungen an der Seite und sagte: »Dein Sohn lebt.«

Auch diese Szene ist unglaublich schwer in Worte zu fassen. Was muss die Mutter gefühlt haben und was mag sich zwischen der Witwe und ihrem Sohn abgespielt haben!

Vor vielen, vielen Jahren hatten Cynthia und ich eine sehr enge Freundin, die vollkommen in der Nähe Gottes lebte und eine treue Beterin war. Sie betete viele Jahre für uns. Immer wieder fragte sie uns: »Was tut Gott zurzeit in eurem Leben?« Wenn wir ihr dann die verschiedensten Dinge erzählten, die sich bei uns ereignet hatten, sagte sie beinahe jedes Mal: »Ist das nicht typisch Gott?« oder »Ist Gott nicht wunderbar? Das sieht ihm doch wieder ähnlich, jetzt so vorzugehen und die Sache so zu regeln!« Statt überrascht zu sein, bestätigte sie das Vorgehen Gottes demütig und dankbar. Seine Wunder wirkende Kraft stärkte ihren Glauben immer wieder – und unseren!

Genau das wollte Elia auch bei der Witwe erreichen. Er trat in den Schatten Gottes zurück, damit sie Gott deutlicher erkennen konnte.

Elia wollte, dass sie sehen konnte, was Gott getan hatte und dass sie von ihm beeindruckt war, nicht von Elia, seinem Diener. Und schauen Sie sich das Ergebnis an!

Und die Frau sprach zu Elia: »Nun erkenne ich, dass du ein Mann Gottes bist, und des HERRN Wort in deinem Munde ist Wahrheit.«

1. Könige 17,24

Als die Frau erkannte, dass ihr Sohn lebte, sah sie nicht mehr auf Elia. Sie erkannte Gott.

»Elia, ich habe gehört, wie du über den Gott des Himmels gesprochen hast. Ich habe oft gehört, wie du auf ihn verwiesen hast. Aber wenn ich mir jetzt dieses Wunder anschaue, dann weiß ich, dass du die Wahrheit sprichst.«

GELEBTER GLAUBE

Im Lukas-Evangelium ermahnt Jesus diejenigen, die Menschen Gottes sein möchten:

Man erkennt einen Baum an seiner Frucht. Feigen wachsen nicht an Dornensträuchern und Weintrauben nicht an Brombeerbüschen. Ein guter Mensch bringt aus einem guten Herzen gute Taten hervor, und ein böser Mensch bringt aus einem bösen Herzen böse Taten hervor. Was immer in deinem Herzen ist, das bestimmt auch dein Reden. Warum nennt ihr mich also ›Herr‹, wenn ihr nicht tut, was ich sage? Ich sage euch, wie es ist, wenn jemand zu mir kommt, auf meine Worte hört und danach handelt. Das ist wie bei einem Menschen, der ein Haus mit festem Fundament auf einen Felsen baut. Wenn es dann zu einer Überschwemmung kommt und die Wellen gegen das Haus schlagen, steht das Haus fest, weil es solide gebaut wurde.

Lukas 6,44-48

Wenn Sie ein Mann oder eine Frau Gottes sein möchten, dann kommt es darauf an, dass Sie unmöglichen Situationen im Leben mit Glauben entgegentreten, so wie Elia es tat. Wenn Sie ein junger Mensch sind, der ein Leben nach Gottes Herzen führen möchte, das Spuren in dieser Welt hinterlässt, dann müssen Sie im Schatten Ihres Erlösers stehen und ihm zutrauen, dass er durch Prüfungen und extreme Umstände, die Sie nicht allein bewältigen können, arbeitet. Der Gott Elias ist ja auch Ihr Gott und er ist noch immer der Herr der unmöglichen Situationen. Er tut noch heute, was kein irdisches Wesen tun könnte.

Elia näherte sich dem Unmöglichen ruhig und gelassen, sanftmütig und diszipliniert. Wie ich schon ganz am Anfang erwähnte, zeigte Elia in seinen Glaubenstaten Heldenmut, aber er war gleichzeitig vorbildlich in seiner Demut.

Untersuchen Sie Ihr eigenes Leben auf diese Charakterzüge hin und bringen Sie einen um den anderen vor Gott. Sie könnten beispielsweise zum Herrn sagen: »Herr, heute möchte ich das tun, was du im Hinblick auf Zufriedenheit sagst; ich möchte, dass du mir einen ruhigen und sanften Geist schenkst. Ich möchte mich nicht einfach einen Christen nennen. Ich möchte als waschechter Diener Gottes gelten, weil man an meinem Leben die Wahrheit dessen ablesen kann, was ich bezeuge. Hilf mir heute, auf alles und alle mit ruhigem und sanftmütigem Geist zu reagieren. Hilf mir, zufrieden zu sein, auch wenn nicht alles nach meiner Mütze geht.«

Oder: »Herr, heute erbitte ich deinen Beistand in Sachen Fleiß. Im Laufe des Tages verliere ich mein Ziel oft aus den Augen. Ich bin ein guter Starter, aber ein schlechter Dauerläufer. Hilf mir dazu, dass ich meine Arbeit gut verrichte und nicht irgendeiner augenblicklichen Stimmung nachgebe.«

Und: »Herr, hilf mir, wenn du diese Eigenschaften in meinem Leben hervorbringst, nicht mit ihnen anzugeben, sondern sie zu deiner Ehre einzusetzen. Ich möchte dein Diener sein, deine Magd und brauche dazu deinen Beistand.«

Auf diese Weise können wir lernen, ein Leben aus Glauben zu führen.

Täglich suchen Menschen auf der ganzen Welt und auch in unserer Umgebung nach einer Wahrheit, die nicht nur proklamiert, sondern auch gelebt wird. So wie die Witwe Elia beobachtete, so beobachten andere Sie. Sie hören darauf, was Sie von Ihrem Glauben erzählen, aber in erster Linie beobachten sie Ihr Leben und Tun. Denken Sie an das geflügelte Wort: »Deine Taten sprechen so laut, dass ich deine Worte nicht hören kann.«

Erinnern Sie sich, dass Sie deshalb hier sind, weil Gott das so gewollt hat, dass Sie in seiner Hand stehen, von ihm geschult werden und seiner Zeitrechnung unterstellt sind. Übergeben Sie ihm den Leichnam Ihres Lebens und bitten Sie ihn all die leblosen Gebiete wieder zu beleben. Wenn die Situation es gebietet, dann sollten Sie von ihm ein Wunder erwarten, das er zu seiner Zeit, wenn es sein Wille ist, in Ihrem Leben vollbringen wird.

Legen Sie die Scherben Ihrer Vergangenheit auf Ihr Bett; legen Sie Ihre negativen Charakterzüge dazu, die schlechten Gewohnheiten, die schon so lange Ihr Leben bestimmen, die Beschränktheit Ihrer Vision, der kleine Ärger, der an Ihnen frisst oder der große, der in Ihnen auf die Gelegenheit zum Ausbruch lauert. Bringen Sie den Groll, die Gewalttätigkeit, die Triebhaftigkeit, die Gier, die Unzufriedenheit, den Egoismus, den hässlichen Stolz ... Breiten Sie all diese Dinge vor dem Vater aus und legen Sie sich in seinen Schatten. Bitten Sie ihn jetzt, bedeutende, vielleicht sogar wunderbare Änderungen in Ihrem Leben zu bewirken.

Ob er das denn kann? Also nun mal halblang! Ich spreche hier von dem »Gott der Unmöglichkeiten«, dem einen, der unbegrenzte Kraft hat, der noch nie ein unüberwindliches Hindernis vor sich hatte und auch künftig nie an ein Hindernis stoßen wird, das ihn einschüchtern oder auch nur überraschen könnte. Es gibt nichts, das er nicht überwinden könnte, keinen noch so aggressiven Feind, den er nicht überwältigen könnte, keine »endgültige« Entscheidung, die er nicht außer Kraft setzen könnte, keine Person mit Macht und Einfluss, die er nicht absetzen könnte.

Weil Elia an diesen »Gott der Unmöglichkeiten« glaubte, konnte nicht einmal der Tod ihn dazu bringen, Gottes Möglichkeiten zu bezweifeln. Er lernte diese Theologie des Glaubens in dem geheimen Versteck am Bach Krit. Er erhielt die Gelegenheit, sie zu prüfen – in Zarpat, dem Ausbildungslager für die Fortgeschrittenen. Aber erst als er dem Tod direkt ins Auge schaute, zeigte sich der Glaube, den er in sich trug, konkret in seinem Handeln. Dabei stand er im Schatten Gottes.

Dort gehöre auch ich hin.

Und Sie auch.

—

Nach einer langen Zeit kam das Wort des HERRN zu Elia, im dritten Jahr: »Geh hin und zeige dich Ahab, denn ich will regnen lassen auf die Erde.« Und Elia ging hin, um sich Ahab zu zeigen. Es war aber eine große Hungersnot in Samaria.

...

Und als Ahab Elia sah, sprach Ahab zu ihm: »Bist du nun da, der Israel ins Unglück stürzt?« Er aber sprach: »Nicht ich stürze Israel ins Unglück, sondern du und deines Vaters Haus dadurch, dass ihr des HERRN Gebote verlassen habt und wandelt den Baalen nach. Wohlan, so sende nun hin und versammle zu mir ganz Israel auf den Berg Karmel und die vierhundertundfünfzig Propheten Baals, auch die vierhundert Propheten der Aschera, die vom Tisch Isebels essen.«

So sandte Ahab hin zu ganz Israel und versammelte die Propheten auf den Berg Karmel. Da trat Elia zu allem Volk und sprach: »Wie lange hinket ihr auf beiden Seiten? Ist der HERR Gott, so wandelt ihm nach, ist's aber Baal, so wandelt ihm nach!« Und das Volk antwortete ihm nichts. Da sprach Elia zum Volk: »Ich bin allein übrig geblieben als Prophet des HERRN, aber die Propheten Baals sind vierhundertundfünfzig Mann. So gebt uns nun zwei junge Stiere und lasst sie wählen einen Stier und ihn zerstückeln und aufs Holz legen, aber kein Feuer daran legen; dann will ich den andern Stier nehmen und aufs Holz legen und auch kein Feuer daran legen. Und ruft ihr den Namen eures Gottes an, aber ich will den Namen des HERRN anrufen. Welcher Gott nun mit Feuer antworten wird, der ist wahrhaftig Gott.«

Und das ganze Volk antwortete und sprach: »Das ist recht.« Und Elia sprach zu den Propheten Baals: »Wählt ihr einen Stier und richtet zuerst zu, denn ihr seid viele, und ruft den Namen eures Gottes an, aber legt kein Feuer daran.«

Und sie nahmen den Stier, den man ihnen gab, und richteten zu und riefen den Namen Baals an vom Morgen bis zum Mittag und sprachen: »Baal, erhöre uns!« Aber es war da keine Stimme noch Antwort. Und sie hinkten um den Altar, den sie gemacht hatten.

Als es nun Mittag wurde, verspottete sie Elia und sprach: »Ruft laut! Denn er ist ja ein Gott; er ist in Gedanken oder hat zu schaffen oder ist über Land oder schläft vielleicht, dass

er aufwache.« Und sie riefen laut und ritzten sich mit Messern und Spießen nach ihrer Weise, bis ihr Blut herabfloss.
Als aber der Mittag vergangen war, waren sie in Verzückung bis um die Zeit, zu der man das Speisopfer darbringt; aber da war keine Stimme noch Antwort noch einer, der aufmerkte.
Da sprach Elia zu allem Volk: »Kommt her zu mir!« Und als alles Volk zu ihm trat, baute er den Altar des HERRN wieder auf, der zerbrochen war, und nahm zwölf Steine nach der Zahl der Stämme der Söhne Jakobs – zu dem das Wort des HERRN ergangen war: »Du sollst Israel heißen«, und baute von den Steinen einen Altar im Namen des HERRN und machte um den Altar her einen Graben, so breit wie für zwei Kornmaß Aussaat, und richtete das Holz zu und zerstückelte den Stier und legte ihn aufs Holz. Und Elia sprach: »Holt vier Eimer voll Wasser und gießt es auf das Brandopfer und aufs Holz!« Und er sprach: »Tut's noch einmal!« Und sie taten's noch einmal. Und er sprach: »Tut's zum dritten Mal!« Und sie taten's zum dritten Mal.
Und das Wasser lief um den Altar her, und der Graben wurde auch voll Wasser. Und als es Zeit war, das Speisopfer zu opfern, trat der Prophet Elia herzu und sprach: »HERR, Gott Abrahams, Isaaks und Israels, lass heute kundwerden, dass du Gott in Israel bist und ich dein Knecht und dass ich das alles nach deinem Wort getan habe! Erhöre mich, HERR, erhöre mich, damit dies Volk erkennt, dass du, HERR, Gott bist und ihr Herz wieder zu dir kehrst!«
Da fiel das Feuer des HERRN herab und fraß Brandopfer, Holz, Steine und Erde und leckte das Wasser auf im Graben.
Als das alles Volk sah, fielen sie auf ihr Angesicht und sprachen: »Der HERR ist Gott, der HERR ist Gott!«
Elia aber sprach zu ihnen: »Greift die Propheten Baals, dass keiner von ihnen entrinne!« Und sie ergriffen sie. Und Elia führte sie hinab an den Bach Kischon und tötete sie daselbst.

1. Könige 18,1-2.17-40

KAPITEL FÜNF

Der Gott, der mit Feuer antwortet

Es ist noch gar nicht so lange her, dass wir ein neues Jahrhundert und sogar ein neues Jahrtausend begonnen haben. Zu diesem Anlass wurden wir mit Listen von Ereignissen aus dem vergangenen Jahrhundert geradezu bombardiert. Die bedeutendsten Persönlichkeiten, die größten Entdeckungen, die wichtigsten Erfindungen, die besten Sportler, die mitreißendsten Filme, die einflussreichsten Philosophen, die schlimmsten Katastrophen wurden da aufgezählt. Während des Countdowns zum 1. Januar 2000 haben uns die Medien überschüttet mit Personen und Ereignissen, die in die Geschichtsbücher eingegangen sind oder noch eingehen werden und mit Spitzenergebnissen, die ins Buch der Rekorde eingetragen werden. Was für erstaunliche Dinge haben sich im 20. Jahrhundert alles ereignet!

Eigentlich wäre es doch einmal interessant zu überlegen, ob die Magazine »Time«, »Spiegel« oder »Bunte«, wenn sie im Jahr 700 v. Chr. schon existiert hätten, wohl Elia auf die Liste der wichtigsten Leute gesetzt hätten und sei es auch nur wegen eines einzigen Ereignisses in seinem Leben. Wenn jemand die Ereignisse und Menschen aus Elias Jahrhundert gesammelt hätte, hätte er wohl kaum jenen überwältigenden Showdown ignorieren können, diesen unglaublichen, klassischen Kampf bis aufs Letzte zwischen den heidnischen Göttern dieser Erde und dem lebendigen Gott des Himmels und der Erde. Stellen Sie sich nur einmal die Schlagzeilen vor:

»**Kampf der Gottheiten**«
oder
»**Der schärfste Konflikt aller Zeiten**«
oder sogar
»**Der Gott, der mit Feuer antwortet**«

Heute steht im Land Israel eine überlebensgroße Statue Elias auf einem hohen Sockel auf dem Gipfel des Berges Karmel. Bei jeder meiner Reisen ins Heilige Land habe ich dort Station gemacht. Dort steht er, der bärtige Prophet, mit einem großen Messer in der Hand, das er hoch über seinem Kopf schwingt. Darunter befindet sich eine Inschrift, die sich auf diese unvergessliche Machtprobe bezieht. Genau dort, nahe des Berggipfels, stand der Prophet Gottes den Propheten Baals Auge in Auge gegenüber und vereinbarte mit ihnen ein dramatisches Feuerzeichen, das jener Gott vom Himmel herabschicken sollte, der der wahre und wirkliche Gott war, der der Anbetung der Menschen und ihres Gehorsams würdig war.

Bevor wir uns diesem dramatischen Augenblick widmen, ist es sinnvoll, einige Ereignisse zu betrachten, die ihm vorausgingen. Sie werden sich daran erinnern, dass Gott in 1. Könige 17,1 seinen Propheten Elia zu König Ahab schickte, um anzukündigen, dass »weder Tau noch Regen kommen« werde, bis er es sage und dass Gott Elia anschließend befahl: »Geh weg von hier und wende dich nach Osten und verbirg dich am Bach Krit …« (17,3) Nachdem Elia dann dort das Lernziel, das Gott für ihn vorgesehen hatte, erreicht hatte, schickte er ihn zur weiteren Fortbildung nach Zarpat. An beiden Orten kam es darauf an, dass Elia Gott vorbehaltlos zutraute, ihn mit Essen und Trinken zu versorgen. Und Gott ließ ihn zu keiner Zeit im Stich, sondern versorgte ihn immer, sogar auf Wegen, die Elia im Traum nicht eingefallen wären.

Monate und Jahre waren seither vergangen. Als die Erde austrocknete, ließ Ahab ganz Israel und sogar noch die angrenzenden Länder durchkämmen, um Elia zu finden, was ihm aber nicht gelang. (1. Könige 18,10) Elia harrte inzwischen aus und wartete im Glauben darauf, dass Gott ihm den nächsten Schritt zeigen würde.

ES DAUERTE DREI LANGE JAHRE ...

Nach einer langen Zeit kam das Wort des HERRN zu Elia, *im dritten Jahr*:

> »Geh hin und zeige dich Ahab, denn ich will regnen lassen auf die Erde.«
>
> 1. Könige 18,1

Endlich, nach drei langen Jahren spricht Gott zu seinem Diener. Er sagt: »Geh und zeige dich König Ahab!« Drei Jahre zuvor hatte Gott befohlen: »Geh von hier weg und verbirg dich!« Jetzt sagt er: »Zeige dich!« Vor drei Jahren hatte Gott mitgeteilt: »Eine große Dürre wird über das Land kommen und es wird weder Regen noch Tau geben, bis ich es sage.« Jetzt lässt er die Menschen wissen: »Es ist so weit. Ich werde den Regen schicken.«

Beim Zusammentreffen von Elia und Ahab wäre ich zu gerne dabei gewesen! Elia war immerhin der meistgesuchte Mann des Landes! König Ahab hatte seine Spione durchs ganze Land geschickt, die es systematisch nach ihm abgesucht hatten – umsonst.

> Es war aber eine große Hungersnot in Samaria.
> ...
> Und Ahab ging hin Elia entgegen. Und als Ahab Elia sah, sprach Ahab zu ihm: »Bist du nun da, der Israel ins Unglück stürzt?«
>
> 1. Könige 18,2.16-17

Ein hebräisches Verb, das »Ärgernis erregen«, »Schwierigkeiten bringen« bedeutet, wird hier in der Substantivform benutzt: Du »Ärgermacher«, du »Unruhestifter«. In manchen Fällen wird das hebräische Wort in der Bedeutung »Schlange«, »Viper«, »Natter« gebraucht. »Du, der Israel ins Unglück stürzt« ist also eine andere Art zu sagen: »Bist das wirklich du, du leidige Schlange im Grase?« Ahab macht also nicht den geringsten Hehl aus seinen Gefühlen gegenüber Elia. Für ihn gleicht der Prophet einer Schlange. Er steckt hinter allem Unglück, in das das Land gestürzt ist. Und zweifellos war das Unglück groß.

Versuchen Sie einmal, sich diese Szene vor Augen zu malen. Drei Jahre lang kein Tropfen Regen im gesamten Land Israel, nicht einmal Tau. Jeder Bach war ausgetrocknet. Elia muss auf seinem Weg von Zarpat zum Palast des Ahab an Unmengen von Kadavern und Skeletten verdursteter Tiere vorbeigekommen sein. Stellen Sie sich den Gestank des Todes vor, der über allem gelegen haben muss! Wenn Sie Schwierigkeiten haben, sich das vorzustellen, achten Sie einmal bei den Fernsehberichten über Dürrekatastrophen in Afrika auf die schrecklichen Bilder von Krankheit und Tod, die uns aus weiten Teilen des Kontinents erreichen.

Mitten in diese furchtbare Szene tritt nun der Mann, dem die Schuld für all dies zugeschoben wird – Elia.

König Ahabs Augen funkeln voll Zorn, als er den Propheten sieht. Er spuckt seine Verachtung aus: »Du Bedrücker Israels! Du schleimige, hinterhältige Schlange!«

Überlegen Sie einmal, wie viel Mut es Elia gekostet haben mag, überhaupt zu Ahab zu gehen! Überlegen Sie, wie viel Glauben nötig war, um sich in dieses Umfeld hineinzubegeben! Dennoch war er, aufgrund seiner Vorbereitung und Ausbildung am Bach Krit und in Zarpat, nicht einzuschüchtern – nicht im Geringsten. Im Gegenteil: Er hatte die Kühnheit, die Schuld von sich zu weisen und den tatsächlich Schuldigen anzuklagen:

Er aber sprach: »Nicht ich stürze Israel ins Unglück, sondern du und deines Vaters Haus dadurch, dass ihr des HERRN Gebote verlassen habt und wandelt den Baalen nach.«

1. Könige 18,18

»Laste nicht *mir* die Schuld für das Geschehene an!«, antwortete Elia dem König mutig. »Gott hat diese Dürre als Gericht über Leute wie *dich* gebracht. *Du* bist der eigentliche Grund für das Ausbleiben des Regens. Gott hat den Himmel verschlossen, weil du seinen Befehlen nicht gehorcht hast. Du hast dich von ihm abgewandt. Du betest nichtsnutzige Götzen an.« Elia zuckte nicht mit der Wimper und wich nicht einen Millimeter.

Elias Botschaft war sehr ernst, denn Ahab war Gott auf die schamloseste Weise ungehorsam. Er hatte bereits gegen das allererste Gebot dreist verstoßen: »Du sollst keine anderen Götter haben neben mir.« (Exodus 20,3) Ahab musste wissen, dass der Gott des Himmels der Höchste ist und Elia war bereit, es ihm zu beweisen. Und so begann die Kraftprobe: Ahab gegen Elia. Aber das war nur die vordergründige Konstellation. In Wirklichkeit ging es um eine Kraftprobe zwischen heidnischen Götzen und dem lebendigen Gott.

VORBEREITUNGEN FÜR DEN BEWEIS

Elia leitet alles dadurch in die Wege, dass er einen Plan vorlegt. Aber bevor wir diesen diskutieren, möchte ich noch einen kurzen Blick auf das Publikum werfen, das Elia versammeln ließ.

»Wohlan, so sende nun hin und versammle zu mir ganz Israel auf den Berg Karmel und die vierhundertundfünfzig Propheten Baals, auch die vierhundert Propheten der Aschera, die vom Tisch Isebels essen.«

1. Könige 18,19

Elia weist nicht nur den König des Landes mutig zurück; er befiehlt ihm auch, die Propheten des Baal und der Aschera, die im Israel seiner Zeit die vorherrschenden Götzen waren, zu versammeln. Wir können an der Zahl der Götzenpropheten und an ihrem Status, den sie im Land hatten, ablesen, wie weit verbreitet diese Kulte waren. Gemäß diesem Vers waren es mindestens 850 – und sie alle aßen am Tisch der Königin! Sie waren am Hof des Königs Israels willkommen und geachtet.

> So sandte Ahab hin zu ganz Israel und versammelte die Propheten auf den Berg Karmel.
>
> 1. Könige 18,20

Das Publikum, das schließlich auf dem Berg Karmel versammelt war, um der Kraftprobe beizuwohnen, bestand aus zwei Gruppen: den Propheten und Priestern der falschen Götter Baal und Aschera und »ganz Israel«, das heißt dem allgemeinen Volk oder jedenfalls wesentlichen Stellvertretern des gesamten Volkes. Die Propheten und Priester des Baal und der Aschera hatten die Götzenanbetung veranlasst und gefördert, daher wendet sich Elia bei diesem epochalen Ereignis direkt an sie. Aber viele Israeliten waren nur allzu bereitwillig ihren schlechten, heidnischen Leitern gefolgt. Elia wollte das abtrünnige Volk für den einzig wahren Gott zurückgewinnen und gleichzeitig die falschen Propheten und Priester aus dem Land entfernen. Da Elia wusste, dass die Leute in der Regel einen schlagenden Beweis brauchen, um überzeugt zu werden, stellte er sicher, dass möglichst viele Leute bei diesem spannenden Showdown dabei waren.

> Da trat Elia zu allem Volk und sprach: »Wie lange hinket ihr auf beiden Seiten? Ist der HERR Gott, so wandelt ihm nach; ist's aber Baal, so wandelt ihm nach.« Und das Volk antwortete ihm nichts.
>
> 1. Könige 18,21

Beachten Sie bitte, dass das Volk Israel bereits tief in den Götzendienst hineingeraten war. Trotzdem waren sie uneins und unentschlossen. Manche folgten der Aschera, andere dem Baal. Wieder andere dachten halbherzig auch manchmal an den Gott des Himmels und der Erden. Sie waren unentschieden.

Daher konfrontiert Elia sie mit der Wahrheit: »Hört zu. Wie lange noch wollt ihr lauwarm sein? Wie lange werdet ihr noch zögern und unentschieden hin und her schwanken? Ihr könnt nicht beides zugleich haben. Wenn Gott, der Herr, wahrer Gott ist, dann folgt ihm. Aber wenn Baal wirklich Gott sein sollte, dann folgt doch ihm. Ergreift Partei, entscheidet euch! Die Zeit ist reif für eine Entscheidung. Heute ist der Tag.«

Die Menschen sagten kein Wort. Sie gingen nicht auf Elias Herausforderung ein. Sie stritten auch nicht mit ihm. Das ist das Einfachste, wenn die Stunde der Entscheidung gekommen ist: unverbindlich bleiben, sich weiterhin in der neutralen Zone bewegen. Das versuchten sie auch hier und blieben einfach still.

Aber Elia war nicht aufzuhalten. Er stand ganz allein einer riesigen Menge anders Gesinnter gegenüber und dennoch war er absolut unerschütterlich, weil er in Gottes Hand war. Vor ihm versammelt war die Bevölkerung des Landes, die Götzen diente und innerlich unentschieden war. Außerdem hatte er 850 Propheten und Priester des Baal und der Aschera vor sich. Zweifellos standen auch Heiligtümer von Götzen auf dem Berg Karmel wie auf den meisten Berggipfeln in Israel zu jener Zeit. Aber Elia hatte keine Angst. Er war der Mann Gottes und er hatte einen Plan, den niemand ignorieren oder vergessen konnte. Er war drauf und dran, alle Götzen zur Strecke zu bringen.

DEN BEWEIS ERBRINGEN

Elias Plan war einfach genial. Er würde einen unbestreitbaren Beweis für die Tatsache erbringen, dass der Herr und Gott des Himmels der einzig wahre, lebendige Gott war.

Da sprach Elia zum Volk: »Ich bin allein übrig geblieben als Prophet des HERRN, aber die Propheten Baals sind vierhundertundfünfzig Mann. So gebt uns nun zwei junge Stiere und lasst sie wählen einen Stier und ihn zerstückeln und aufs Holz legen, aber kein Feuer daran legen; dann will ich den andern Stier nehmen und aufs Holz legen und auch kein Feuer daran legen. Und ruft ihr den Namen eures Gottes an, aber ich will den Namen des HERRN anrufen. Welcher Gott nun mit Feuer antworten wird, der ist wahrhaftig Gott.« Und das ganze Volk antwortete und sprach: »Das ist recht.«

1. Könige 18,22-24

Elias Plan war klug und doch fair und einfach: Baal wurde verehrt und angebetet als Gott des Feuers und der Sonne (die als das Feuer des Universums angesehen wurde), sowie als der Gott, der die Ernte und die Erträge des Landes unter Kontrolle hatte. Solch ein Gott musste doch einen Blitz im Köcher seines Waffenarsenals haben! Wenn er überhaupt etwas konnte, dann sollte er in der Lage sein, Feuer zu entzünden. Dasselbe konnte für den Gott Jehova gelten, den die Israeliten ursprünglich angebetet hatten. Elias Plan war der Kraft und Macht angemessen, die die verschiedenen Seiten den rivalisierenden Gottheiten zuschrieben.

Beachten Sie die Reaktion des Volkes. Sie alle fanden den Vorschlag angemessen und richtig: »Gute Idee, Elia! Genau das ist es, was wir sehen wollen«, antworteten sie ungewöhnlich einmütig.

Und Elia sprach zu den Propheten Baals: »Wählt ihr einen Stier und richtet zuerst zu, denn ihr seid viele und ruft den Namen eures Gottes an, aber legt kein Feuer daran.« Und sie nahmen den Stier, den man ihnen gab, und richteten zu und riefen den Namen Baals an vom Morgen bis zum Mittag und sprachen: »Baal, erhöre uns!« Aber es war da keine Stimme noch Antwort. Und sie hinkten um den Altar, den sie gemacht hatten.

1. Könige 18,25-26

Sie gingen auf Elias Plan ein und führten seine Anweisungen aus. Aber als sie sich an Baal wandten und ihn anriefen, geschah nichts. Vom frühen Morgen bis zum Mittag riefen sie zu ihm: »Baal, höre uns! Baal, erhöre uns!« Nichts. Der Himmel war eisern verschlossen. Sie tanzten und hüpften in die Luft, sie schrien, baten und flehten, um die Aufmerksamkeit Baals zu erheischen, damit ihr Gott Feuer herabsenden würde. Die Szene muss unvergesslich gewesen sein.

> Als es nun Mittag wurde, verspottete sie Elia und sprach: »Ruft laut! Denn er ist ja ein Gott; er ist in Gedanken oder hat zu schaffen oder ist über Land oder schläft vielleicht, dass er aufwache.«
>
> 1. Könige 18,27

Können Sie das vor sich sehen? Elia steht da drüben, an einen Baum gelehnt, mit verschränkten Armen und sieht sich das Schauspiel an, das die hüpfenden und schreienden Baalspropheten und -priester darbieten wie ein Rudel wilder Tiere. Nachdem er den Krach und das Durcheinander einige Stunden lang ausgehalten hat, sagt er: »Hey, vielleicht schreit ihr nicht laut genug. Immerhin ist er ein Gott; er könnte anderweitig beschäftigt sein oder ausgegangen ...«

Das hebräische Wort, das hier mit »in Gedanken« übersetzt ist, legt nahe, dass Elia genau das meinte, ihr Gott sei ganz in Gedanken verloren. »Hey, Leute, kann es nicht sein, dass er gerade meditiert? Da müsst ihr schon ordentlich schreien, wenn ihr seine Aufmerksamkeit erhalten wollt, wenn er gerade meditiert. Also los ... schreit lauter, Leute!«

Oder vielleicht meditiert er gar nicht, sondern »hat zu schaffen«? Nun, das ist eine interessante Wendung und es gibt verschiedene Auffassungen darüber, was sie bedeuten könnte. Immerhin glauben manche, darunter auch mein Freund Dr. Ron Allen, der ein Gelehrter des Alten Testaments ist, dass Elia sie damit hänseln wollte, dass er nahe legte, dass ihr Baal hinausgegangen sein könnte, um das himmlische stille Örtchen aufzusuchen.

Andere meinen, die Wendung bedeute, er sei jagen gegangen. Aber wie dem auch sei, es ist klar, dass Elia es darauf anlegt, sie zu verspotten.

Dann treibt er es sogar noch weiter. »Vielleicht ist euer Gott ja auch verreist? Oder vielleicht ist er in tiefen Schlaf gesunken? Dann müsst ihr eben noch lauter schreien, um ihn zu wecken.«

Edersheim, ein zuverlässiger jüdischer Historiker, zeichnet ein meisterhaftes Bild von dieser besonderen Szene. Er lässt dabei sein geschichtliches Hintergrundwissen über die Vorgänge bei der heidnischen Baals-Anbetung einfließen:

Als Erstes stieg ein ziemlich zurückhaltender Ruf an Baal in den Himmel, der allerdings schon eine gewisse Wildheit an sich hatte. Dann folgte ein Tanz um den Altar, der damit begann, dass die Priester ihre Körper hin und her schwangen. Das Heulen wurde dann immer lauter und das Tanzen immer rasender. Sie wirbelten herum, rannten wild durcheinander, immer in einer Kreisbewegung und mit hängenden Köpfen, sodass ihr langes, aufgelöstes Haar den Boden fegte. In der Regel war das der Zeitpunkt, an dem die Raserei ansteckend wurde, sodass auch die Zuschauer sich in Taumel tanzten. Aber Elia wusste, wie er das verhindern konnte. Es war Mittag und stundenlang hatten sie sich in ihren wilden Ritualen immer weiter gesteigert. Mit schneidenden Bemerkungen und bitterer Ironie erinnerte Elia sie daran, dass doch, wenn Baal der Herr war, der Fehler bei ihnen liegen musste. Er könnte anderweitig beschäftigt sein, weshalb sie lauter schreien müssten. Bis zur Verrücktheit aufgepeitscht nahm ihre Raserei noch zu und es folgte das, was uns als der zweite und dritte Akt bei solchen Festen bekannt ist. Das wilde Geheul ging in durchdringende dämonische Schreie über. In ihrem Wahn bissen sich die Priester in die Arme und brachten sich mit zweischneidigen Schwertern und Lanzen Schnitte bei. Als das Blut zu fließen begann, erreichte die Raserei ihren Höhepunkt: Erst begann ein Einzelner zu »prophezeien«, woraufhin andere einfielen; sie stöhnten und weinten, dann brachen sie in ekstatische Schreie aus, mit denen sie sich selbst bezichtigten oder sie redeten mit Baal in unzusammenhängenden Satzfetzen.[19]

Was für eine unvergessliche Szene des Chaos und des Wahnes! Es war, als ob die Kräfte der Hölle losgelassen worden seien und sich an diesen aus der Kontrolle geratenen menschlichen Körpern zeigen dürften. Aber noch immer geschah im Götzenhimmel nichts.

> Und sie riefen laut und ritzten sich mit Messern und Spießen nach ihrer Weise, bis ihr Blut herabfloss. Als aber der Mittag vergangen war, waren sie in Verzückung bis um die Zeit, zu der man das Speisopfer darbringt; aber da war keine Stimme noch Antwort noch einer, der aufmerkte.
>
> 1. Könige 18,28-29

Vom frühen Morgen bis zum späten Abend riefen sie zu ihrem Gott. In ihrer Raserei verstümmelten sie sogar ihre Körper. »Aber da war keine Stimme.« Diese berühmten Propheten und Priester Baals, die, während das Volk unter Dürre und Hunger litt, mit Speisen und Getränken vom Tisch der Königin verwöhnt worden waren, riefen Stunde um Stunde, erhielten aber keine Antwort. Stellen Sie sie sich vor, wie sie vollkommen erschöpft herumtaumeln, schlaff in den Staub fallen und sich am Boden winden, keuchen, bluten und gedemütigt sind – und niemand, »der aufmerkte«!

An dieser dramatischen Wegkreuzung tritt Elia endgültig auf den Plan. Dies würde der Augenblick des Beweises werden – seine größte Stunde. Alles, wofür er geschult worden war, alles, was er in der Stille und Einsamkeit gelernt hatte, machte sich jetzt bezahlt. Und was noch wichtiger war: Dies war Gottes Augenblick. Jetzt würde es sich beweisen, dass er lebte, dass er alle Macht hatte, während alle anderen Götter Nichtse waren.

> Da sprach Elia zu allem Volk: »Kommt her zu mir!« Und als alles Volk zu ihm trat, baute er den Altar des HERRN wieder auf, der zerbrochen war, und nahm zwölf Steine nach der Zahl der Stämme der Söhne Jakobs – zu dem das Wort des HERRN ergangen war: »Du sollst Israel heißen«, und baute

111

von den Steinen einen Altar im Namen des HERRN und machte um den Altar her einen Graben, so breit wie für zwei Kornmaß Aussaat, und richtete das Holz zu und zerstückelte den Stier und legte ihn aufs Holz. Und Elia sprach: »Holt vier Eimer voll Wasser und gießt es auf das Brandopfer und aufs Holz!« Und er sprach: »Tut's noch einmal!« Und sie taten's noch einmal. Und er sprach: »Tut's zum dritten Mal!« Und sie taten's zum dritten Mal. Und das Wasser lief um den Altar her, und der Graben wurde auch voll Wasser.

1. Könige 18,30-35

Als Allererstes baute Elia den Altar des Herrn wieder auf, der in der vorangegangenen Zeit des Götzendienstes in Israel zerstört worden war. Er vermied jeden Kontakt mit dem Altar, der dem Baal geweiht worden war oder irgendwie mit ihm in Verbindung stand. Wenn das wahre Feuer des Himmels vom wahren Gott des Himmels kommen und allen beweisen sollte, dass Jehova der einzig wahre Gott war, dann musste der Altar zweifellos »im Namen des HERRN« erbaut werden. Er musste so gebaut werden, dass er das himmlische Feuer aushalten konnte. Daher wählte Elia zwölf Steine, die für die zwölf Stämme Israels standen. Er baute seinen Altar ausschließlich zur Ehre seines Gottes.

Beachten Sie, dass Elia den Menschen befiehlt, vier Eimer mit Wasser zu füllen. Manche meinen, dass das Wort, das hier mit »Eimer« übersetzt worden ist, eigentlich genauer »Fässer« bedeutet. Wie auch immer, es ist wichtig, hier festzuhalten, dass einige größere mit Wasser gefüllte Behälter benutzt wurden, um den wieder errichteten Altar Gottes vollkommen zu durchnässen.

Manche Kritiker der Bibel haben die Frage aufgeworfen, woher denn nach dieser katastrophalen Dürre dieses viele Wasser hatte kommen können. Sie übersehen dabei, dass der Berg Karmel nicht weit vom Mittelmeer liegt und dass es dort reichlich Wasser gab. Natürlich war es nicht trinkbar. Aber auch Salzwasser genügt, um Brennholz vollkommen zu durchnässen. Ich stelle mir jedenfalls vor, wie die Leute den Berg hinunterstiegen, das

Wasser holten, sich wieder an den Aufstieg machten und es dann über den Altar schütteten. Nach der jahrelangen Dürre wird das Holz jeden Tropfen aufgesogen haben. Sie unternahmen diese kurze Reise dreimal, wie Elia ihnen befahl, bis Holz und Opfertier völlig durchnässt waren und das Wasser schließlich den Graben um den Altar füllte. Der Prophet wollte vollkommen sicher sein, dass jeder Zuschauer die eigentliche Botschaft von dem lebendigen Gott, der das Unmögliche möglich macht, begriff.

> Und als es Zeit war, das Speisopfer zu opfern, trat der Prophet Elia herzu und sprach: »HERR, Gott Abrahams, Isaaks und Israels, lass heute kundwerden, dass du Gott in Israel bist und ich dein Knecht und dass ich das alles nach deinem Wort getan habe! Erhöre mich, HERR, erhöre mich, damit dies Volk erkennt, dass du, HERR, Gott bist und ihr Herz wieder zu dir kehrst!«
>
> 1. Könige 18,36-37

Elias Gebet war einfach, aber es war ein Gebet des Glaubens. Es gab kein Flehen und kein Geschrei, kein Geheul, keinen fanatischen rituellen Tanz, keine leeren Wiederholungen immer derselben Wörter. Es war einfach eine schlicht ausgesprochene Bitte, dass Gott beweisen möge, dass er selbst, er allein, der wahre Herr und Gott des Himmels ist.

Der Gegensatz ist überwältigend. Und die Reaktion kam unmittelbar: Ein alles verzehrendes Feuer fiel … und das war überzeugend.

> Da fiel das Feuer des HERRN herab und fraß Brandopfer, Holz, Steine und Erde und leckte das Wasser auf im Graben. Als das alles Volk sah, fielen sie auf ihr Angesicht und sprachen: »Der HERR ist Gott, der HERR ist Gott!«
>
> 1. Könige 18,38-39

Gott beantwortete Elias Gebet. Als Antwort schickte er nicht nur Feuer, sondern, was noch viel wichtiger war, er berührte auch die Herzen der Menschen, sodass sie sich wieder Gott zuwandten. Außerdem befreite seine Antwort das Land von den falschen Propheten und Priestern.

> Elia aber sprach zu ihnen: »Greift die Propheten Baals, dass keiner von ihnen entrinne!« Und sie ergriffen sie. Und Elia führte sie hinab an den Bach Kischon und tötete sie daselbst.
> 1. Könige 18,40

Manche lesen diesen letzten Vers und sagen dann: »Was für eine extreme Reaktion!« Wirklich? Was würden Sie von einem Arzt denken, der ein Gewebe mit rasch wachsenden Tumorzellen in Ihrem Bauch finden und zu Ihnen sagen würde: »Ich meine, wir sollten *ein paar* dieser Zellen entfernen« oder: »Was halten Sie von einem *ganz kleinen* Eingriff – nichts Großes?« Nein. Ein guter Arzt würde erkennen, dass dieses Gewebe tödlich ist und dringend *alles* entfernt werden muss, wenn Sie leben sollen. »Wir müssen unbedingt *alle* diese Zellen erwischen und *vollkommen herausschneiden*. Wir werden *auch einiges umliegende Gewebe mit entfernen* müssen, das angesteckt sein könnte, damit Sie sicher überleben.« Das ist nicht extrem. Das ist lebensrettend und weise.

Die Propheten Baals standen für das unmoralische, menschenfeindliche und gegen Gott gerichtete Übel des Landes Israel. Elia wusste, dass er alles entfernen musste, was auch nur im Mindesten Zusammenhang mit dieser gottlosen Bedrohung hatte.

ZEITLOSE WAHRHEITEN FÜR ELIAS VON HEUTE

Was für eine unvergessliche Geschichte! Sie hinterlässt zeitlose Lehren für jeden von uns. In diesem eindrucksvollen Kapitel aus Elias Leben finde ich vier wichtige Prinzipien der Wahrheit.

Erstens: *Wenn wir sicher sind, dass wir uns im Willen Gottes befinden, sind wir unbesiegbar.* Nichts kann uns ungewisser und unsicherer machen, als wenn wir nicht sicher sind, ob wir uns innerhalb des Willens Gottes bewegen. Andererseits fördert, ermutigt und stärkt uns nichts mehr als die Gewissheit, im Willen Gottes zu sein. Dann können wir unabhängig von äußeren Umständen und von allem, was geschieht, innerlich feststehen.

Wir können arbeitslos sein und dennoch wissen, dass wir im Willen Gottes sind. Wir können einer bedrohlichen Situation entgegensehen und dennoch wissen, dass wir im Willen Gottes sind. Wir können alle Chancen gegen uns haben und dennoch wissen, dass wir im Willen Gottes sind. Nichts kann die Menschen einschüchtern, die wissen, dass sie das glauben, was Gott selbst gesagt hat. Die Gleichung ist niemals: 850 auf der einen Seite und einer auf der anderen. Sie lautet vielmehr: 850 gegenüber einem plus Gott.

Wenn wir wissen, dass wir uns im Willen Gottes befinden, sind wir unbesiegbar.

Zu keiner Zeit war Elia je eingeschüchtert. In diesem Abschnitt spricht Elia achtmal und jedes Mal befiehlt er etwas. Lesen Sie es ruhig nach: Jedes Mal befiehlt er. Er wich nicht zurück, fing nicht an zu stottern, schlug nicht etwas vor; er teilte Befehle aus. Er war nicht in der Defensive, sondern in der Offensive. Er wusste sehr genau, wo er stand. Mit einem Wort: Er war unbesiegbar.

Zweitens: *Ein geteiltes Herz ist genauso falsch wie offener Götzendienst.*

»Wie lange wollt ihr zögernd zwischen zwei Überzeugungen hin und her schwanken?«, war die Frage Elias an das Volk Israel. Wenn Sie vollkommen in der Unterzahl sind oder sich überwältigt fühlen, dann ist es das Einfachste, im Mittelmaß der Unentschlossenheit zu verharren. Genau dort lebte das Volk Israel, aber Elia hielt sich nicht dort auf. Er sagte ihnen: »Diese Ära geteilter Herzen hat keine Zukunft. Ihr müsst anders leben.«

Die härtesten von den Worten, die sich an die sieben Gemeinden im Buch der Offenbarung richten (Kap. 2+3), gelten der Gemeinde in Laodizea. Der Grund dafür ist klar: Sie hatte sich nicht entschieden. Sie war weder heiß noch kalt. »Ich weiß alles, was du tust und dass du weder heiß noch kalt bist. Ich wünschte, du wärest entweder das eine oder das andere! Aber da du wie lauwarmes Wasser bist, werde ich dich aus meinem Mund ausspucken!« (Offenbarung 3,15-16)

»Herunter mit euch von der Zuschauertribüne«, sagt Elia dem Volk Israel. »Ihr müsst euch entscheiden, entweder *für* oder *gegen* den wahren, lebendigen Gott.«

Vielleicht haben Sie sich schon jahrelang an Gott gehalten, sich aber nie voll und ganz für ihn entschieden. Jetzt ist genau der richtige Augenblick, das zu ändern. Hören Sie auf, Ihre Liebe für Christus und Ihre Entscheidung für ihn zu verstecken! Breiten Sie das Wort aus! Sprechen Sie taktvoll, aber furchtlos über Ihren Glauben! Fangen Sie jetzt damit an! Es gibt so viele Möglichkeiten, wie Gott Sie einsetzen kann, sei es im Büro, in Ihrem Beruf, in Ihrem Zuhause und Ihrer Nachbarschaft, an Ihrer Universität oder Schule. Sie sind nicht damit einverstanden, dass sich unsere Gesellschaft immer mehr von Gottes Maßstäben abwendet? Sagen Sie das! Sie verspüren eine geistliche Erosion in Ihrer Gemeinde … und Sie sind für die Leitung mitverantwortlich? Dann gehen Sie das Problem offen an! Neutralität in der Stunde der Entscheidung ist ein Fluch, der tragische Folgen hat.

Drittens: *Unsere wirksamste Waffe, unser bestes Werkzeug, ist das Gebet des Glaubens.*

Als es ans Eingemachte ging, als Baal offenkundig versagt hatte und Gott an der Reihe war, sein Werk zu tun, setzte Elia als einziges Instrument das Gebet ein.

Ist es nicht erstaunlich, wie oft Menschen, auch Christen, erst einmal alles andere probieren? Getreu dem alten Spruch: »Wenn alles andere nichts bewirkt, dann lesen Sie doch einmal die Gebrauchsanweisung«, denken und handeln viele ähnlich, wenn es um das Gebet geht. Ihr Motto lautet: »Wenn alles andere nichts bewirkt, dann probieren Sie es doch mal mit Gebet« oder: »Wenn alles andere nichts nützt, dann sollten wir vielleicht darüber beten« oder: »Da hilft nur noch Beten.« Doch Elia benutzte das Gebet nicht als letzten Ausweg. Gebet war sein erstes und einziges Mittel. Sein Kontakt mit dem lebendigen Gott bestand in erster Linie aus dem schlichten Gebet des Glaubens. Es setzte alles in Bewegung.

Erlauben Sie mir, Ihnen eine sehr direkte Frage zu stellen: Beten Sie persönlich, auch wenn Sie alleine sind? Beachten Sie bitte, dass ich nicht gefragt habe: »Hören Sie auch gut zu, wenn der Priester betet?« oder: »Achtest du auch konzentriert darauf, wenn deine Eltern beten?« und nicht: »Kennen Sie eine gute Bibelauslegung über das Gebet?« Ich habe Sie auch nicht gefragt, ob Sie schon jemals über Gebet gesprochen haben. Ich habe gefragt: »Beten *Sie* persönlich, auch wenn Sie allein sind?« Können Sie auf die letzte Woche zurückblicken und Zeiten ausmachen, die Sie bewusst für ein Gespräch mit Gott freigehalten haben? Vielleicht einfach nur zehn oder fünfzehn Minuten, die Sie allein mit Gott verbracht haben?

Howard Taylor hat einmal über die Disziplin im Gebetsleben seines Vaters geschrieben: »Vierzig Jahre lang ist die Sonne nicht ein einziges Mal über China aufgegangen, ohne dass Gott meinen Vater (Hudson Taylor) auf den Knien vorgefunden hätte.«

Das effektivste Werkzeug des Glaubenden ist das Gebet.

Viertens: *Unterschätzen Sie niemals die Kraft, die ein einziges engagiertes Leben hat.*

Dreh- und Angelpunkt des gesamten Ereignisses auf dem Berg Karmel war ein einziges Leben – das Leben des Elia. Er war ein einzelner Mann, der absolut in der Minderheit war – ihm standen ein feindlicher König gegenüber, seine böse und einflussreiche Frau, 850 heidnische Priester und Propheten des Baal und eine zahllose Masse von Israeliten, die nicht an seinen Gott glaubten. Und doch waren alle mundtot gemacht und eingeschüchtert worden durch diesen einzigen Mann Gottes.

Ich denke zurück an engagierte Leute, die mein eigenes Leben beeinflusst haben: in den prägenden Jahren zu Hause, in der Schule, im Marinecorps, in Gemeinden, im Seminar, in meinem Dienst. Missionare, Politiker, Universitätsprofessoren, Lehrer, Sportler, Trainer, Geschäftsleute, Freunde, Nachbarn, Familie, Leute »von der Straße«. Aber ich muss Ihnen sagen, dass höchstens eine Hand voll Leute mein Leben tief greifend berührt haben, und zwar jedesmal durch ihre Hingabe, ihr Engagement, ihre Bereitschaft, sich voll einzubringen und alles auf eine Karte zu setzen. Denken Sie einmal über Ihr eigenes Leben nach: Wer sind die Leute, die Sie beeinflusst haben und wodurch konnten sie Sie prägen? Halten Sie lange genug inne, um Gesichter und Namen auftauchen zu lassen, bis Sie die fünf wichtigsten benennen können. Wenden Sie dann die Frage auf sich selbst an: Wie viele Leute mag ich mit meinem Leben beeinflusst haben? Diese Frage kann man selbst allein schlecht beantworten, aber es ist äußerst wichtig, sich diese Frage als Herausforderung an den eigenen Lebensstil zu stellen.

Wie aufregend wäre das, wenn Sie durch Ihr Engagement für Jesus in dieser Woche jemanden nachhaltig beeinflussen könnten, entweder, indem Sie diesen Menschen zu Jesus bringen oder ihm den Glauben stärken oder lange nagende Zweifel endlich ausräumen! Die Bibel und die Kirchengeschichte sind voller Geschichten einzelner Menschen, deren Engagement für Gott das Leben anderer hilfreich verändert oder vollkommen umgekrempelt hat.

Elia hat das Skript für eine faszinierende Kraftprobe geschrieben und sie auf die Bühne gebracht: das Aufeinandertreffen der Propheten Baals und des wahren, lebendigen Gottes. Die allergrößte Machtprobe aller Zeiten überhaupt geschah am Kreuz von Golgatha, als der Feind Gottes besiegt wurde durch das Opfer des Sohnes Gottes selbst. Warum ich das sage? Weil Gott ein einziges Leben zur Verfügung hatte, das sich ihm verschrieben hatte und auf das er zählen konnte – das seines innig geliebten Sohnes Jesus. Tatsächlich hat sein Leben die ganze Weltgeschichte verändert.

Das führt mich an einen interessanten Punkt und beantwortet die Frage, die ich zu Beginn des Kapitels stellte: Wenn es die Magazine »Time«, Spiegel« und »Bunte« schon im Jahre 700 v. Chr. gegeben hätte, hätten sie dann Elia auf ihre Liste der wichtigsten Personen des vergangenen Jahrhunderts gesetzt? Sie erinnern sich sicher an die Liste der wichtigsten Persönlichkeiten, die ich erwähnt hatte? Nun, ich habe auf allen Listen »wichtigster Leute« am Ende des Jahrtausends nachgeschaut, aber nicht eine,

nicht einmal jene, die bis in die frühesten Jahre zurückgingen, er-
wähnten den Namen Jesu Christi. Das beweist mir, dass die Menschen, die den größten geistlichen Einfluss auf andere haben, von
den Medien nicht beachtet werden oder dass die Erinnerung an
sie nicht wach gehalten wird. Aber das hält Gott keinesfalls davon ab, sie zu seiner Zeit zu belohnen.

Können Sie sich vorstellen, welche Belohnung Elia erwartete?

Und Elia sprach zu Ahab: »Zieh hinauf, iss und trink; denn es
rauscht, als wollte es sehr regnen.« Und als Ahab hinaufzog,
um zu essen und zu trinken, ging Elia auf den Gipfel des Kar-
mel und bückte sich zur Erde und hielt sein Haupt zwischen
seine Knie und sprach zu seinem Diener: »Geh hinauf und
schaue zum Meer!« Er ging hinauf und schaute und sprach:
»Es ist nichts da.«
Elia sprach: »Geh wieder hin«; und der Diener ging wieder
hin, sieben Mal. Und beim siebenten Mal sprach er: »Siehe, es
steigt eine kleine Wolke auf aus dem Meer wie eines Mannes
Hand.« Elia sprach: »Geh hin und sage Ahab: ›Spann an und
fahre hinab, damit dich der Regen nicht aufhält!‹«
Und ehe man sich's versah, wurde der Himmel schwarz von
Wolken und Wind, und es kam ein großer Regen. Ahab aber
fuhr hinab nach Jesreel.
Und die Hand des HERRN kam über Elia; und er gürtete
seine Lenden und lief vor Ahab hin, bis er kam nach Jesreel.

1. Könige 18,41-46

KAPITEL SECHS

Ein Mann Gottes ... Die Zusage Gottes

Gott hält seine Zusagen. Das ist ein äußerst wichtiges Element seines unveränderlichen Wesens. Er lässt nicht erst in den Leuten Hoffnung aufkommen, indem er sie mit netten Worten umgarnt und einlullt, um dann später seine Versprechen zurückzunehmen oder gar zu brechen. Gott ist weder wankelmütig noch launenhaft. Außerdem lügt er nie. Mein Vater pflegte über integre Menschen zu sagen: »Sie sind an ihr Wort gebunden.«

Wenn Sie einmal genau darüber nachdenken, dann rief Gott Elia eigentlich nur wegen eines Versprechens, das er zuvor gegeben hatte, auf den Plan. Der Prophet hatte vor Jahren den höchst unliebsamen Auftrag erhalten, dem König eine Botschaft Gottes zu überbringen. Diese Botschaft hatte zu tun mit einer bevorstehenden schrecklichen Dürre. Die Dürre würde jahrelang dauern und sollte erst aufhören, wenn das Wort Gottes es wieder befehlen würde. (1. Könige 17,1) Diese Botschaft war nicht nur ein Trompetenstoß, der Ahab aus seiner Seelenruhe reißen sollte. Sie war ganz nebenbei eine unumwundene Erinnerung daran, dass Ahab zwar wähnte, an der Macht zu sein, dass aber »der Gott Israels lebt« und *er* allein entscheidet, was geschieht und wann.

Wieso hatte Elia überhaupt den Heldenmut, sich allein vor den König Israels hinzustellen und ihm ins Gesicht zu sagen, was er nicht zu hören wünschte? Der Mann Gottes vertraute unbedingt auf das Wort seines Gottes. Der Herr des Himmels hatte gesprochen und Elia setzte den König davon in Kenntnis. Gott kündigte eine schreckliche Dürre an und Ahab besaß keinerlei Machtmittel, um sie zu verhindern oder ihre verheerenden Folgen abzuschwächen. Zudem hatte Gott dem Propheten versichert, dass die Dürre erst enden werde, wenn Gott das beschließen und verkünden würde, was Ahab ebenfalls durch Elia zu hören bekam. Punktum. Danach trat Elia ab.

Nächster Akt – die große Dürre. Was Gott dem König durch seinen Propheten hatte verkünden lassen, trat haarscharf ein. Wie angekündigt fiel kein einziger Tropfen Regen mehr, der der verödenden Erde hätte Erleichterung verschaffen können. Das Land dörrte vollkommen aus, während Monate und Jahre ins Land gingen. Es flossen keine Flüsse mehr, Bäche und Brunnen trockneten aus; die Ernte verbrannte auf dem Halm zu einer braunen, trockenen Masse, die Tiere starben und der König war gegenüber diesem Gottesurteil absolut hilflos.

Gott steht zu seinen Versprechen, den angenehmen wie den bedrohlichen. Er hat das letzte Wort.

Wie wir gesehen haben, spielte sich während dieser Dürrezeit einiges hinter den Kulissen ab. Gott schulte Elia Schritt für Schritt und bereitete ihn auf den Auftrag vor, den er für seinen Diener im Sinn hatte. Das einzige Ereignis, das in dieser Zeit Schlagzeilen hätte machen können, war die furchtbare, vernichtende Dürre, Tag um Tag, Monat um Monat, Jahr um Jahr. Aber hinter den Kulissen bewirkte Gott im Herzen seines auserwählten Mannes in aller Stille wesentliche Veränderungen. Darin war er genauso treu und beharrlich wie im Bewirken der Dürre, die die Menschen des Volkes Israel zur Umkehr zu Gott rief. Und auch wenn es scheinen mochte, als habe Gott seine Botschaft über das Schicksal des Landes vergessen, so vergisst Gott doch niemals etwas, das er versprochen hat. Richtig: Niemals vergisst Gott auch nur eine seiner Zusagen.

Gottes Vorgehensweise wird nach und nach offenbar, auch dann, wenn es nicht den geringsten Hinweis darauf gibt, dass er sich seiner Versprechen überhaupt noch entsinnt. Wenn die schrecklichsten Dinge eintreten und den Menschen die Vermutung nahe legen, das Leben sei nicht fair, gerade dann ist Gott dabei, seine fürsorglichen Pläne auszuarbeiten, haarscharf nach seinem eigenen »Fahrplan«. Was die Sache für uns schwierig macht, ist, dass Gott nicht den geringsten Anlass sieht, seine Pläne auch nur einem einzigen Erdenbewohner mitzuteilen oder gar zu erläutern. Wozu sollte er auch? Die Wahrscheinlichkeit, dass wir den Plan nicht gut fänden, wäre doch ziemlich hoch. Und so warten, warten und warten wir. Unser Glaube wird hart auf die Probe gestellt, vor allem weil es, ich wiederhole, oft keinerlei Anhaltspunkt für uns gibt, dass Gott sich an sein Versprechen überhaupt noch erinnert.

Und dann erfüllt Gott seine Versprechen plötzlich und ohne Vorwarnung. Er entscheidet, dass die Zeit gekommen ist, sich wieder in unsere Welt von Zeit und Raum zu begeben (die ihn ja beide nicht im Mindesten beschränken), um sein Versprechen einzulösen. Es ist der richtige Augenblick. Genug gewartet. Er handelt genau so, wie er es ankündigt. Die Veränderungen treten ein, wie er sie versprochen hat. Alles geschieht genau so, wie unser großartiger, unüberbietbarer Schöpfer schon immer mit seinen Geschöpfen umgegangen ist. Und doch lassen wir Zweifel in unser Herz. Und doch machen wir uns Sorgen. Wir fragen uns noch immer, ob er sich auch wirklich an seine Zusagen erinnern wird. Es ist schon merkwürdig, aber der Groschen scheint bei uns einfach nicht so recht zu fallen.

Nun zurück zu unserem Freund Elia. Im ersten Vers des 18. Kapitels finden wir folgende Feststellung: »Nach einer langen Zeit kam das Wort des HERRN zu Elia, im dritten Jahr …« Im DRITTEN Jahr! Was für eine elend lange Zeit ohne Regen! Wir können uns das nicht im Mindesten vorstellen. Aber Gott hatte einen Plan. Inzwischen hatten die falschen Propheten jede Glaubwürdigkeit verloren. Alle wiederholten Gebete zu Götzen, alle Rituale und Zauberpraktiken hatten sich als wertlos erwiesen. Wundert es Sie noch, dass es Elia gelang, die Aufmerksamkeit des Volkes Israel auf sich zu ziehen, als er die Priester des Baal und die Propheten der Aschera zu einer Machtprobe mit dem lebendigen Gott Jehova selbst herausforderte? Die Leute waren inzwischen bereit, auch die abwegigsten Dinge zu probieren, wenn es nur regnen würde. Elia konnte sich sicher sein, dass die Leute so ziemlich allem zustimmen würden, wenn es nur wieder Regen gab.

Und wundert Sie die Reaktion des Volkes, als Gott sich ihnen als der Lebendige und Gegenwärtige erwies – dass sie »auf ihr Angesicht fielen und sprachen: ›Der HERR ist Gott, der HERR ist Gott!‹« (V. 39)? Als Elia diesen Leuten dann befahl, die Propheten zu ergreifen und niemanden entkommen zu lassen, brauchte er sie nicht anzuflehen; das Volk Israel hatte genug von diesen götzendienerischen Narren! Das Feuer, das vom Himmel gekommen war, hatte sie vollkommen überzeugt. Aber zuvor hatte die nicht enden wollende Dürre all ihr Vertrauen in die heidnischen Führer und Priester untergraben, denen sie ja einmal nachgefolgt waren und gehorcht hatten. Gottes »verzögerter« Plan bewirkte in sich ein Wunder, nämlich dieses sonst so schwankende Volk entscheidungsbereit zu machen. Als sie wählen sollten, welcher Gott wirklich der Anbetung wert war, fiel ihre Entscheidung sofort und einmütig. Naturkatastrophen wenden normalerweise die Herzen Gott *zu*, nicht von ihm *ab*.

Aber sehen Sie sich noch einmal den ersten Vers in Kapitel 18 an. Da werden Sie noch ein anderes Versprechen Gottes finden. Elia war ja schon sooo lange bereit für diese Zusage! Gott sprach: »Ich werde regnen lassen auf die Erde.«

Endlich! Was für eine Erleichterung muss diese Zusage bedeutet haben. Ich finde es interessant, dass Gottes Bote zu keiner Zeit über die Dürre geklagt hatte, auch dann nicht, als der Bach, der seine einzige Wasserquelle gewesen war, versiegte und obwohl die Zeit der Dürre für ihn genauso bedrückend schwer gewesen sein muss wie für alle anderen Menschen in Israel. Allerdings gab es einen einfachen Unterschied zwischen Elia und den anderen Israeliten: Er wusste, dass der Gott, der seine Versprechen von Tag zu Tag erfüllte, schließlich auch den versprochenen Regen bringen würde. Er vertraute ihm. Und bis zu jenem Tag würde Elia warten, ohne Zweifel zuzulassen, denn er war vollkommen überzeugt von einer Tatsache, die die meisten unter uns, wenigstens zeitweise, in Zweifel ziehen: Gott hält seine Versprechen.

EINIGE KLÄRENDE KOMMENTARE ÜBER VERSPRECHEN

Die Bibel ist voller Versprechen. Tausende sind in ihr zu finden. Ich erinnere mich, vor vielen Jahren in einer amerikanischen Zeitschrift, die in regelmäßigen Abständen erscheint, gelesen zu haben, dass jemand sich einmal die Mühe gemacht hat, alle Versprechen in der Bibel zu zählen. Er kam auf beinahe 7.500! Ich habe sie nicht nachgezählt, daher kann ich diese Zahl nicht bestätigen, aber man befindet sich auf sicherem Grund, wenn man feststellt, dass es in der Bibel einige Tausend Versprechen und Zusagen gibt. Zugegeben, nicht alle sind so direkt und spezifisch wie die aus der Zeit Elias, mit denen wir uns bisher beschäftigt haben. Aber es gibt zahlreiche Zusagen, die die ganze Heilige Schrift durchziehen.

Eine Frage, die man hier einmal aufwerfen sollte, habe ich selten gestellt bekommen: Können wir alle diese Versprechen persönlich einfordern und uns darauf berufen? Ich kann mich noch an einen kleinen Chorus erinnern, den wir sonntags im Kindergottesdienst sangen: »Every promise in the Book is mine« (etwa: Jede Zusage in dem [heiligen] Buch gilt mir). Aber das ist nicht richtig. Es ist eine große Übertreibung. In Wirklichkeit ist es einer der sichersten Wege ins Unglück, wenn wir jede biblische Zusage, die uns in den Weg kommt, auf uns beziehen und für uns in Anspruch nehmen. Es gibt Leute, die die Gläubigen ermuntern, in diese Richtung zu gehen. Aber erlauben Sie mir, Sie zu warnen: Das ist eine gefährliche Praxis.

In einem ausgezeichneten Buch über genau dieses Thema, *Protestant Biblical Interpretation* (etwa: »Protestantische Bibelauslegung«), habe ich sehr hilfreiche Ratschläge gefunden. Der Autor, ein Theologe namens Bernard Ramm, warnt davor, jede einzelne Zusage der Bibel in unsere spezifische Situation hineinzwängen zu wollen. Als negatives Beispiel nennt er einen jungen Amerikaner, der sich während des Zweiten Weltkrieges fragte, ob er sich als Freiwilliger an die Front melden, sich der Handelsmarine anschließen oder besser Theologie studieren sollte. Wie viele andere Christen suchte er in der Bibel nach Rat und fand einen Hinweis in Psalm 107,23 + 31: »*Manche befuhren mit Schiffen das Meer, um Handel zu treiben auf den Ozeanen der Welt ... Sie sollen dem HERRN für seine Güte danken und für die Wunder, die er an ihnen getan hat.*« Er nahm das persönlich und wörtlich und betrachtete das als direkte Anweisung Gottes, sich der Marine der Vereinigten Staaten anzuschließen.

Diese Handlung konnte sich nicht auf eine vernünftige Exegese gründen, auch nicht auf ein geistliches Prinzip. Es bestand nur eine zufällige Übereinstimmung zwischen dem Vers, in dem von »Schiffen« und »Meer« die Rede war und der Marine der Vereinigten Staaten.[20]

Unglücklicherweise ist dieser junge Mann nicht allein mit seiner Methode herauszufinden, was Gott sagen will. Er hatte die besten Absichten, aber er machte den – leider sehr verbreiteten – Fehler, den so viele Christen ohne gute Lehre machen: Sie ignorieren den Zusammenhang, in dem der Text steht und übersehen die Möglichkeit, dass gewisse Zusagen ganz besonderen Persönlichkeiten in einer einzigartigen Lage gegeben wurden. Sie gehen davon aus, dass *alle* biblischen Zusagen und Versprechen jedem Einzelnen in jeder Lebenslage und Ära gelten. Menschen, die so vorgehen, werden sich immer tiefer in Verwirrung verstricken und vielleicht eines Tages auf leidvolle Weise verstehen, dass nicht alle Zusagen in der Bibel auf jeden einzelnen Christen von heute oder morgen angewandt werden können. Dazu sind sie auch nicht gegeben worden.

Verstehen Sie mich bitte nicht falsch. Die Bibel ist tatsächlich das Wort Gottes, das fehlerfrei ist, Autorität hat, lehrreich und verlässlich ist. Gott hat es für uns aufschreiben lassen und durch die Zeiten bewahrt, damit es uns seinen Willen zeigt, uns in unseren Kämpfen beisteht und in unseren Sorgen und Nöten tröstet und stärkt, uns befähigt, in Zeiten der Prüfung standzuhalten, nicht zu weichen und zu wanken. Nichts davon möchte ich in Frage stellen. Aber das alles bedeutet *nicht*, dass jede einzige Zusage Gottes nur dazu auf den Seiten der Heiligen Schrift aufgezeichnet wurde, damit jeder Mensch auf dieser Welt in jeder beliebigen Lage sie auf sich und sein Leben in seiner Zeit anwendet und sich darauf berufen kann. Dieser Rückschluss ist einfach falsch – und gefährlich, wie ich schon sagte.

Bleiben Sie dran, wenn ich Sie durch diesen wichtigen klärenden Abschnitt führe! Wir verlieren Elia nicht aus dem Blick, keine Angst. Aber wir müssen gewisse Dinge über die Zusagen und Versprechen Gottes ein für alle Mal klären.

PERSÖNLICH ODER UNIVERSAL?

Wenn Sie oder ich uns auf eine Zusage Gottes berufen wollen, dann müssen wir erst einmal wissen, in welche Kategorie sie fällt. Ist es eine von denen, die für eine einmalige Situation bestimmt waren und einer besonderen Person oder Gruppe von Menschen, die zur Zeit der Bibel lebten, gegeben wurde? Solche *persönlichen, direkten Zusagen* wurden nur für die besonderen Personen und Umstände gegeben und nur für sie, nur für ihre Zeit und ihren Ort, nur für ihre Lage, für Gottes speziellen Zweck damals.

Oder gehört das Versprechen eher in die Gruppe der *generellen Zusagen*, die eine viel breitere Grundlage haben und daher weltweit und jederzeit auf jedermann angewandt werden können?

Um es nochmals zu sagen: Ist es eine jener einzigartigen Zusagen, die nicht an uns persönlich ergangen sind, sondern ganz spezifisch jemand anderem gelten? Waren die Umstände einzigartig, unter denen Gott dieses Versprechen aufzeichnen ließ? Oder hatte er die Absicht, dass jeder Mensch in jeder Generation an jedem Ort in jeder Ära diese Zusage auf sich anwenden sollte?

Um die Antwort herauszufinden, müssen wir den Zusammenhang genau untersuchen, den Abschnitt langsam und umsichtig lesen, wobei wir die Gabe der Unterscheidung brauchen. Wenn die Zusage in die erste Kategorie gehört, dann halten Sie sich von ihr fern! Lassen Sie sich gar nicht erst von ihr beeinflussen. Erlauben Sie Ihrem Herzen nicht, Hoffnung auf eine solche Zusage zu setzen, so, als ob sie Ihnen persönlich gegeben worden sei. Sonst sind Sie auf dem besten Weg zu einer massiven Enttäuschung.

Wenn das Versprechen jedoch zu der zweiten Kategorie gehört, dann berufen Sie sich mutig darauf! Glauben Sie daran. Halten Sie daran fest. Ich möchte sogar sagen, Sie sollten die meisten dieser Art *auswendig lernen*. Sie könnten sich künftig als Quelle tiefen Trostes und großer Kraft erweisen.

Als Beispiel einer einzigartigen Zusage, die einem bestimmten Menschen in einer ganz besonderen Lage gegeben wurde, könnte das Versprechen gelten, das Gott Josua gab. Sie können es im sechsten Kapitel des Buches Josua nachlesen:

> »Lass alle Kriegsmänner rings um die Stadt herumgehen einmal, und tu so sechs Tage lang. Und lass sieben Priester sieben Posaunen tragen vor der Lade her, und am siebenten Tage zieht siebenmal um die Stadt, und lass die Priester die Posaunen blasen. Und wenn man die Posaune bläst und es lange tönt, so soll das ganze Kriegsvolk ein großes Kriegsgeschrei erheben, wenn ihr den Schall der Posaune hört. Dann wird die Stadtmauer einfallen, und das Kriegsvolk soll hinaufsteigen, ein jeder stracks vor sich hin.«
>
> Josua 6,3-5

Diese Zusage wurde Josua in dieser ganz besonderen Lage gegeben, als die Israeliten vor der Stadt Jericho angekommen waren, auf dem Weg ins Gelobte Land. Auf diese Zusage kann sich kein einziger anderer militärischer Führer der Vergangenheit oder Zukunft, der versucht, eine Stadt einzunehmen, je berufen.

Oder bedenken Sie das Versprechen in Markus 16,17-18:

> Und diese Zeichen werden die begleiten, die glauben: Sie werden in meinem Namen Dämonen austreiben und sie werden neue Sprachen sprechen. Sie werden Schlangen anfassen oder etwas Tödliches trinken können, und es wird ihnen nicht schaden. Sie werden Kranken die Hände auflegen und sie heilen.
>
> Markus 16,17-18

Gewisse religiöse Gruppen heute benutzen diese Verse als Grundlage ihres Glaubens und berufen sich auf das Versprechen darin als persönliche Zusage für ihre eigenen Jünger. Bedenken Sie in diesem Zusammenhang folgenden Zeitungsbericht unter der Überschrift: »Zwei Priester der Heiligungsbewegung sterben bei einem Glaubenstest«:

Zwei Priester der Heiligungsbewegung, die die Bisse giftiger Schlangen überlebt hatten, prüften ihren Glauben, indem sie Strychnin tranken. Sie starben wenige Stunden später. Die Polizei fand heraus, dass während … der religiösen Veranstaltung letzten Samstagabend Puffottern und Klapperschlangen herumgereicht worden waren. Nachdem sie sich den Schlangenbissen ausgesetzt hatten, tranken Herr Williams und Herr Pack Strychnin, um ihren Glauben weiter zu prüfen. Dabei beriefen sie sich auf Markus 16,18.[21]

Ich kann meine Warnung nur wiederholen: Es ist gefährlich, sich auf ein Versprechen zu berufen, das vollkommen aus seinem ursprünglichen Zusammenhang gerissen ist und so auch seine ursprüngliche Bedeutung verloren hat. Wenn es eine persönliche Zusage ist, die in einer ganz besonderen, einzigartigen Lage gegeben wurde, dann halten Sie sich davon fern. Dieses Versprechen gilt nicht Ihnen.

Wenn jedoch die Zusage ganz allgemein gehalten ist, dann berufen Sie sich freimütig und mutig darauf. Für diese Kategorie kommen mir mehrere Beispiele ins Gedächtnis:

Denn so hoch der Himmel über der Erde ist, so groß ist seine Gnade gegenüber denen, die ihn fürchten. So fern der Osten vom Westen ist, hat er unsere Verfehlungen von uns entfernt. Wie sich ein Vater über seine Kinder zärtlich erbarmt, so erbarmt sich der HERR über alle, die ihn fürchten.

Psalm 103,11-13

Vertraue von ganzem Herzen auf den HERRN und verlass dich nicht auf deinen Verstand. Denke an ihn, was immer du tust, dann wird er dir den rechten Weg zeigen.

Sprüche 3,5-6

Fürchte dich nicht, ich bin mit dir; weiche nicht, denn ich bin dein Gott. Ich stärke dich, ich helfe dir auch, ich halte dich durch die rechte Hand meiner Gerechtigkeit.

Jesaja 41,10

Bittet, und ihr werdet erhalten, um was ihr gebeten habt. Sucht und ihr werdet finden. Klopft an, und die Tür wird euch geöffnet werden. Denn wer bittet, wird erhalten. Wer sucht, wird finden. Und die Tür wird jedem geöffnet, der anklopft.

Matthäus 7,7-8

So heißt es in der Schrift: »Wer an ihn glaubt, wird nicht umkommen.« Das gilt ohne Unterschied für Juden wie für alle anderen Menschen. Alle haben denselben Herrn, der seine Reichtümer großzügig allen schenkt, die ihn darum bitten. Denn »jeder, der den Namen des Herrn anruft, wird gerettet werden«.

Römer 10,11-13

Und mein Gott wird euch aus seinem großen Reichtum, den wir in Christus Jesus haben, alles geben, was ihr braucht.

Philipper 4,19

Denn der Herr selbst wird mit einem lauten Befehl, unter dem Ruf des Erzengels und dem Schall der Posaune Gottes vom Himmel herabkommen. Dann werden zuerst alle Gläubigen, die schon gestorben sind, aus ihren Gräbern auferstehen. Und mit ihnen zusammen werden auch wir Übrigen, die noch auf der Erde leben, auf den Wolken hinaufgehoben werden in die Luft, um dem Herrn zu begegnen und in Ewigkeit bei ihm zu bleiben.

1. Thessalonicher 4,16-17

Meine lieben Freunde, erschreckt nicht über die schmerzhaften Prüfungen, die ihr jetzt durchmacht, als wären sie etwas Ungewöhnliches. Freut euch darüber, denn dadurch seid ihr im Leiden mit Christus verbunden, und ihr werdet euch auch sehr darüber freuen, wenn er in seiner Herrlichkeit erscheint. Freut euch, wenn ihr beschimpft werdet, weil ihr zu Christus gehört. Denn daran wird sichtbar, dass der Geist der Herrlichkeit Gottes bei euch ist. Niemand soll leiden wegen Mordes, Diebstahl, Unruhestiftung oder wegen Einmischung in fremde Angelegenheiten. Doch es ist keine Schande, dafür zu leiden, dass man Christ ist. Ihr sollt Gott vielmehr dafür loben, dass ihr zu Christus gehört! Denn die Zeit des Gerichts ist gekommen, und es muss bei den Kindern Gottes beginnen. Und wenn selbst wir gerichtet werden müssen, was erwartet erst dann all diejenigen, die die Botschaft Gottes nicht angenommen haben?

Petrus 4,12-17

AN BEDINGUNGEN GEKNÜPFT ODER NICHT?

Sogar die Zusagen, auf die wir uns berufen können und dürfen, verlangen von uns die Gabe der Unterscheidung: Wir müssen unterscheiden, ob sie an eine Bedingung geknüpft sind oder nicht.

Eine bedingte Zusage wird erst dann erfüllt werden, wenn *wir* unseren Teil dazu beigetragen haben. Das ist die Bedingung, an die die Zusage geknüpft ist. Oft erkennt man sie an einem Wörtchen wie »wenn ...«. Ein Beispiel? Sehen Sie sich den 1. Johannesbrief an, Kapitel 1 Vers 9:

Doch wenn wir ihm unsere Sünden bekennen, ist er treu und gerecht, dass er uns vergibt und uns von allem Bösen reinigt.

1. Johannes 1,9

Wenn wir uns weigern, unsere Sünden zu bekennen, dann können wir von unserem heiligen, gerechten Vater nicht erwarten, dass er uns unser Fehlverhalten sofort und automatisch vergibt. Mit anderen Worten: Ich kann nicht die Zusage der Vergebung Gottes in Anspruch nehmen, wenn ich nicht bereit bin, meinen Teil dazu beizutragen, indem ich die Bedingung erfülle, also meine Sünden bekenne.

Matthäus berichtet, dass Jesus sagte: »Wenn ihr glaubt, werdet ihr alles bekommen, worum ihr im Gebet bittet.« (Matthäus 21,22) Es gibt Leute, die zeigen auf diesen Vers und sagen: »Dort steht das Versprechen an mich! Ich kann Gott um dies und jenes bitten und ich werde es bekommen.« Aber oft übersehen sie die kleine Bedingung, die in diesen Satz eingeschoben ist: »wenn ihr glaubt …«. Außerdem finden wir in der Heiligen Schrift an anderer Stelle noch eine Bedingung: »Hätte ich in meinem Herzen böse Gedanken, dann hätte mein HERR mich nicht erhört.« (Psalm 66,18) Mit anderen Worten: Wir müssen im vollen *Glauben* an Jesus stehen, in der Nachfolge und in der Gemeinschaft mit ihm und seinem Wort. Ein ungehorsames, eigenwilliges Herz, auch wenn es das eines Kindes Gottes ist, kann Gott davon abhalten, auf Wünsche und Bitten zu hören. Das Gefäß muss rein sein; das ist die Bedingung, an die die Erhörung geknüpft ist.

Es gibt aber auch viele Zusagen, die an keine Bedingung geknüpft sind. Sie gelten vorbehaltlos und unbegrenzt. Was Gott auf diese Art verspricht, wird er auch tun, unabhängig von der Reaktion der Leute. Dafür habe ich mehrere Beispiele:

Eine Leuchte für meinen Fuß ist dein Wort und ein Licht auf meinem Weg.

Psalm 119,105

… gegen den alle, die auf Erden wohnen, für nichts zu rechnen sind. Er macht's, wie er will, mit den Mächten im Himmel und mit denen, die auf Erden wohnen. Und niemand kann seiner Hand wehren noch zu ihm sagen: »Was machst du?«

Daniel 4,32

Denn der Herr selbst wird mit einem lauten Befehl, unter dem Ruf des Erzengels und dem Schall der Posaune Gottes vom Himmel herabkommen …

1. Thessalonicher 4,16

Und mein Gott wird euch aus seinem großen Reichtum, den wir in Christus Jesus haben, alles geben, was ihr braucht.

Philipper 4,19

Denn die Gnade Gottes, die allen Menschen Rettung bringt, ist sichtbar geworden …

Titus 2,11

Gott ist nicht ungerecht. Er wird nicht vergessen, wie ihr für ihn gearbeitet und eure Liebe zu ihm bewiesen habt und weiter beweist durch eure Fürsorge für andere, die auch zu Gott gehören.

Hebräer 6,10

Die Bibel ist die vom Geist Gottes inspirierte Wahrheit. Man kann ihr voll und ganz vertrauen, denn man kann Gott voll und ganz vertrauen. Sie ist unser heiliger Führer, zu dem Zweck geschrieben, dass wir daraus lernen. Aber sie ist nicht so etwas wie ein Talisman, den wir herumtragen könnten oder gar sollten, damit er uns Glück bringt. Wir müssen sie mit Verstand lesen und umsichtig interpretieren. Wir dürfen ihren Inhalt nicht verdrehen, bis die Aussagen uns passen. Wir sollten sie im Gegenteil mit Ehrfurcht und Weisheit gebrauchen und ihre Worte richtig anwenden. Durch die Jahrhunderte hindurch ist sie immer wieder falsch ausgelegt, verdreht, in eine gewünschte Form gepresst und missbraucht worden – von Gläubigen und Ungläubigen gleichermaßen. Oft sind es genau die Leute, die sich am weitesten entfernt haben von Gott und seinem Willen für sie, die am schnellsten mit Versprechen und Zusagen bei der Hand sind, die aus ihrem ursprünglichen und einzigartigen Zusammenhang herausgerissen sind. Sie stellen diese Bibelstellen nach Belieben in völlig neue Zusammenhänge, für die sie nie gedacht waren – und damit stürzen sie nicht nur sich selbst, sondern leider oft auch andere ins Unheil.

ELIA BERUFT SICH AUF EINE ZUSAGE

Mindestens drei lange Jahre hatte es im Land Israel weder geregnet noch getaut. Gott hatte Elia gesagt, er solle König Ahab mitteilen, dass diese schreckliche Dürre wegen seiner Sündhaftigkeit über das Land komme. Genauso geschah es auch. Das Land wurde immer dürrer und öder, die Erde bekam Risse, Sprünge und tiefe Einschnitte. Sie brach und bröckelte. Wie wir wissen, bringen solche Umstände Durst, Hunger, Armut, Krankheit, Tod und Hoffnungslosigkeit mit sich.

Dann, zu seiner eigenen Zeit, eilte Gott Israel zu Hilfe und rettete es. Er brach sein Schweigen und befahl seinem Diener, den Willen Gottes bekannt zu geben.

> Nach einer langen Zeit kam das Wort des HERRN zu Elia, im dritten Jahr: »Geh hin und zeige dich Ahab, denn ich will regnen lassen auf die Erde.«
>
> 1. Könige 18,1

Wenn Gott jetzt mit seinem Propheten spricht, sagt er ihm etwas zu. Nun können wir im Lichte dessen, was wir gerade besprochen haben, uns dieses besondere Versprechen genauer anschauen.

Zunächst ist es eine persönliche Zusage, die einem Einzelnen gegenüber gegeben wird, nämlich Elia. Er steckt in einer ganz besonderen Lage. Zweitens ist es ein bedingtes Versprechen: »Elia, geh und zeig dich dem König« (das ist die Bedingung, also Elias Anteil), sagt Gott, »und ich will es regnen lassen« (das ist die Zusage – also Gottes Anteil). Gott würde den Regen erst dann schicken, wenn Elia wirklich bei Ahab eingetroffen sein würde.

Im letzten Kapitel haben wir gesehen, dass Elia die Bedingung erfüllt hat. Er ging geradewegs in den Palast und stellte sich vor Ahab hin. Dann erstieg er den Berg Karmel und betete, dass durch die wunderbare Kraft des lebendigen Gottes Feuer vom Himmel kommen möge. Das Ergebnis war dramatisch: Die Baalspropheten wurden hingeschlachtet und Gott hatte bewiesen, dass er und ausschließlich er allein der wahre Gott des Himmels und der Erden war, ist und sein wird. Aber Elia war noch nicht am Ende. Das Land war noch immer ausgedörrt durch die Trockenheit und noch hatte Gott keinen Regen geschickt, den er doch versprochen hatte. Elia hatte diese Zusage nicht vergessen. Und da er wusste, dass Gott seine Versprechen hält, bereitete es Elia kein Problem, dem König des Landes einen Befehl zu erteilen.

> Und Elia sprach zu Ahab: »Zieh hinauf, iss und trink; denn es rauscht, als wollte es sehr regnen.«[22]
>
> 1. Könige 18,41

Wenn wir das heute so lesen, erhalten wir den Eindruck, als habe Elia es wirklich hören können, wie der Regen niederrauschte, zumindest jedoch das ferne Grollen eines gewaltigen Gewitters. »Jetzt kannst du feiern, Ahab. Die Dürre ist vorbei.« Das ist seine Botschaft.

Aber wenn ich diesen Vers im Zusammenhang mit den folgenden untersuche, bin ich überzeugt, dass nicht das kleinste Wölkchen am Himmel stand, aus dem ein Blitz hätte herniederzucken können oder dessen Luftmassen hätten donnernd aufeinander krachen können. Woher kam also das Geräusch? Nun, ich glaube, dass Elia die Stimme Gottes vernahm und sich an seine Zusage erinnerte: Wenn nur Elia zu Ahab gehen würde, dann würde er – Gott – den Regen schicken. Tatsächlich bedeutet das hebräische Wort, das hier mit »Rauschen« oder »Geräusch« übersetzt worden ist, an anderen Stellen der Bibel auch »Stimme« oder »das Geräusch einer Stimme«.

Elia war todsicher, dass der Regen kommen würde, nicht, weil er das Rauschen des Regens oder einen fernen Donner grollen gehört hätte, sondern weil er sich des Versprechens Gottes sicher war, das er nun auch im Gebet für sich in Anspruch nahm.

AUF DEM VERSPRECHEN KNIEN

Und als Ahab hinaufzog, um zu essen und zu trinken, ging Elia auf den Gipfel des Karmel und bückte sich zur Erde und hielt sein Haupt zwischen seine Knie und sprach zu seinem Diener: »Geh hinauf und schaue zum Meer!« Er ging hinauf und schaute und sprach: »Es ist nichts da.« Elia sprach: »Geh wieder hin«; und der Diener ging wieder hin, sieben Mal.
Und beim siebenten Mal sprach er: »Siehe, es steigt eine kleine Wolke auf aus dem Meer wie eines Mannes Hand.«
Elia sprach: »Geh hin und sage Ahab: ›Spann an und fahre hinab, damit dich der Regen nicht aufhält!‹«
Und ehe man sich's versah, wurde der Himmel schwarz von Wolken und Wind, und es kam ein großer Regen. Ahab aber fuhr hinab nach Jesreel. Und die Hand des HERRN kam über Elia, und er gürtete seine Lenden und lief vor Ahab hin, bis er kam nach Jesreel.

1. Könige 18,42-44

Bei genauem Hinsehen kann man fünf wunderbare Komponenten des Gebets finden, mit dem Elia das Versprechen Gottes in Anspruch nahm:

Erstens: *Er zog sich zurück.* »Elia ging auf den Gipfel des Karmel.«

Unterschätzen Sie niemals den Einfluss, den der Ort, an dem Sie beten, auf Sie und Ihr Gebetsleben hat. Ich habe es zwar schon erwähnt, aber ich denke, es ist der Wiederholung wert: Ich bin überzeugt, dass einer der Gründe, warum wir so nachlässig im Gebet sind, der ist, dass wir noch immer keinen Ort ausgesucht und festgemacht haben, an dem wir uns mit Gott treffen, mit ihm reden und auf ihn hören wollen. Wenn Sie sich dem Herzen Gottes nähern wollen, dann müssen Sie weg von Lärm und Getöse, weg von allem Durcheinander und aller Ablenkung. Es ist mir schon klar, dass Sie nicht täglich einen Berggipfel erklimmen oder per Bahn oder Auto hinauffahren können. Sie können auch nicht täglich an eine stille Stelle an der See gelangen. Aber Sie brauchen einen abgesonderten Ort – einen Ort, wo Sie sich von den Ablenkungen des täglichen Lebens abschotten und sich mit Gott treffen können.

Unser großer Vorfahre Abraham ist oft nach Bethel zurückgekehrt, den Ort, an dem er seinen ersten Altar gebaut hatte, um den Namen des Herrn anzurufen. Dort, in dem ihm vertrauten Umfeld, erlebte er die erfrischende Gemeinschaft mit seinem Gott. Dort wurde er reingewaschen von seinen Übertretungen und befreit von seinem Versagen. Abraham zog sich zurück und war mit Gott allein.

Wir brauchen auch solch einen Ort. Es kann so etwas Einfaches sein wie ein Dachstübchen, ein Kabinett oder sonst irgendein Raum, den Sie abschließen können und in dem Sie ungestört sind. Das ist schon alles, was Sie brauchen – einfach einen Ort, an dem Sie mit Gott allein sein können, wo Sie mit ihm reden und auf ihn hören können, wo Sie ihn suchen und sich auf seine Zusagen berufen können.

Zweitens *demütigte Elia sich*. »Elia bückte sich zur Erde und hielt sein Haupt zwischen seine Knie.«

Am verletzlichsten sind wir direkt nach einem großen Triumph. Demut folgt nicht so ohne weiteres direkt auf Erfolg und Auszeichnung. Und doch war Elia, der immerhin gerade den größten und sicher den weithin bekanntesten Sieg seines Lebens errungen hatte, nicht arrogant geworden. Er ging genau dorthin zurück, auf den Gipfel des Berges Karmel, den Ort des überragenden Sieges – und demütigte sich dort vor Gott.

Die beste Gebetshaltung ist die der Demut. Elia bietet uns hier ein hervorragendes Beispiel.

Als ich nach einem Titel für dieses Buch suchte, zogen mich natürlich Elias Mut und Courage an. »Heldentum« oder »Heldenmut« schienen Synonyme für seinen Namen zu sein. Wenn wir an Elia denken, dann taucht ein Mann von unüberwindlicher Kraft vor unserem inneren Auge auf, einer, der nicht davor zurückschreckte, sich den größten Kräften seiner Zeit zu stellen – heidnischen Priestern und Propheten, einem schlechten Monarchen und seiner noch schlimmeren Frau. Und doch habe ich erkannt, je mehr ich das Leben Elias auf der Suche nach der Quelle seiner überragenden Kraft untersuchte, dass mich die Studien letztlich zu Augenblicken wie diesen führten, wo er sich vor der allergrößten Kraft des Universums demütigte. Elia vergaß zu keiner Zeit die Wichtigkeit des Prinzips, das Petrus Jahrhunderte später auch erwähnt:

> Deshalb beugt euch demütig unter die Hand Gottes, dann wird er euch ehren, wenn die Zeit dafür gekommen ist.
> 1. Petrus 5,6

Heldenmut, ja, ganz sicher. Elia besaß diese Eigenschaft ganz ausgeprägt. Aber Demut durchzog sein ganzes Leben und seinen Dienst – sie war der Kern seines Wesens.

Drittens: *Elia war konkret.* »Geh hinauf«, sagte er zu seinem Diener, »und schaue zum Meer!«

Es war klar, Elia wollte, dass sein Diener Ausschau hielt nach einem Hinweis auf kommenden Regen. Gott hatte Regen versprochen und genau darauf wartete Elia jetzt – in der Zuversicht, dass Gott seine Versprechen hält.

Seien Sie in Ihren Gebeten konkret! Wenn Sie einfach irgendeine Arbeit suchen, dann beten Sie um irgendeine Stelle. Wenn Sie aber ein Ingenieur sind, dann bitten Sie Gott, er möge Ihnen die Position eines Ingenieurs geben oder etwas ganz Ähnliches, sodass Sie Ihre Qualifikation einsetzen können. Wenn Sie Vertreter sind, dann bitten Sie Gott um eine Stellung als Vertreter oder sonst im Verkauf. Wenn Sie 1.500 Euro brauchen, um einen Kurs zu belegen, dann bitten Sie Gott um genau diese Summe. Wenn eine besondere Phobie oder Sorge Sie voll im Griff hat, dann benennen Sie sie vor Gott und bitten Sie ganz konkret darum, davon befreit zu werden. Wenn Sie mit Neid und Eifersucht zu kämpfen haben, dann nennen Sie ihre Schwierigkeiten beim Namen. Seien Sie genau. Einer meiner Mentoren pflegte zu sagen: »Wir müssen uns in Acht nehmen vor der schleimigen Absonderung des Vagen und Unbestimmten.« Wir wollen uns Elia zum Vorbild nehmen und von ihm lernen. Werden Sie in Ihren Bitten und Fürbitten konkret.

Viertens: *Elia war hartnäckig*. »Elia sprach: ›Geh wieder hin‹; und der Diener ging wieder hin, sieben Mal.«

Wenn die Anfechtung uns befällt, dann zumeist in Zeiten, in denen wir warten müssen. Wir wollen die Anwort schnell haben, eigentlich sofort. Es fällt uns schwer zu warten. Warten verschafft jedoch die nötige Perspektive. Und wir lernen gleichzeitig Geduld. Gottes Timing steht nicht in Zusammenhang mit unserer Uhr – nicht einmal mit unserem Kalender. Er kommt nie zu spät, auch wenn es manchmal so aussehen mag, als beabsichtige er regelrecht eine Verzögerung und plane sie ein. Er liebt es, wenn wir sieben Mal »hingehen«. Oder siebzehn Mal. Oder siebzig! Es gibt ein paar Dinge, für die ich beharrlich gebetet habe, mal mehr, mal weniger und das sechseinhalb Jahre lang. Für eine Sache habe ich ganz konkret über acht Jahre lang gebetet.

Elia wusste, dass Gott sein Gebet zu seiner Zeit erhören würde und die Erhörung würde kommen, weil Gott sie verheißen hatte. Das ist ja das Thema dieses Kapitels: *Gott hält seine Versprechen*. Weil Elia das wusste und weil er dies glaubte und sich darauf verließ, deshalb konnte er in aller Ruhe und Gewissheit abwarten. Währenddessen demütigte er sich hartnäckig vor seinem Gott. Eifer und Glaube gehen da Hand in Hand.

Fünftens: *Elia war erwartungsvoll*. »Und beim siebenten Mal sprach er: ›Siehe, es steigt eine kleine Wolke auf aus dem Meer wie eines Mannes Hand.‹«

Elia hatte nur dieses winzige Wölkchen vor sich, nicht größer als eine Männerfaust, das sich inmitten der riesigen Weite von Himmel und Meer verlor. Das reichte ihm aber vollkommen! Er vertraute derart auf das Versprechen Gottes, dass er so handelte, als werde es unmittelbar eintreffen:

> Elia sprach: »Geh hin und sage Ahab: ›Spann an und fahre hinab, damit dich der Regen nicht aufhält!‹«
>
> 1. Könige 18,44b

Elia sah nur ein klitzekleines Wölkchen, aber seine Botschaft war eigentlich: »Ahab, lass die Regenreifen auf deine Karosse ziehen. Die Flut rollt an.« Die menschlichen Augen konnten nur eine kleine Wolke erkennen, ganz weit draußen, aber die Augen des Glaubens sahen die Erfüllung von Gottes Versprechen. Ahab selbst hätte vielleicht die Achseln gezuckt: »Na und? Was soll's?« Aber in Elia schrie es laut vor Freude: »Endlich! Gott hält sein Wort!«

Leben Sie voller Erwartung? Finden Sie die kleinen Dinge des Lebens aufregend und spannend? Können Sie sich das Unwahrscheinliche vorstellen und erwarten Sie das Unmögliche? Das Leben ist zum Bersten voll von Gelegenheiten, Gott in den kleinen Dingen am Werk zu sehen. Nur die Empfindsamsten unter seinen Dienern und Mägden erkennen in diesen Dingen seine Hand, lächeln und sind voll fröhlicher Erwartung.

Kinder haben uns da einiges voraus. Von ihrem erwartungsvollen Verhalten könnten wir uns eine dicke Scheibe abschneiden. Haben Sie je einmal zugehört, wie Kinder beten? Ihr Glaube ist grenzenlos. Und wer sind die Leute, die es am wenigsten überrascht, wenn Gott Gebet erhört? Die Kinder.

Aber wenn wir älter werden, dann werden wir »für so was« einfach zu gebildet und aufgeklärt. Dann benutzen wir Wendungen wie »Lass uns doch realistisch sein.« Wir verlieren diese Erwartungshaltung, diese dringende Hoffnung, diese entzückende, kindliche Freude, die mit großen Augen des Glaubens an Erwartung, Zuversicht und Spannung festhält. Möge Gott uns vor einem düsteren, stoischen, erwartungslosen Schulterzucken bewahren! »Schau her, ich habe mich nicht verändert«, sagt Gott. »Ich habe noch immer Freude daran, das Unmögliche zu tun. Ich liebe es, dich angenehm zu überraschen. Lass mich dich erfreuen!«

Elias Gott ist der Gott, der seine Versprechen hält. Er ist der Gott der unmöglichen Dinge. Daher sagte Elia zu Ahab: »Sei bereit. Es wird sehr bald schütten. Ich weiß es, weil ich eine kleine Wolke gesehen habe, da draußen, die sich darauf vorbereitet, den Überfluss Gottes auf uns alle abzuladen.«

> Und ehe man sich's versah, wurde der Himmel schwarz von Wolken und Wind, und es kam ein großer Regen. Ahab aber fuhr hinab nach Jesreel.
> Und die Hand des HERRN kam über Elia, und er gürtete seine Lenden und lief vor Ahab hin, bis er kam nach Jesreel.
> 1. Könige 18,45-46

Ich liebe diese Szene! Immer wenn ich sie durchlese, könnte ich laut loslachen: Ahab rast in seiner Staatskarosse über Land, zwölfspännig, im Versuch, sich vor Gewitter und Wolkenbruch in Sicherheit zu bringen. Er hat schon so lange keinen Regen mehr gesehen, dass er gar nicht mehr weiß, wie er reagieren soll. Doch da! Von hinten naht eine Staubwolke. An ihrer Spitze ein Mann. Es ist Elia. Er rennt und rennt wie ein Verrückter, holt immer mehr auf, zieht an dem königlichen Konvoi vorbei, stürmt an der Reichskarosse und ihren zwölf edlen, galoppierenden Araberhengsten vorbei, rennt und jagt bis nach Jesreel und das alles zu Fuß, über 21 km weit!

Wenn sich Ihnen je einmal die Gelegenheit bietet, ins Heilige Land zu fahren, nutzen sie Sie. Nehmen Sie es mir einfach ab: Sie werden es niemals bereuen. Jedes Mal, wenn ich dort bin, springt mir ein neuer Teil der Bibel förmlich entgegen. Hier ein Beispiel dafür.

Als ich das letzte Mal in Israel war, erstieg unsere Gruppe, wie immer, den Berg Karmel. (Sie erinnern sich sicher, dass ich im vorigen Kapitel erwähnt habe, dass dort die überlebensgroße Elia-Statue steht.) Auf dem Gipfel steht auch eine alte Kirche. Von ihrem Dach aus hat man eine atemberaubende Sicht. Wenn Sie dort oben stehen, breitet sich vor Ihnen das riesige, flache Tal von Jesreel aus. Was für ein unbeschreibliches Panorama! Meilenweit kann man dort sehen.

Mit ein bisschen »heiliger Vorstellungskraft« kann man eine faustgroße Wolke sehen, die sich in der Ferne formt, kann man zuschauen, wie der Himmel sich schwarz bezieht und wie es finster wird unter schweren Gewitterwolken, kann man hören, wie die ersten dicken Tropfen heftig aufschlagen, wie es beginnt, zu prasseln und zu gießen – und da! Da kann man den alten Propheten Elia laufen sehen. Er rennt und rennt, immer schneller, den Prophetenmantel fest um die Hüften gegürtet; er erreicht die Karosse des Königs Ahab, die in dem Matsch, den der sintflutartige Wolkenbruch aufgewühlt hat, stecken zu bleiben droht. Es ist ein *herrlicher* Anblick!

Und dann, wenn Sie noch immer dort oben stehen und lächeln und ganz mit Elia und Ahab beschäftigt sind und mit Gott, dann fragt schon die nächste Gruppe hinter Ihnen, warum Sie wohl so laut lachen und warum Sie nicht weitergehen, damit auch die Nachrückenden den Ausblick genießen können. Außerdem können die Frager nicht erkennen, was denn da so amüsant sein soll. Manche Touristen raffen es einfach nicht.

Können Sie sich die Gedanken vorstellen, die König Ahab durchzuckt haben müssen, als er diesen Propheten Gottes beobachtete, der da draußen im Platzregen an seinem Wagen vorübersprintete? Mindestens muss er doch gedacht haben, dass dieser Mann äußerst merkwürdig, bizarr und nicht ganz dicht war.

Aber Elia war nichts von alledem. »Die Hand des Herrn war auf ihm« und er lebte erwartungsvoll. Wenn das merkwürdig ist, nun gut, dann möchte ich auch merkwürdig leben und sein. Es ist nicht leicht, im selben Team wie Elia zu spielen. Es ist nicht leicht, aber es ist auch nicht unmöglich. Ich möchte gerne einen ganz neuen Club gründen, dem nur Elia-Typen beitreten können. Wir hätten viel Spaß daran, Wagen zu überholen und die Ahabs zu schockieren, deren Gefährt sich gerade im Matsch der Monotonie und des Mittelmaßes festfrisst und die sich von der Freude, mit Gott durch den Platzregen seiner Segnungen zu laufen, abhalten lassen.

Hier die Worte, die Jakobus dazu zu sagen hat:

Das Gebet eines gerechten Menschen hat große Macht und kann viel bewirken. Elia war ein Mensch wie wir, doch als er darum betete, dass kein Regen fallen sollte, regnete es dreieinhalb Jahre lang nicht auf der Erde! Dann betete er um Regen, und es regnete vom Himmel. Das Gras wurde grün, und die Erde brachte wieder Früchte hervor.

Jakobus 5,16b-18

Wir lesen das über Elia und sagen: »Menschenkind, das ist einer von den ganz Großen. Er ist ein geistlicher Riese. Ich bin im Vergleich zu ihm ein Zwerg. Er lebt in einer vollkommen anderen Welt und ist aus ganz anderem Holz.« Stimmt nicht. Schauen Sie nur genau hin.

Jakobus sagt *nicht*: »Elia war ein mächtiger Prophet des Herrn.« Er sagt auch *nicht*: »Elia war ein Mensch, der überragende Wunder tat.« Er sagt nicht: »Elia war ein Vorbild, das man nicht so schnell einholen kann.«

Jakobus sagt vielmehr: »Elia war ein Mensch wie wir.«

Das heißt, Elia war aus Fleisch und Blut wie wir, aus Muskeln und Knochen. Wir werden gleich miterleben, wie er zutiefst entmutigt wurde, wie er eine riesige Enttäuschung durchstehen musste. Er hatte Fehler, Schwächen und Zweifel. Er war einfach ein Mann, mit menschlichen Eigenarten wie Sie und ich auch. Er mag ein Mann des Heldenmutes und der Demut gewesen sein, aber vergessen Sie nie, dass er ein Mensch war. Elia war Mensch wie Sie und ich!

Was für eine *Art* Mensch war denn Elia nun?

Nun, er hatte keine Angst, sich dem König des Landes entgegenzustellen oder sich mit allen Propheten des Baal anzulegen, die im Volk und bei Hof in großen Ehren gehalten wurden. Dieser Kerl hatte wirklich Mut, daran besteht kein Zweifel. Aber er war nie so mächtig, dass er nicht mehr gebetet hätte, nie so zuversichtlich, dass er nicht mehr abgewartet hätte, nie so abgehoben, dass er den Regen in der winzigen Wolke nicht mehr erkannt hätte, nie so stolz, dass er seinen Prophetenmantel nicht geschürzt hätte und wie angestochen den Berg hinabgestürmt wäre, erst durch den Staub, dann im Wolkenbruch durch den immer glitschiger werdenden Matsch, und bei sich gedacht hätte: »Komm schon, Ahab, hol mich ein, wenn du kannst.«

Wundert Sie es, dass Elia die Sorte Mann ist, die wir bewundern? Ist es nicht aufregend zu wissen, dass wir demselben Gott dienen wie er? Ist es nicht ein Nervenkitzel zu denken, dass wir demselben Gott vertrauen wie er?

Und was für ein Gott ist er? Er ist der Gott, der Versprechen gibt und sie hält – immer.

Und Ahab sagte Isebel alles, was Elia getan hatte, und wie er alle Propheten Baals mit dem Schwert umgebracht hatte. Da sandte Isebel einen Boten zu Elia und ließ ihm sagen: »Die Götter sollen mir dies und das tun, wenn ich nicht morgen um diese Zeit dir tue, wie du diesen getan hast!« Da fürchtete er sich, machte sich auf und lief um sein Leben und kam nach Beerscheba in Juda und ließ seinen Diener dort.

Er aber ging hin in die Wüste eine Tagereise weit und kam und setzte sich unter einen Wacholder und wünschte sich zu sterben und sprach: »Es ist genug, so nimm nun, HERR, meine Seele; ich bin nicht besser als meine Väter.« Und er legte sich hin und schlief unter dem Wacholder. Und siehe, ein Engel rührte ihn an und sprach zu ihm: »Steh auf und iss!« Und er sah sich um, und siehe, zu seinen Häupten lag ein geröstetes Brot und ein Krug mit Wasser. Und als er gegessen und getrunken hatte, legte er sich wieder schlafen.

Und der Engel des HERRN kam zum zweiten Mal wieder und rührte ihn an und sprach: »Steh auf und iss! Denn du hast einen weiten Weg vor dir.«

Und er stand auf und aß und trank und ging durch die Kraft der Speise vierzig Tage und vierzig Nächte bis zum Berg Gottes, dem Horeb. Und er kam dort in eine Höhle und blieb dort über Nacht. Und siehe, das Wort des HERRN kam zu ihm: »Was machst du hier, Elia?« Er sprach: »Ich habe geeifert für den HERRN, den Gott Zebaoth; denn Israel hat deinen Bund verlassen und deine Altäre zerbrochen und deine Propheten mit dem Schwert getötet; und ich bin allein übrig geblieben und sie trachten danach, dass sie mir mein Leben nehmen.« Der Herr sprach: »Geh heraus und tritt hin auf den Berg vor den HERRN! Und siehe, der HERR wird vorübergehen.«

Und ein großer, starker Wind, der die Berge zerriss und die Felsen zerbrach, kam vor dem HERRN her; der HERR aber war nicht im Winde. Nach dem Wind aber kam ein Erdbeben; aber der HERR war nicht im Erdbeben. Und nach dem Erdbeben kam ein Feuer; aber der HERR war nicht im Feuer. Und nach dem Feuer kam ein stilles, sanftes Sausen. Als das Elia hörte, verhüllte er sein Antlitz mit seinem Mantel und ging hinaus und trat in den Eingang der Höhle.

Und siehe, da kam eine Stimme zu ihm und sprach: »Was hast du hier zu tun, Elia?« Er sprach: »Ich habe für den HERRN, den Gott Zebaoth, geeifert; denn Israel hat deinen Bund verlassen, deine Altäre zerbrochen, deine Propheten mit dem Schwert getötet; und ich bin allein übrig geblieben und sie trachten danach, dass sie mir das Leben nehmen.« Aber der HERR sprach zu ihm: »Geh wieder deines Weges durch die Wüste nach Damaskus und geh hinein und salbe Hasaël zum König über Aram und Jehu, den Sohn Nimschis, zum König über Israel und Elisa, den Sohn Schafats, von Abel-Mehola zum Propheten an deiner Statt. Und es soll geschehen: Wer dem Schwert Hasaëls entrinnt, den soll Jehu töten, und wer dem Schwert Jehus entrinnt, den soll Elisa töten. Und ich will übrig lassen siebentausend in Israel, alle Knie, die sich nicht gebeugt haben vor Baal, und jeden Mund, der ihn nicht geküsst hat.«

Und Elia ging von dort weg und fand Elisa, den Sohn Schafats, als er pflügte mit zwölf Jochen vor sich her, und er war selbst bei dem zwölften. Und Elia ging zu ihm und warf seinen Mantel über ihn. Und er verließ die Rinder und lief Elia nach und sprach: »Lass mich meinen Vater und meine Mutter küssen, dann will ich dir nachfolgen.« Er sprach zu ihm: »Wohlan, kehre um! Bedenke, was ich dir getan habe!« Und Elisa wandte sich von ihm weg und nahm ein Joch Rinder und opferte es, und mit den Jochen der Rinder kochte er das Fleisch und gab's den Leuten, dass sie aßen. Und er machte sich auf und folgte Elia nach und diente ihm.

1. Könige 19,1-21

KAPITEL SIEBEN

Ein todsicheres Heilmittel gegen Depressionen

Elia war zweifellos ein heroischer Prophet. Er war, wie wir gesehen haben, auch ein Mann tiefer Demut. Wir wollen aber nicht vergessen, dass er ein schlichter Mann war – ein menschliches Wesen, das den Bedingungen des Menschseins unterworfen war wie wir alle. Er litt unter Entmutigung, Verzweiflung und Depression. Einmal sogar gab er vollkommen klein bei.

Wenn Sie die Bibel intensiv gelesen haben, werden Sie wissen, dass solche Gefühle unter jenen, die wir erfolgreiche Leute Gottes nennen würden, nicht ungewöhnlich waren. Mose hatte einmal einen solchen Durchhänger, dass er Gott bat, ihm das Leben zu nehmen. Jona erlebte nach seiner Bußpredigt die große geistliche Erweckung in Ninive und ihm ging es genauso, auch er wollte nicht mehr leben. Auch für Paulus kam einmal eine Zeit, in der er »wirklich Vernichtendes« erlebte, sodass er und sein Mitarbeiter Timotheus »schon glaubten, nicht mit dem Leben davonzukommen.« (2. Korinther 1,8) Daher nimmt es nicht wunder, dass Elia, der große Prophet, an diesem Punkt seines Lebens am Boden zerstört war. Viele Jahre war er stark gewesen und hatte sich allen noch so scheinbar unüberwindlichen Problemen und Hindernissen entgegengestellt. Aber jetzt, ausgerechnet nach einem überwältigenden Triumph, stürzte er ab in die Tiefen der Entmutigung und vollkommenen Verzweiflung.

Ich bin froh, dass dieses Kapitel in der Bibel steht. Ich bin froh, dass Gott, wenn er das Leben seiner Leute darstellt, diese auch immer mit all ihren Schwächen und Fehlern zeigt. Nichts wird in den biblischen Berichten über die Männer und Frauen des Glaubens vertuscht oder beschönigt.

DIE HAUPTDARSTELLER

In dieser betrüblichen Szene aus Elias Leben gibt es vier Hauptdarsteller: Ahab, Isebel, Elia und Gott.

Zunächst haben wir da Ahab, den König, der unter der Fuchtel seiner Frau Isebel stand.

> Und Ahab sagte Isebel alles, was Elia getan hatte, und wie er alle Propheten Baals mit dem Schwert umgebracht hatte.
>
> 1. Könige 19,1

Ahab zerbrach unter dem Druck. Nun verließ er sich vollkommen darauf, dass seine Frau ihm aufhelfen, ihn durchtragen und ihm die Kraft zum Überleben geben würde. Ahabs Unsicherheit allein wäre schon ungesund genug gewesen, wenn Isebel eine vernünftige, gute Ehefrau gewesen wäre, doch sie war alles andere als das. Ahab stützte sich also auf seine Frau und sie musste seine Verantwortung als Monarch übernehmen. Ihr Verhältnis zueinander glich eher dem eines hilfsbedürftigen Kindes zu seiner Mutter als dem zwischen zwei reifen Partnern.

Als Ahab sich nun an Isebel wandte, fand sie das nicht nur großartig. Sie übernahm das Regiment im wahrsten Sinne des Wortes.

> Da sandte Isebel einen Boten zu Elia und ließ ihm sagen:
> »Die Götter sollen mir dies und das tun, wenn ich nicht
> morgen um diese Zeit dir tue, wie du diesen getan hast!«
>
> 1. Könige 19,2

Auf Isebel trifft das Image einer herrschsüchtigen Frau genauestens zu. Zunächst nimmt sie rasch die Dinge in die eigene Hand. Zweitens verrichtet sie die Aufgabe ihres Mannes ohne Rücksprache auf ihre eigene Art. Drittens setzt sie Einschüchterung und Manipulation ein, als sie bemerkt, dass ihr schwacher Mann unter dem Druck der Umstände zerbricht.

Wir sehen das Letztere in der drohenden Botschaft, die sie Elia zukommen lässt: »Die Götter sollen mir dies und das tun, wenn ich nicht morgen um diese Zeit dir tue, wie du diesen getan hast!« Nun, das ist die klassische Form der Einschüchterung. Zwischen den Zeilen sagt Isebel ja nichts anderes als: »Morgen um dieselbe Zeit bist du ein toter Mann. Ich habe meine Killer auf dich gehetzt.«

Aber schauen Sie sich einmal den Mann an, den sie bedroht. Es handelt sich um Elia, den Mann des Heldenmutes, den Propheten, der am Bach Krit gewesen ist, den Mann, den Gott ins Fortbildungslager Zarpat geschickt hat, den Glaubenshelden, der sich den Propheten des Baal in ihrer Übermacht gestellt und der Feuer vom Himmel gerufen hat. Es ist Elia, der Mann der Demut, der Gott vertraute, weil er ein Versprechen gegeben hatte, der betete, als er von Gott Stärke brauchte. Sicher würde solch ein Mann sich nicht vor den Einschüchterungsversuchen einer einzelnen bösartigen Frau fürchten?! Oder doch? Nun, diesmal hatte Elia Angst.

Denken Sie daran: Elia ist ein Mensch wie wir. Da das die Wahrheit ist, sollte es uns nicht überraschen oder schockieren, wenn wir weiterlesen:

> Da fürchtete er sich, machte sich auf und lief um sein Leben
> und kam nach Beerscheba in Juda und ließ seinen Diener
> dort. Er aber ging hin in die Wüste eine Tagereise weit und

kam und setzte sich unter einen Wacholder und wünschte sich zu sterben und sprach: »Es ist genug, so nimm nun, HERR, meine Seele; ich bin nicht besser als meine Väter.«

1. Könige 19,3-4

Elia hätte gar nicht weiter wegrennen können, als er es tat. Beerscheba liegt an der südlichsten Grenze des Landes. Und als er erst einmal dort angekommen war, arbeitete er sich noch tief in die Einsamkeit der Natur vor – eine Tageswanderung weit –, bis er vor Erschöpfung unter einen Baum stolperte und dort zusammenbrach.

Die Frage, die sich jetzt stellt, ist natürlich: Warum? Warum fürchtete Elia Isebels einschüchternde Drohungen? Warum rannte er davon? Jahrelang war es doch seine oberste Priorität gewesen, Gott zu dienen. Warum verbarg er sich nun, als er Angst bekam, im Schatten eines einzelnen Baumes, tief in der Wüste?

Erstens: Elia dachte nicht mehr realistisch und sein Blick war getrübt.

Elia war so kurzsichtig geworden, dass er die Quelle der Drohung nicht berücksichtigte. Denken Sie einmal darüber nach. Die Drohung kam nicht von Gott. Sie war ausgegangen von einem ungläubigen, fleischlichen, menschlichen Wesen, dessen gottloses Leben Lichtjahre entfernt war von dem Leben mit Gott. Wenn Elia auch nur einen Augenblick klar und sachlich nachgedacht hätte, hätte er das bemerkt und anders reagiert. Sein gesunder Menschenverstand und sein Glaube hätten zu ungefähr folgendem Selbstgespräch geführt: *»Hey, bedenke doch: Gott sitzt hier im Regiment, nicht die anmaßende, gottlose Isebel. Denke nicht länger über ihre kraftlosen Drohungen nach. Vertraue Gott, wie du es all die Jahre hindurch getan hast und du wirst sehen, was Gott aus dieser Lage macht.«*

Als ich klein war, brachte mir mein Vater ein einfaches Prinzip bei: »Sohn, wenn ein Maulwurf nach dir schlägt, dann braucht dich das nicht weiter zu beunruhigen. Bedenke immer, von wem die Handlung ausgeht.« Wenn ein fleischlicher Mensch nach Ihnen schlägt, dann bedenken Sie die Quelle der Handlung. Elia hätte das tun können und sollen, aber er unterließ es. Er dachte nicht mehr sachlich und klar.

Statt zu beten: »Herr, ich bemerke, wie mich diese Dinge ängstigen und immer tiefer in Furcht hineinziehen wollen. Ich spüre, dass du das ganz anders siehst. Und daher bitte dich jetzt um die Kraft, ihnen zu widerstehen und ihnen keine größere Bedeutung beizumessen«, gab er seinen Gefühlen nach, hetzte weg und suchte verzweifelt irgendwo Schutz – diesmal in der Distanz und nicht bei Gott.

Zweitens: Elia verzichtete auf stärkende und Mut machende Beziehungen.

Die Bibel sagt: »… und er kam … und ließ seinen Diener dort. Er aber ging hin eine Tagesreise weit …«. Entmutigte Menschen sind einsame Menschen. Ein Wacholderbusch in der Wüste spendet nur Schatten für einen. Unter den fruchtlosen Zweigen der Entmutigung und Einsamkeit findet man wenig Schatten.

Elia hätte bei einem vertrauenswürdigen Freund oder Kameraden bleiben sollen, der ihm Mut hätte zusprechen können, der ihm Kraft und Objektivität hätte verleihen können. Das ist etwas vom Besten, was er hätte tun können. Mit einer solchen Transfusion des Mutes hätte seine Stärke nicht nachgelassen. Aber es ist interessant zu sehen, wie die menschliche Natur arbeitet: Wenn wir entmutigt sind, ist es nahe liegend, dass wir uns von Freunden trennen und die Einsamkeit suchen. Dabei ist das oft gerade das Schlimmste, was wir tun können.

Drittens: Elia befand sich in der Nachwirkung eines großen Sieges.

Unsere verletzlichsten Momente kommen gewöhnlich, wenn wir gerade einen großen Sieg hinter uns haben, besonders, wenn dieser Sieg ein solches Gipfelerlebnis mit Gott ist, wie hier bei Elia. In solchen Zeiten müssen wir uns gegen Angriffe des Feindes besonders wappnen.

Ich bin kein Bergsteiger und ich habe auch keine Freude an gewaltigen Höhen. Aber ich finde es faszinierend, solchen Leuten zuzusehen. Mehrere von ihnen haben mir erzählt, dass der Aufstieg auf einen Gipfel oft die letzten Kräfte und Nerven raubt, quälend vorangeht und in absoluter Erschöpfung endet, dass aber die gespannte Erwartung, den Gipfel zu erreichen, einem unglaubliche Motivation und Entschlossenheit verleiht und Kräfte mobilisiert, von denen man vorher nicht wusste, dass man sie hat. Wenn man dann erst einmal am Gipfelkreuz angekommen ist, lässt sich die Hochstimmung nicht in Worte fassen. Aber *danach* kommt die größte Herausforderung: der Abstieg. Man neigt dazu, gefühlsmäßig nachzulassen, setzt sich leichter Risiken aus und wird in unbedachten Momenten sogar leichtsinnig.

Das eben erwähnte Beispiel ist eine Analogie für das, was sich nach einem Sieg im geistlichen Bereich ereignen kann. Ich bin überzeugt, dass dies Elias Verletzlichkeit zumindest teilweise erklärt. Die große Schlacht am Karmel war vorbei. Sie war zur Erinnerung verkommen. Seine Energie und seine Gefühle hatten ihren Zenit überschritten und die Luft war vollkommen raus. Wenn er einen Plan erstellt hätte, wie er den Gegenschlag, der kommen musste, auffangen würde – denn sicher wusste er, dass Ahab und Isebel es nicht einfach hinnehmen würden, wenn er ihre Propheten und Priester im großen Stil erschlug –, dann wäre Elia für alles und jedes bereit gewesen. Er hatte aber keinen solchen Plan gemacht. Daher war er verletzlich und wurde von der Strömung erfasst, die ihn ins offene Meer trug.

Viertens: Elia war körperlich erschöpft und gefühlsmäßig ausgelaugt.

Jahrelang hatte Elia am Rande des Existenzminimums gelebt. Er stand auf der Fahndungsliste, als Verbrecher gejagt, vom König zum Staatsfeind Nummer eins erklärt. Zudem hatte er viele Jahre in der Einöde verbracht, wo er gerade so das Nötigste hatte und mehr oder weniger immer dem Verhungern oder Verdursten nahe war. Direkt danach hatte er eine Gegenüberstellung mit den mächtigsten Männern im Staate, den Propheten Baals und den Hohenpriestern der Aschera durchgestanden. Zweifellos war Elia am Ende seiner Kräfte und sicher war er auch gefühlsmäßig ausgelaugt – und all das konnte ihn geistlich eigentlich nur schwächen.

Ein altes griechisches Sprichwort sagt: »Wer den Bogen dauernd gespannt hält, zerbricht ihn.« Mit anderen Worten: Wenn Sie unablässig unter starkem Druck leben, werden Sie schließlich darunter zerbrechen. Sie müssen sich Zeiten der Ruhe und Stärkung gönnen, in denen Sie durchatmen und aufleben.

Jahrelang hat sich diese Wahrheit in meinem eigenen Leben und in dem meiner Kollegen bewiesen. Ich habe es mit eigenen Augen gesehen. Man sollte nicht überrascht sein, wenn Pastoren die Neigung haben, montags vollkommen entmutigt zu sein. Die ganze Woche haben wir Pastoren den Druck aufgebaut, sonntags in Hochform sein zu müssen, weil das für uns und die Gemeinde der Höhepunkt der Woche ist. Wir haben Bücher gewälzt, miteinander gebetet, unsere Predigten auf vielerlei Weise vorbereitet. Wir haben seelsorgerliche Gespräche geführt und uns den Nöten gewidmet, die die Gemeinde bewegen. Nun kommt der Sonntag und mit ihm der gefühlsmäßige Höhepunkt, auf den alle Aktivitäten zulaufen. Es ist einfach *wunderbar* (nun ja, wenigstens meistens). Dann kommt der Montag, der Abstieg von dem geistlichen Gipfel, und wir sind verletzlich und anfällig für jede Form der Entmutigung. (Das trifft vor allem für lebendige Gemeinden zu, wo die Mitglieder montags anrufen, um loszuwerden, was ihnen *NICHT* gefallen hat. Warum sonst – meinen Sie – nehmen sich Pastoren in der Regel den Montag frei?)

Es steckt ein gewisser Trost in dem Wissen, dass unser Ringen mit dem Gefühl der Niedergeschlagenheit nicht einfach eine Krankheit unserer Zeit ist. Einer meiner Lieblingsprediger ist die schillernde Persönlichkeit Charles Haddon Spurgeon. Was für ein bemerkenswerter, begabter, kraftvoller Diener Gottes! Ich habe meine erste Ausgabe seines hervorragenden Buches »Lectures to My Students« (»Lektionen für meine Studenten«) vollkommen zerlesen. Darin widmet er ein ganzes Kapitel der Erscheinung, die er »Des Pastors Ohnmachtsanfälle« nennt. Offen erzählt er von seinen Kämpfen mit dem Problem der Entmutigung, die ihn manchmal bis in die Depression führten.

Hier ein paar Ausschnitte aus Spurgeons Beobachtungen und Warnungen:

Die Zeiten, in denen Anfälle von Depression uns am ehesten übermannen, kann man, soweit ich es erlebt habe, in einer äußerst kurzen Liste zusammenfassen.

Zunächst muss ich da *Stunden großen Erfolges* nennen. Wenn endlich ein Wunsch, den man schon lange gehegt hat, in Erfüllung geht, wenn Gott durch unseren Einsatz und unsere Mittel hoch geehrt worden ist und ein großer Triumph zu Stande gekommen ist, dann sind wir der Ohnmacht nahe. Man sollte meinen, dass unserer Seele dann als besonderes Vorrecht erlaubt sei, zu den Höhen der Ekstase aufzusteigen und mit unaussprechlicher Freude zu jauchzen, aber das Gegenteil ist der Fall. Der Herr setzt seine Krieger selten den Gefahren aus, die in der Begeisterung über einen Triumph lauern. Er weiß, dass nur wenige unter uns solch eine Prüfung bestehen würden. Daher tropft er bitteren Wermut in den Kelch unseres Überschwanges.

Übermäßige Freude oder Hochstimmung muss bezahlt werden mit nachfolgender Depression. Während die Prüfung andauert, ist die Stärke dem Nötigen angemessen; aber wenn sie vorbei ist, fordert unsere menschliche Schwäche ihr Recht und tritt ans Licht.

Bevor wir einen großen Erfolg erringen, ist ein gewisser Anflug von Depression ganz normal. Wenn wir uns der Hindernisse und Schwierigkeiten bewusst werden, denen wir gegenüberstehen und die zu überwinden sind, sinkt uns das Herz in die Hosentasche … Das habe ich erlebt, als ich in London zum Pastor ordiniert wurde. Mein Erfolg erschreckte mich; und der Gedanke an die Karriere, die dieser Schritt zu eröffnen schien, machte mich alles andere als überschwänglich. Vielmehr stürzte er mich in die tiefsten Tiefen, aus denen ich nur noch ein »*Miserere!*«[23] stammeln konnte, nicht mehr das »*Gloria in excelsis Deo!*«[24] Wer war ich denn, dass ich eine solch große Menschenmenge hätte leiten können? Ich hätte mich viel lieber zurückgezogen in die Unbekanntheit meines Heimatdorfes, wäre ausgewandert nach Amerika oder hätte mir ein einsames Köhlerdorf in den entlegenen, unberührten Wäldern gesucht, wo ich für die Herausforderungen, die sich mir dort gestellt hätten, gewappnet gewesen

wäre. Genau dann hob sich der Vorhang über meinem Lebens-
werk und ich hatte entsetzliche Angst vor dem, was sich dort auf
der Bühne abspielen und zeigen würde …

Niemand, der nach einem ruhigen Gewissen sucht und die
Einsamkeit liebt, sollte den Dienst des Pastors aufnehmen dürfen. Wenn er es dennoch tut, wird er ihn nach kurzer Zeit angeekelt fliehen.[25]

Ich weiß nicht, ob Elia angeekelt war, aber ich kann mit Sicherheit sagen, dass er vollkommen erschöpft war. Man kann das in
seinen Worten mitschwingen hören, wenn er sagt: »Es ist genug,
so nimm nun, HERR, meine Seele; ich bin nicht besser als meine
Väter.« (1. Könige 19,4b)

Fünftens: Elia hatte sich in Selbstmitleid verrannt.

Selbstmitleid ist eine krankhafte Gefühlsregung. Sie wird Sie
belügen. Sie wird hemmungslos übertreiben. Sie wird Sie zu Tränen rühren. Und im schlimmsten Fall kann sie Sie dazu bringen,
dass Sie sich den Tod wünschen. An genau diesem Punkt stand
Elia gerade.

Er sagte: »Ich bin nicht besser als meine Väter.«

Wer hatte denn gesagt, dass er besser sein müsse als sie? Niemand hatte diesen Anspruch an ihn. Er hatte sich das selbst ein-
geredet! Wir öffnen diesem krankhaften Lügner, dem Selbstmitleid, Tür und Tor, wenn wir an uns einen unrealistischen Maßstab
anlegen, dem wir nicht gerecht werden können. Dann wird sich
das Selbstmitleid den Weg in unsere Seele bahnen wie ein wildes
Tier und wird uns von innen mit seinen Klauen zerfetzen.

Wir wollen Gott allein das Recht einräumen, unsere Maßstäbe
zu setzen. Er ist immer liebevoll, stets für uns, nimmt uns immer
an und wird uns in seiner Treue immer durchtragen.

Genau dieser treue Gott Jehova betrat jetzt die Szene, nachdem Ahab, Isebel und Elia ihre Rollen in dem sich entfaltenden
Drama gespielt hatten.

Und er legte sich hin und schlief unter dem Wacholder. Und siehe, ein Engel rührte ihn an und sprach zu ihm: »Steh auf und iss!«
Und er sah sich um, und siehe, zu seinen Häupten lag ein geröstetes Brot und ein Krug mit Wasser. Und als er gegessen und getrunken hatte, legte er sich wieder schlafen.
Und der Engel des HERRN kam zum zweiten Mal wieder und rührte ihn an und sprach: »Steh auf und iss! Denn du hast einen weiten Weg vor dir.«
Und er stand auf und aß und trank und ging durch die Kraft der Speise vierzig Tage und vierzig Nächte bis zum Berg Gottes, dem Horeb.

1. Könige 19,5-8

Gott kam seinem Diener Elia in diesem verzweifelten Augenblick der Entmutigung und der Aussichtslosigkeit entgegen. Wie wohltuend sichtbar und spürbar zeigte sich hier Gottes Gnade!

Erstens: Gott gewährte Elia eine Zeit der Ruhe und Stärkung. Er hielt ihm keine Predigt oder gar Gardinenpredigt. Es gab keine Mahnung, keine Schuldzuweisung, keinen Tadel. Es kam kein Gewitter vom Himmel, aus dem die Worte zu hören gewesen wären: »Schau dich an, du undankbarer Nichtsnutz! Steh endlich auf! Los, marsch, zurück an die Arbeit!«

Gott ist anders. Statt all dieser Möglichkeiten redete er Elia gut zu: »Nimm's leicht, mein Sohn! Ruhe dich aus. Du hast schon eine ganze Weile nichts Ordentliches mehr gegessen.« Dann sorgte Gott dafür, dass eine Mahlzeit bereitstand aus frisch gebackenem Brot und kühlem, erfrischendem Wasser. Das muss in Elia süße Erinnerungen an die Versorgung am Bach Krit wachgerufen haben. Wie gnädig Gott doch ist!

Erschöpfung kann einen emotional total aus dem Gleichgewicht bringen. Müdigkeit kann alle möglichen seltsamen Einbildungen hervorrufen. Beides führt dazu, dass man bereit ist, einer Lüge zu glauben. Elia glaubte einer Lüge, teilweise sicher aus Erschöpfung. Daher gewährte Gott ihm die nötige Ruhe und Stärkung und danach war Elia so voller Energie, dass er vierzig Tage und Nächte durchwandern konnte.

Zweitens: Gott redete weise mit Elia.

> Und er kam dort in eine Höhle und blieb dort über Nacht.
> Und siehe, das Wort des HERRN kam zu ihm: »Was machst
> du hier, Elia?«
>
> 1. Könige 19,9

Gott wandte sich nicht an Elia mit Worten wie: »Du solltest dich
schämen, junger Mann!« Er sagte auch nicht: »Spinn dich aus.
Diese Gefühle sind vollkommen unangebracht.«
Stattdessen stellte Gott eine Frage – eine einfache Frage, die
zur Klärung beitragen konnte: »Was machst du hier, Elia?«
Wieder reagierte Elia mit selbstmitleidigem Gejammer:

> Er sprach: »Ich habe geeifert für den HERRN, den Gott Ze-
> baoth; denn Israel hat deinen Bund verlassen und deine Altä-
> re zerbrochen und deine Propheten mit dem Schwert getötet
> und ich bin allein übrig geblieben und sie trachten danach,
> dass sie mir mein Leben nehmen.«
>
> 1. Könige 19,10

Elia glaubte die große Lüge, er sei vollkommen allein und allein
gelassen. »Ich bin die einzige Stimme, die sich für Gott erhebt
und sie wollen mir ans Leben!«
Aber Gott hörte ihm gnädig zu und ließ ihn zu Ende reden.
Gott sagte nicht: »Das ist doch Schwachsinn, Elia, was du dir da
einredest. Wie töricht von dir. Du weißt doch, dass wenigstens
500 Priester, die mir anhängen, gerettet worden sind.« Gott er-
mahnte seinen verzweifelten Propheten nicht, bei der Wahrheit
zu bleiben.
Stattdessen sagte Gott: »Elia! Steh auf und geh hinaus aus dieser Höhle. Es ist verzweifelt dunkel und kalt hier drin. Geh hinaus und setze dich dem Licht und der Wärme aus. Stelle dich auf
den Berg in meine Gegenwart. Das ist der Ort der Ermutigung.
Vergiss Isebel. Ich möchte, dass du deinen Blick auf mich rich-
test, Elia. Komm schon. Ich bin für dich da. Ich werde es auch
künftig sein, wie ich es schon immer gewesen bin.«

Der Herr sprach: »Geh heraus und tritt hin auf den Berg vor den HERRN! Und siehe, der HERR wird vorübergehen.« Und ein großer, starker Wind, der die Berge zerriss und die Felsen zerbrach, kam vor dem HERRN her; der HERR aber war nicht im Winde. Nach dem Wind aber kam ein Erdbeben; aber der HERR war nicht im Erdbeben. Und nach dem Erdbeben kam ein Feuer; aber der HERR war nicht im Feuer.

1. Könige 19,11-12a

Sturm … Erdbeben … Feuer. Eines direkt nach dem anderen. Inmitten von all dem steht Elia, der seinen fleckigen alten Mantel eng um sich geschlungen hat und auf Gott wartet. Aber Gott war in keinem dieser ungeheuren Naturereignisse.

Dann geschieht das, was man von dem Gott aller Gnade erwarten darf:

Und nach dem Feuer kam ein stilles, sanftes Sausen.
Als das Elia hörte, verhüllte er sein Antlitz mit seinem Mantel und ging hinaus und trat in den Eingang der Höhle. Und siehe, da kam eine Stimme zu ihm und sprach: »Was hast du hier zu tun, Elia?«

1. Könige 19,12b-13

Gottes Gegenwart war nicht im Sturm, nicht im Erdbeben und nicht im Feuer. Seine Stimme kam in einem stillen, sanften Sausen, in einer freundlichen, kühlen Brise. Diese wohltuenden Zephire wirkten auf Elia wie große, unsichtbare Windmagnete: Sie zogen ihn aus der Höhle.

Können Sie erkennen, was Gott da tat? Er zog Elia aus der Höhle, aus der klammen Lichtlosigkeit und der Kälte von Selbstmitleid, Entmutigung und Depression. Mit einem Mal war Elia aus der Höhle herausgetreten. Da fragte ihn Gott noch einmal: »Was tust du hier, Elia?«

Noch einmal gab Elia seine selbstmitleidigen Erklärungen ab. Aber dieses Mal machte Gott seinem Propheten klar, wie die Sache wirklich stand.

Er sprach: »Ich habe für den HERRN, den Gott Zebaoth, geeifert; denn Israel hat deinen Bund verlassen, deine Altäre zerbrochen, deine Propheten mit dem Schwert getötet und ich bin allein übrig geblieben, und sie trachten danach, dass sie mir das Leben nehmen.«

Aber der HERR sprach zu ihm: »Geh wieder deines Weges durch die Wüste nach Damaskus und geh hinein und salbe Hasaël zum König über Aram und Jehu, den Sohn Nimschis, zum König über Israel und Elisa, den Sohn Schafats, von Abel-Mehola zum Propheten an deiner Statt. Und es soll geschehen: Wer dem Schwert Hasaëls entrinnt, den soll Jehu töten, und wer dem Schwert Jehus entrinnt, den soll Elisa töten. Und ich will übrig lassen siebentausend in Israel, alle Knie, die sich nicht gebeugt haben vor Baal und jeden Mund, der ihn nicht geküsst hat.«

1. Könige 19,15-18

Gott ließ Elia wissen, dass da noch Arbeit auf ihn wartete, dass er noch wichtig war und etwas für Gott erreichen würde. So enttäuscht und erschöpft er auch war, so war er doch immer noch Gottes Mann und Gottes Wahl »um dieser Zeit willen«. (Ester 4,14)[26] Und was dieses »Ich bin ja so allein«-Gerede betraf, gab es auch noch Neuigkeiten: »Nun, lieber Elia, erlaube mir, deine Zahlen zu berichtigen«, sagte Gott. »Es gibt ganze 7.000 treue Gläubige, die sich zu keiner Zeit vor Baal gebeugt haben. Du bist wirklich nicht alleine. Und außerdem kann ich doch zu jeder beliebigen Zeit ein ganz frisches Bataillon meiner Truppen zum Vorschein bringen und einsetzen. Es ist mir doch ein Kleines.« Was für eine Ermutigung das für Elia gewesen sein muss!

Drittens: Gott verschaffte Elia einen engen Freund.
Ich liebe das Ende dieses Kapitels!

Und Elia ging von dort weg und fand Elisa, den Sohn Schafats, als er pflügte mit zwölf Jochen vor sich her, und er war selbst bei dem zwölften. Und Elia ging zu ihm und warf seinen Mantel über ihn. Und er verließ die Rinder und lief Elia nach und sprach: »Lass mich meinen Vater und meine Mutter küssen, dann will ich dir nachfolgen.« Er sprach zu ihm:

»Wohlan, kehre um! Bedenke, was ich dir getan habe!« Und
Elisa wandte sich von ihm weg und nahm ein Joch Rinder
und opferte es, und mit den Jochen der Rinder kochte er das
Fleisch und gab's den Leuten, dass sie aßen. Und er machte
sich auf und folgte Elia nach und diente ihm.

1. Könige 19,19-21

Dank Gottes sanftem und einfühlsamen Umgang mit Elia war
dieser aus der Höhle gekrochen. »Elia ging von dort weg.« Gott
hatte ihn gnädig mit Ruhe und Stärkung versorgt, war ihm begegnet, hatte ihm seelsorgerlichen Rat erteilt und ihm wieder das
Gefühl gegeben, dass er wichtig war und Bedeutung hatte in seinem Plan. Wenn das kein Mitgefühl ist!

Dann erlaubte Gott Elia, seinen Prophetenmantel an Elisa
weiterzugeben, der sein Nachfolger werden würde. Aber Gott
tat weit mehr für ihn als nur das. »Elisa machte sich auf und folgte Elia nach und diente ihm.« Gott gab Elia nicht nur einen
Nachfolger, sondern gewann auch einen neuen engen Freund für
ihn – jemanden, der Elia genug liebte und ehrte und der ihn gut
genug verstand, um ihm dienen zu wollen und ihn ermutigen zu
können.

Gott hat nicht für uns vorgesehen, dass wir ohne jeden Kontakt zu anderen Menschen wie Eremiten in Höhlen wohnen sollen. Er hat uns vielmehr dazu bestimmt, in Freundschaft und Gemeinschaft mit anderen zu leben. Daher ist die Gemeinde, der
Leib Jesu Christi, so wichtig, denn dort werden wir in Liebe zueinander hingezogen und können uns gegenseitig ermutigen. Wir
sind dafür geschaffen, Anteil zu nehmen am Leben von anderen,
ein Teil im Leben von anderen zu sein. Wenn wir uns stattdessen
zurückziehen und nur auf uns selbst konzentrieren, stehen wir
schnell in der Gefahr zu meinen, dass wir es besonders schwer
haben und dass andere besonders unfair zu uns sind.

Elia *musste* einfach seinen Blick wieder auf den Herrn ausrichten. Das war unabdingbar. Er war ausgesprochen machtvoll
gebraucht worden, aber es war *Gott* gewesen, der ihm Vollmacht
verliehen hatte. Er hatte sich unbeirrt der riesigen Übermacht des

Feindes gestellt. Aber es war *Gott* gewesen, der ihm die nötige Stärke verliehen hatte.

Oft lieben wir die Gaben, die Gott uns verleiht, mehr als wir den Geber selbst lieben. Wenn der Herr uns Ruhe und Stärkung gibt, sind wir dankbarer für die Ruhe und die Stärkung als für den Gott, der doch beides geschenkt hat. Wenn Gott uns einen guten Freund schenkt, sind wir oft so in Anspruch genommen von dieser großartigen Freundschaft und so beschäftigt mit diesem Freund, dass wir unseren gnädigen Gott vergessen, der uns diesen Freund geschenkt hat. Wir konzentrieren uns so leicht auf die falschen Dinge!

Vor vielen Jahren besuchte ich einen Mann im Veteranenkrankenhaus. Er hatte eine Reihe von Herzattacken hinter sich und musste daher eine große Operation über sich ergehen lassen. Seine Reha-Zeit verbrachte er in dem Veteranenkrankenhaus.

An dem Tag, als ich kam, um ihn zu besuchen, konnte ich eine rührende Szene beobachten. Dieser Mann hatte einen kleinen Sohn und in der Zeit, als er im Krankenhaus ans Bett gefesselt war, hatte er ihm einen kleinen hölzernen Lastwagen gebastelt. Da der Junge nicht in das Krankenzimmer kommen durfte, um seinen Vater zu besuchen, hatte ein Krankenpfleger dem Kind, das mit seiner Mutter vor dem Krankenhaus wartete, das Geschenk heruntergebracht. Der Vater sah von seinem Fenster im fünften Stock zu, wie der Sohn das Geschenk auspackte. Der kleine Junge öffnete das Päckchen und seine Augen weiteten sich vor Freude, als er den kleinen Holzlaster erblickte. Er drückte ihn an seine Brust.

Inzwischen ging der Vater hinter der Fensterscheibe auf und ab und winkte dem Jungen zu, um seine Aufmerksamkeit zu erhaschen.

Der kleine Junge setzte den Holzlaster ab und reckte sich, um den Pfleger zu umarmen und ihm für das Geschenk zu danken. Währenddessen winkte der Vater dort oben heftig, um dem Jungen zu bedeuten: »Ich war es. Ich habe das für dich gemacht. Ich habe es dir geschenkt. Schau herauf zu mir. Ich liebe dich.« Ich konnte es von seinen Lippen lesen.

Schließlich erreichten der Krankenpfleger und die Mutter, dass der Junge zu dem Fenster im fünften Stock aufschaute. Erst dann schrie der Junge: »Papi! Tausend Dank! Wie ist der Laster schön! Ich brauche dich! Wann kommst du nach Hause? Komm nach Hause, Papi! Tausend Dank für den schönen Laster!«

Und der Vater stand am Fenster, während ihm die Tränen über das Gesicht liefen.

Wie oft gleichen wir diesem Jungen! Wir haben uns abgeschlossen in unserer Höhle der Einsamkeit und Entmutigung und dann bringt uns Gott die Geschenke der Ruhe und der Stärkung, weisen Rat, sanfte Korrektur, eine persönliche Begegnung, enge Freunde. Und wir verlieben uns in das Geschenk und bemerken nicht das liebevolle Sehnen des Schenkenden!

Er gibt uns einen Bibelvers, und wir ehren die Bibel mehr als den Einen, der uns diesen Vers schenkte. Er gibt uns eine liebevolle Ehefrau, einen liebevollen Ehemann oder Freund, und wir verlieben uns mehr in die Person, als dass wir unsere Liebe dem Einen zukommen lassen, der uns mit dieser wichtigen Person beschenkt. Er gibt uns eine gute Arbeitsstelle, und wir lieben den Job mehr als ihn. Und die ganze Zeit über steht er am Fenster und winkt: »Schau zu mir herauf! Ich habe das getan, weil ich dich liebe!« Er sehnt sich danach, dass wir aufschauen und sagen: »Oh danke, lieber Vater! Ich brauche dich. Ich möchte bei dir sein.«

Elia erinnert uns, dass wir aufschauen sollen.

Lassen Sie uns aufschauen, nachdem der Herr uns gnädig von Depressionen befreit hat.

Lassen Sie uns aufschauen, wenn er uns Ruhe und Stärkung zukommen lässt, nachdem uns ein verrückter Terminplan völlig erschöpft hat.

Lassen Sie uns aufschauen und ihm danken, wenn er sanft und geduldig durch sein Wort zu uns spricht, nachdem wir aus der Grube des Selbstmitleids gekrabbelt sind.

Lassen Sie uns aufschauen und ihn preisen, wenn er uns in seiner Treue mit einem Freund versorgt, der uns annimmt, uns versteht und uns aufrichtet.

Lassen Sie uns aufschauen und den Geber mehr lieben als die Gaben.

Lassen Sie uns aufschauen und sagen: »Ich danke dir, Herr, dass du uns alles über Elia hast wissen lassen«, der doch ein unvergessliches Vorbild dafür ist, dass man auf nichts anderes schauen sollte als auf Gott selbst, den liebenden Vater, der sich danach sehnt, dass seine Kinder ihren Blick zu ihm wenden.

Nach diesen Geschichten begab es sich: Nabot, ein Jesreeliter, hatte einen Weinberg in Jesreel, bei dem Palast Ahabs, des Königs von Samaria. Und Ahab redete mit Nabot und sprach: »Gib mir deinen Weinberg; ich will mir einen Kohlgarten daraus machen, weil er so nahe an meinem Hause liegt. Ich will dir einen besseren Weinberg dafür geben, oder, wenn dir's gefällt, will ich dir Silber dafür geben, so viel er wert ist.« Aber Nabot sprach zu Ahab: »Das lasse der HERR fern von mir sein, dass ich dir meiner Väter Erbe geben sollte!« Da kam Ahab heim voller Unmut und zornig um des Wortes willen, das Nabot, der Jesreeliter, zu ihm gesagt hatte: »Ich will dir meiner Väter Erbe nicht geben.« Und er legte sich auf sein Bett und wandte sein Antlitz ab und aß nicht. Da kam seine Frau Isebel zu ihm hinein und redete mit ihm: »Was ist's, dass dein Geist so voller Unmut ist und dass du nicht issest?« Er sprach zu ihr: »Ich habe mit Nabot, dem Jesreeliter, geredet und gesagt: ›Gib mir deinen Weinberg für Geld, oder, wenn es dir lieber ist, will ich dir einen andern dafür geben.‹ Er aber sprach: ›Ich will dir meinen Weinberg nicht geben.‹« Da sprach seine Frau Isebel zu ihm: »Du bist doch König über Israel! Steh auf und iss und sei guten Mutes! Ich werde dir den Weinberg Nabots, des Jesreeliters, verschaffen.« Und sie schrieb Briefe unter Ahabs Namen und versiegelte sie mit seinem Siegel und sandte sie zu den Ältesten und Oberen, die mit Nabot in seiner Stadt wohnten. Und schrieb in den Briefen: »Lasst ein Fasten ausrufen und setzt Nabot obenan im Volk, und stellt ihm zwei ruchlose Männer gegenüber, die da zeugen und sprechen: ›Du hast Gott und den König gelästert!‹ Und führt ihn hinaus und steinigt ihn, dass er stirbt.« Und die Ältesten und Oberen, die mit ihm in seiner Stadt wohnten, taten, wie ihnen Isebel entboten hatte, wie sie in den Briefen geschrieben hatte, die sie zu ihnen sandte, und sie ließen ein Fasten ausrufen und ließen Nabot obenan im Volk sitzen. Da kamen die zwei ruchlosen Männer und stellten sich ihm gegenüber und verklagten Nabot vor dem Volk und sprachen: ›Nabot hat Gott und den König gelästert!‹ Da führten sie ihn vor die Stadt hinaus und steinigten ihn, dass er starb. Und sie sandten zu Isebel und ließen ihr sagen: »Nabot ist gesteinigt und tot.« Als aber Isebel hörte, dass Nabot gesteinigt und tot *war, sprach sie zu Ahab: »Steh auf und nimm in Besitz den Weinberg Nabots, des Jesreeliters, der sich geweigert hat, ihn dir für Geld zu geben; denn Nabot lebt nicht mehr, sondern ist tot.« Als Ahab hörte, dass Nabot tot war, stand er auf, um hinabzugehen zum Weinberge Nabots, des Jesreeliters, und ihn in Besitz zu nehmen. Aber das Wort des HERRN kam zu Elia, dem Tischbiter: »Mach dich auf und geh hinab Ahab, dem König von Israel zu Samaria, entgegen – siehe, er ist im Weinberge Nabots, wohin er hinabgegangen ist, um ihn in Besitz zu nehmen und rede mit ihm und sprich: ›So spricht der HERR: Du hast gemordet, dazu auch fremdes Erbe geraubt! An der Stätte, wo Hunde das Blut Nabots geleckt haben, sollen Hunde auch dein Blut lecken.‹« Und Ahab sprach zu Elia: »Hast du mich gefunden, mein Feind?« Er aber sprach: »Ja, ich habe dich gefunden, weil du dich verkauft hast, Unrecht zu tun vor dem HERRN. ›Siehe, ich will Unheil über dich bringen und dich vertilgen samt deinen Nachkommen und will von Ahab ausrotten, was männlich ist, bis auf den letzten Mann in Israel und will dein Haus machen wie das Haus Jerobeams, des Sohnes Nebats, und wie das Haus Baschas, des Sohnes Ahijas, um des Zornes willen, dass du mich erzürnt und Israel sündigen gemacht hast.‹ Und auch über Isebel hat der HERR geredet und gesprochen: ›Die Hunde sollen Isebel fressen an der Mauer Jesreels. Wer von Ahab stirbt in der Stadt, den sollen die Hunde fressen, und wer auf dem Felde stirbt, den sollen die Vögel unter dem Himmel fressen.‹« Es war niemand, der sich so verkauft hätte, Unrecht zu tun vor dem HERRN wie Ahab, den seine Frau Isebel verführte. Und er versündigte sich dadurch über die Maßen, dass er den Götzen nachwandelte, ganz wie die Amoriter getan hatten, die der HERR vor Israel vertrieben hatte. Als aber Ahab diese Worte hörte, zerriss er seine Kleider und legte ein härenes Tuch um seinen Leib und fastete und schlief darin und ging bedrückt einher. Und das Wort des HERRN kam zu Elia, dem Tischbiter: »Hast du nicht gesehen, wie sich Ahab vor mir gedemütigt hat? Weil er sich nun vor mir gedemütigt hat, will ich das Unheil nicht kommen lassen zu seinen Lebzeiten, aber zu seines Sohnes Lebzeiten will ich das Unheil über sein Haus bringen.«*   1. Könige 21,1-29

KAPITEL ACHT

Wenn Gott sagt: »Jetzt reicht's aber!«

Gott ist gut. Schon die ersten Geschichten, die wir als Kinder aus der Bibel hörten, haben es uns gelehrt: Die Güte Gottes ist unüberbietbar. Gott ist so voller Mitgefühl! Wirklich! Er hat eine unbegrenzte Fähigkeit zu lieben, gnädig, gütig und geduldig zu sein. Alle diese Züge an ihm sind ohne Maß und Ziel – weit jenseits unserer Vorstellungskraft. Das gibt uns großen Trost.

Aber Gott ist auch gerecht. In der Bibel sind seine Gerechtigkeit und seine Güte miteinander verwoben. Tatsächlich wird derselbe Begriff aus dem Urtext oft entweder mit »Gerechtigkeit« oder mit »Güte« übersetzt. Wir lieben die Tatsache, dass Gott gut ist und mitfühlend, aber uns ist es nicht ganz so angenehm, dass er auch gerecht ist. Nichtsdestotrotz ist auch das ein Charakterzug von ihm, den wir als seine Kinder auf keinen Fall übersehen dürfen.

Gottes Mitgefühl hat seinen Ursprung in Gottes Güte; und Güte ohne Gerechtigkeit verdient die Bezeichnung »Güte« nicht. Gott verschont uns, weil er gütig ist, aber er könnte nicht »gütig« genannt werden, wenn er nicht gleichzeitig gerecht wäre.

Gottes Gerechtigkeit wird immer mit vollem Ernst gegen den

Sünder gerichtet sein. Die Vorstellung und armselige Hoffnung, dass Gott zu gütig sei, als dass er die Gottlosen strafen könnte, ist zu einem tödlichen Opium für Millionen geworden. Es beschwichtigt ihre (berechtigten) Ängste und ermöglicht ihnen, alle angenehmen Arten der Ungerechtigkeit auszuleben, während der Tod Tag für Tag näher rückt und der Aufruf zu Umkehr und Buße ungehört verhallt. Wenn wir uns verantwortliche moralische Wesen nennen wollen, dann können wir mit unserer ewigen Zukunft nicht so nachlässig umgehen.[27]

Es macht uns Freude, von der Liebe Gottes zu reden und wir feiern sie. Das ist auch ganz richtig so. Aber Gott hat noch einen ganz anderen Charakterzug, den wir weder leugnen noch ignorieren sollten, und das ist sein Zorn. Er ist wirklich geduldig und gnädig, barmherzig und von großer Güte, aber sein Mitgefühl kennt eine Grenze – und diese Grenze ist nicht unwichtig. Auch Gott kann der Geduldsfaden reißen – und wenn das geschieht, dann ist es, als ob man ihn ausrufen hören könnte: »Jetzt reicht's mir aber!«

Sprüche 29,1 sagt: »Wer sich hartnäckig weigert, Zurechtweisung anzunehmen, wird plötzlich zusammenbrechen und nie mehr heil werden.« Schauen Sie sich diese Worte genauer an. Sie enthalten ganz eindeutig eine Warnung und eine Zusage. In diesem Vers enthüllt Gott die Wahrheit über sich und den Menschen, der sich hartnäckig weigert, auf seine Stimme zu hören und sich stattdessen damit begnügt, das tödliche Opium zu sich zu nehmen, mit dem er seine Ängste beschwichtigt.

Die Person, die hier zur Debatte steht, »weigert sich hartnäckig«. Mit anderen Worten: Sie hört sehr wohl, reagiert aber nicht. Ihr eigener sturer Wille macht sie taub. Gott sagt, dass solch ein Mensch, ob Mann oder Frau, nach viel Zurechtweisung »plötzlich zusammenbrechen und nie mehr heil werden« wird. Wenn man den Urtext wörtlich übersetzt, erhält man: »Da ist keine Hilfe/keine Heilung möglich.« Ein solcher Mensch wird unerwartet zerbrochen werden. Es liegt hier das Bild von einem Gefäß nahe, das durch einen heftigen Schlag in so winzige Scherben zerspringt, dass an Reparatur nicht mehr zu denken ist. Halten Sie hier inne und überlegen Sie den Ernst dieser Worte.

Solche Feststellungen sind in der Bibel selten. Oft folgen auf Gottes Urteile Angebote seiner Gnade und Barmherzigkeit für alle, die auf ihn zu hören bereit sind. Er erinnert uns ja oft an seine große Geduld und seine Langmut. Gott weiß, wie wir gebaut sind. Er weiß, dass wir nicht perfekt sind und er ist stets bereit, die Schuld, die wir ihm bekennen, zu vergeben und zu vergessen. Er möchte immer wieder neu mit uns anfangen, uns neu bestätigen und gebrauchen. Aber hier steht nichts von alledem. Die Beleidigung Gottes hat den Punkt überschritten, an dem es noch ein Zurück gegeben hätte. Der Mensch ist zu weit gegangen. Er kann »nie mehr heil werden«. Das ist das Ende. Gott sagt: »Mir reicht's! Das war's. Du bist zu weit gegangen.« Schlimmer kann es eigentlich nicht mehr kommen.

Ein weiteres Beispiel findet sich in Sprüche 6,12-15:

> Daran erkennt man einen skrupellosen
> und schlechten Menschen:
> Er ist ein Lügner, der seinen Freunden
> seine wahren Absichten
> durch heimliche Winke mit Augen,
> Händen und Füßen zu verstehen gibt.
> Sein schlechtes Herz hat stets Böses im Sinn.
> Wo er kann, stiftet er Streit und Unruhe.
> Darum wird er plötzlich vernichtet werden,
> ohne alle Hoffnung auf Hilfe.

Es wird einen Zeitpunkt geben, an dem Gott schließlich zu denen, die sich stur geweigert haben, auf ihn zu hören, sagen wird: »Du wirst nicht so weitermachen. Das war's.« Wenn dieser Augenblick gekommen ist, werden diese Menschen »plötzlich vernichtet werden, ohne alle Hoffnung auf Hilfe«.

DREI BEISPIELE FÜR DEN ERNST DES GÖTTLICHEN ZORNES

Mit Gott spielt man nicht und Gott spielt auch nicht mit uns. Ich möchte Ihnen drei Beispiele aus der Bibel vor Augen führen.

Zunächst sind da Sodom und Gomorra, Städte, denen Gott mit scheinbar unendlicher Geduld, Barmherzigkeit und Güte entgegenkam. Er erlaubte ihnen zu existieren, bis Unmoral, Ausschweifung, Perversion und moralische Verseuchung der Bürger seine Geduld über Gebühr strapaziert hatten. Ihre sture Weigerung, auf seine Stimme zu hören, wurde immer nachhaltiger, bis Gott schließlich zu seinem Diener Abraham praktisch Folgendes sagte: »Jetzt reicht mir's aber. Ich werde ihre Bosheit, die ja keine Grenzen kennt, nicht länger hinnehmen!« Und plötzlich ließ er Feuer vom Himmel regnen; und da gab es dann kein Zurück und keine Rettung mehr. Die Städte Sodom und Gomorra gingen unter, ohne den kleinsten Hinweis darauf, dass oder wo sie gestanden haben. Gottes Gerechtigkeit ereilte sie »plötzlich« und die Folgen waren so, dass sie »nie mehr heil« wurden.

Das zweite Beispiel ist Herodes Agrippa, zu dem Gott auf vielfache Weise sagte: »Mir reicht's! Du bist zu weit gegangen.« Die Geschichte vom Tod Agrippas hat kein »Happy End«, aber sie ist realistisch:

> Als dann der Tag der Aussöhnung gekommen war, legte Herodes seine königlichen Gewänder an, bestieg seinen Thron und hielt eine öffentliche Rede. Das Volk applaudierte begeistert und rief: »Das ist die Stimme eines Gottes, nicht die eines Menschen.« In diesem Augenblick schlug ein Engel des Herrn Herodes mit einer Krankheit, weil er zugelassen hatte, dass das Volk ihn anbetete, statt Gott die Ehre zu geben. Und von Würmern zerfressen starb er.
>
> Apostelgeschichte 12,21-23

Auch der jüdische Geschichtsschreiber Josephus beschreibt dieses Ereignis in seinem Bericht. Er sagt, dass Herodes in Kleider gehüllt war, die mit Silbertuch gefüttert waren, sodass die ersten

---

Strahlen der Morgensonne sich in seiner Robe strahlend widerspiegelten. Als er so in all seiner irdischen Pracht und in seinem Glanz prunkte, fingen die Leute an, ihn einen Gott zu nennen und ihm das auch zuzurufen. Und Herodes nahm ihre Anbetung und ihren Lobpreis entgegen. Das reichte.

Plötzlich fühlte Herodes Agrippa entsetzliche Schmerzen im Bauch. Er fiel vornüber und musste in sein Schlafgemach getragen werden. Fünf Tage lag er dort, unter rasenden Schmerzen, bis das Leben von ihm wich. Die Bibel fasst das Ganze in kurze Worte: »Und von Würmern zerfressen starb er.«

Herodes nahm den Lobpreis und die Anbetung entgegen, die Gott allein gebühren. Und weil er Gott nicht die Ehre gab, sagte Gott: »Es reicht mir!« Plötzlich konnte Agrippa »nie mehr heil werden«.

Das Dritte: Gott verliert nicht nur die Geduld mit Einzelnen und Städten, sondern manchmal auch mit ganzen Nationen.

> Einundzwanzig Jahre alt war Zedekia, als er König wurde; und er regierte elf Jahre zu Jerusalem und tat, was dem HERRN, seinem Gott, missfiel und demütigte sich nicht vor dem Propheten Jeremia, der da redete, wie der HERR zu ihm gesprochen hatte.
>
> Auch wurde er abtrünnig von Nebukadnezar, dem König von Babel, der einen Eid bei Gott von ihm genommen hatte und wurde halsstarrig und verstockte sein Herz, so dass er sich nicht bekehrte zu dem HERRN, dem Gott Israels.
>
> Auch alle Oberen Judas und die Priester und das Volk versündigten sich noch mehr mit all den gräulichen Sitten der Heiden und machten unrein das Haus des HERRN, das er geheiligt hatte in Jerusalem.
>
> Und der HERR, der Gott ihrer Väter, ließ immer wieder gegen sie reden durch seine Boten; denn er hatte Mitleid mit seinem Volk und seiner Wohnung.
>
> Aber sie verspotteten die Boten Gottes und verachteten seine Worte und verhöhnten seine Propheten, bis der Grimm des HERRN über sein Volk wuchs und *es kein Vergeben mehr gab*.
>
> 2. Chronik 36,11-16

Über 100 Jahre hatte die Nation Juda unter einem gottlosen Monarchen nach dem anderen gelebt, hatte rebelliert gegen Gott und die Boten verlacht, die er schickte, weil er »Mitleid mit seinem Volk« hatte. Schließlich sagte Gott: »Es reicht mir. Ich will dich nicht länger ertragen, Juda!« Und als Gottes Geduld zu Ende ist, lesen wir wieder diese schrecklichen Worte: »Kein Vergeben mehr!«

Gott kommt an das Ende seiner Geduld. Das kann einem Einzelnen geschehen, einer Stadt oder einer Nation. Wie wir im nächsten Kapitel aus dem Leben Elias sehen, kann er auch mit einem Ehepaar so handeln – einem Mann und einer Frau, die in Sachen Sünde Hand in Hand arbeiten.

EIN BESONDERES BEISPIEL VON EINEM GOTTESURTEIL

Elia hatte von Anfang seines prophetischen Dienstes an mit Ahab und Isebel Umgang gehabt. Sie kannten sowohl seine Botschaft als auch sein vorbildliches Leben. Jahrelang waren sie mit der Wahrheit konfrontiert worden – und jahrelang hatte Gott geduldig auf ihre Umkehr in seine offenen Arme gewartet. Dennoch weigerten sie sich, ihm zu vertrauen. Die gewaltige Machtprobe auf dem Berg Karmel, bei der Gott sich als der Einzige erwiesen hatte, der der Verehrung und der Nachfolge wert ist, hatte ihre Herzen nicht erweicht, sondern im Gegenteil noch verhärtet. Sie weigerten sich stur und absichtlich, zum wahren, lebendigen Gott umzukehren.

Obwohl ihnen all diese wunderbaren Werke Gottes vor Augen gestellt worden waren, waren sie immer widerspenstiger geworden. Dieser gottlose König und sein Weib hatten die Propheten Gottes umgebracht und sich vor Baal gebeugt. Aber jetzt wurde alles nur noch viel schlimmer. Die dunklen Geschäfte im nächsten Kapitel zeigen, wie abscheulich dieses Paar wirklich war.

Nach diesen Geschichten begab es sich: Nabot, ein Jesreeliter, hatte einen Weinberg in Jesreel, bei dem Palast Ahabs, des Königs von Samaria.

> Und Ahab redete mit Nabot und sprach: »Gib mir deinen Weinberg; ich will mir einen Kohlgarten daraus machen, weil er so nahe an meinem Hause liegt. Ich will dir einen besseren Weinberg dafür geben, oder, wenn dir's gefällt, will ich dir Silber dafür geben, so viel er wert ist.«
>
> 1. Könige 21,1-2

Nabot ist ein einfacher Mann, dem ein kleines Grundstück gehört, das mit Weinstöcken bepflanzt ist. Diesen Weinberg hat Nabot von seinem Vater geerbt. Er liegt zufällig im Schatten des majestätischen Palastes von König Ahab. Eines Tages bemerkt Ahab aus irgendeinem unerfindlichen Grund dieses Stück Land und unmittelbar darauf geht ihm nicht mehr aus dem Kopf, dass er es gerne besäße.

Vielleicht geschieht es an einem jener Tage, an denen sich König Ahab zu Tode langweilt. Als er da so am Fenster sitzt, fällt sein Auge auf Nabot, der in seinem Weinberg arbeitet. *Hmmm,* denkt Ahab, *das sieht nach einem hübschen Stückchen Land aus. Das würde einen großartigen Gemüsegarten abgeben.* Daher geht er auf Nabot zu und sagt: »Ich möchte dieses Land. Ich gebe dir einen viel besseren Weinberg im Tausch dafür. Oder ich bezahle ihn dir. Nenne den Preis.«

Jetzt muss man wissen, dass es nach dem jüdischen Gesetz verboten war, Land, das man von seinen Vorfahren geerbt hatte, zu verkaufen. Und so erinnert Nabot den König daran.

> Aber Nabot sprach zu Ahab: »Das lasse der HERR fern von mir sein, dass ich dir meiner Väter Erbe geben sollte!«
>
> 1. Könige 21,3

Ahab ist sehr unzufrieden mit dieser Antwort. Er hat ein Angebot gemacht und es ist ganz legal abgelehnt worden. Aber er ist doch Ahab, der König Israels! Wie ein kleines Kind will er unbedingt das haben, was er sieht und zwar sofort.

> Da kam Ahab heim voller Unmut und zornig um des Wortes willen, das Nabot, der Jesreeliter, zu ihm gesagt hatte: »Ich will dir meiner Väter Erbe nicht geben.« Und er legte sich auf sein Bett und wandte sein Antlitz ab und aß nicht.
>
> 1. Könige 21, 4

Beachten Sie bitte, dass es sich hier um einen ausgewachsenen Mann handelt, jedenfalls nach Jahren und Größe! Er war nicht nur ein erwachsener Mann, sondern auch noch König der Nation Israel (auch wenn in der Praxis nicht unbedingt er das Zepter in der Hand hatte) – und dieser Mensch schmollt wie ein Kleinkind, dem man seinen Wunsch abgeschlagen hat. Trotzig und sauer geht er in sein Gemach, knallt die Tür hinter sich zu und weigert sich zu essen.

> Da kam seine Frau Isebel zu ihm hinein und redete mit ihm: »Was ist's, dass dein Geist so voller Unmut ist und dass du nicht issest?« Er sprach zu ihr: »Ich habe mit Nabot, dem Jesreeliter, geredet und gesagt: ›Gib mir deinen Weinberg für Geld, oder, wenn es dir lieber ist, will ich dir einen andern dafür geben.‹ Er aber sprach: ›Ich will dir meinen Weinberg nicht geben.‹« Da sprach seine Frau Isebel zu ihm: »Du bist doch König über Israel! Steh auf und iss und sei guten Mutes! Ich werde dir den Weinberg Nabots, des Jesreeliters, verschaffen.«
>
> 1. Könige 21,5-7

»Bist nicht du der Regent Israels?«, fragt Isebel ihren Mann. Nun, die richtige Antwort müsste »nein« lauten, denn Isebel ist diejenige, die die eigentliche Macht hat – man braucht sie nur genau zu betrachten, dann wird man es sehr schnell merken. Wie um das zu beweisen, nimmt sie die Dinge in die Hand, als Ahab schmollt und nicht essen mag. »Vergiss es«, wendet sie sich an ihn. »Steh auf und iss, Liebling, genieße dein Leben und werde wieder munter. *Ich* selbst werde dir den Weinberg verschaffen.«

Ihr Mann steht unter Druck und hält den Stress nicht aus. Es stimmt natürlich, dass er den Druck selbst verursacht hat. Das spielt aber für den Zustand, in dem er jetzt ist, keine Rolle mehr. Daher übernimmt Isebel die Zügel und wird selbst aktiv. Sie glättet die Wogen nicht und hilft ihrem Mann nicht, das Ganze in einem sachlicheren Licht zu sehen. Sie trägt nicht dazu bei, dass er die Angelegenheit weiser betrachtet. Sie bittet Gott nicht darum, am Herzen ihres Mannes zu arbeiten. Das alles ist nicht ihre Art. Sie ist eine gottlose Frau, die ihr Leben vollkommen fleischlich ausgerichtet hat und hemmungslos all ihre Begierden befriedigt. Ihr Rat spiegelt das wider.

»Ich werde mich für dich darum kümmern«, sagt sie zu ihrem Mann. »Tritt nur einen Schritt zurück, damit ich freie Hand habe.«

> Und sie schrieb Briefe unter Ahabs Namen und versiegelte sie mit seinem Siegel und sandte sie zu den Ältesten und Oberen, die mit Nabot in seiner Stadt wohnten.
> Und schrieb in den Briefen: »Lasst ein Fasten ausrufen und setzt Nabot obenan im Volk, und stellt ihm zwei ruchlose Männer gegenüber, die da zeugen und sprechen: ›Du hast Gott und den König gelästert!‹ Und führt ihn hinaus und steinigt ihn, dass er stirbt.«
>
> 1. Könige 21,8-10

Isebel hatte keinerlei Vollmacht, überhaupt Briefe im Namen des Königs abzufassen und loszuschicken. Aber das ist nicht ihr gröbster Verstoß. In diesen Briefen setzt sie einen Mordplan in Gang, der Nabot für immer aus dem Weg räumen soll. Wir würden heute sagen: Sie stellt einem ahnungslosen, hilflosen und unschuldigen Menschen eine Falle, lockt ihn in einen Hinterhalt, lässt ihn ins Messer laufen. Aber sie lässt es so aussehen, als folge sie dabei bis ins Kleinste dem Gesetz.

Wenn es um todeswürdige Verbrechen ging, brauchte man zwei Zeugen (vgl. 5. Mose 17,5-6). Isebel befiehlt, man solle zwei

Schurken der niederträchtigsten Art finden, sie bestechen und dazu veranlassen, falsche Aussagen zu machen. Diese Zeugen passen ganz genau in das Bild vom niederträchtigen Zeugen, das Salomo in Sprüche 19,28 malt: »Ein bestechlicher Zeuge verspottet das Recht; den Gottlosen schmeckt das Unheil.« Der Tod Nabots wurde durch einen besonders hinterhältigen Mord herbeigeführt.

> Und die Ältesten und Oberen, die mit ihm in seiner Stadt wohnten, taten, wie ihnen Isebel entboten hatte, wie sie in den Briefen geschrieben hatte, die sie zu ihnen sandte, und sie ließen ein Fasten ausrufen und ließen Nabot obenan im Volk sitzen.
>
> Da kamen die zwei ruchlosen Männer und stellten sich ihm gegenüber und verklagten Nabot vor dem Volk und sprachen: »Nabot hat Gott und den König gelästert!«
>
> Da führten sie ihn vor die Stadt hinaus und steinigten ihn, dass er starb.
>
> 1. Könige 21,11-13

Bemerkenswert an dieser Geschichte ist, dass nicht nur die nichtsnutzigen Schurken, die öffentlich falsche Aussagen gegen Nabot vorbrachten, bei der gesamten Intrige mitspielten, sondern auch »die Ältesten und Oberen«, die Isebels Anweisungen folgten. Das gesamte System war korrupt. Gerechtigkeit und Integrität fand man in dieser gottlosen Regierung auf keiner Ebene. Niemand, aber auch kein Einziger, kümmerte sich um die Wahrheit. Sie achteten darauf, dass alles so aussah, als gehe es mit rechten Dingen zu, aber in Wahrheit waren sie ein ganz gemeiner Haufe von Lügnern und Mördern.

So lassen sie also alle gemeinsam Nabot ins tödliche Messer laufen. Er wird an den Ehrenplatz gesetzt, was ihn sicher freut und ihm die Einladung als besonderes Privileg erscheinen lässt. Dann kommen plötzlich die bestellten Schurken daher und fangen an, ihn der schrecklichsten Dinge zu bezichtigen. »Nabot hat Gott und dem König geflucht«, behaupten sie. Im Ergebnis wird Nabot nur Minuten später über die Stadtmauer geworfen und draußen zu Tode gesteinigt.

Und sie sandten zu Isebel und ließen ihr sagen: »Nabot ist gesteinigt und tot.«

Als aber Isebel hörte, dass Nabot gesteinigt und tot war, sprach sie zu Ahab: »Steh auf und nimm in Besitz den Weinberg Nabots, des Jesreeliters, der sich geweigert hat, ihn dir für Geld zu geben; denn Nabot lebt nicht mehr, sondern ist tot.«

Als Ahab hörte, dass Nabot tot war, stand er auf, um hinabzugehen zum Weinberge Nabots, des Jesreeliters, und ihn in Besitz zu nehmen.

1. Könige 21,14-16

Schauen Sie sich die Reaktion Ahabs an! Sie ist vorhersagbar. Wie üblich verlässt er sich völlig auf Isebel und sie zieht ihren Plan durch. Er fragt nicht, wie sie das hinbekommen hat. Er erkundigt sich nicht, was Nabot zugestoßen ist. Er nimmt es schlicht hin, denn das scheint ihm ein geeigneter Weg zu sein, um an den Weinberg Nabots zu gelangen. Ohne zu zögern will er jetzt dieses Stück Land für sich beanspruchen.

Wie gesagt: Bosheit regierte am Hofe Ahabs. Viele Einwohner der Stadt werden die Wahrheit gekannt und gewusst haben, dass alles nur ein ungeheuer boshaft abgekartetes Spiel war. Und doch zuckten sie nur die Achseln und schauten weg. Wenn man lange genug unter dem Einfluss einer unmoralischen, unethischen und götzendienerischen Leiterschaft lebt, kümmert man sich um gar nichts mehr, sondern geht seiner eigenen Wege – Hauptsache, man selbst bleibt ungeschoren. Jedenfalls erregen solche Vorgänge dann kein einziges Gemüt mehr.

Aber der Geduldsfaden Gottes war an genau dieser Stelle gerissen. Er hatte jahrelang zugesehen, was dieses Paar alles Gottloses trieb. Jetzt würde er nicht länger zuschauen. Wie mit Sodom und Gomorra war Gott jetzt an dem Punkt angekommen, an dem er sagte: »Es reicht!«

DER TAG DES SCHLUSSURTEILS

Elia ist bisher gar nicht auf der Bühne erschienen. Es scheint beinahe, als gebe Gott Ahab und Isebel eine allerletzte Chance, sich aus eigenem Entschluss zu ihm zu wenden und Buße zu tun. Aber das genaue Gegenteil geschieht! Sie lassen keine Spur einer Änderung ihrer Herzenshaltung erkennen. Stattdessen intensiviert sich ihre Bosheit nur, sobald sie sich selbst überlassen sind.

Daher bringt Gott jetzt seinen Propheten und Sprecher Elia ins Spiel. Elia ist zurück auf der Bühne, um seine Rolle zu spielen. Gott hat absolut genug. Er wird keine Versprechen mehr abgeben. Keine weiteren Gelegenheiten zur Umkehr. Gott ist mit seiner Geduld am Ende. Die Zeit für Gerechtigkeit und Richterspruch ist gekommen.

> Aber das Wort des HERRN kam zu Elia, dem Tischbiter: »Mach dich auf und geh hinab Ahab, dem König von Israel zu Samaria, entgegen – siehe, er ist im Weinberge Nabots, wohin er hinabgegangen ist, um ihn in Besitz zu nehmen – und rede mit ihm und sprich: ›So spricht der HERR: Du hast gemordet, dazu auch fremdes Erbe geraubt! An der Stätte, wo Hunde das Blut Nabots geleckt haben, sollen Hunde auch dein Blut lecken.‹«
>
> 1. Könige 21,17-19

Genau so hört sich Gerechtigkeit an, wenn Gott ans Ende seiner Fahnenstange gekommen ist. Es ist absolut keine angenehme Botschaft. Es klingt nicht nach Mitgefühl, soll es auch nicht. Elia hatte noch nie mit Gott herumgestritten oder seine Aufträge in Frage gestellt. Daher hörte er sich den Plan Gottes genau an, akzeptierte ihn und gehorchte seinem Herrn. Vertrauenswürdige, verlässliche Botschafter sprechen die Wahrheit, ob nun über Gottes Liebe oder über seinen göttlichen Zorn und sein Gericht.

Und Ahab sprach zu Elia: »Hast du mich gefunden, mein Feind?« Er aber sprach: »Ja, ich habe dich gefunden, weil du dich verkauft hast, Unrecht zu tun vor dem HERRN.«

1. Könige 21,20

Was für eine Begrüßung! Ahab bezweifelt keinen Augenblick, dass zwischen ihm und dem Propheten Gottes Feindschaft besteht. Elia negiert das nicht und redet auch nicht um den heißen Brei herum. Er kommt direkt zur Sache. Ein allerletzter Verweis ist angesagt.

Das hebräische Wort, das hier mit »dich verkauft hast« übersetzt ist, meint auch eine gewohnheitsmäßige, andauernde Tätigkeit – also gewissermaßen ein Handel in Sachen Bosheit. Interessanterweise kann derselbe Begriff auch »heiraten« bedeuten. Damit benutzt Elia hier ein sehr einleuchtendes Wortspiel in Bezug auf die Beziehung zwischen Ahab und Isebel. Ahab hatte eine boshafte, schlechte Frau geheiratet. Indem er das tat, hatte er sich gleichzeitig mit dem dunklen Reich des Bösen vermählt. Er hatte es in jedes Gebiet seines Lebens eingelassen. Das war das Ergebnis dessen, dass er die götzendienerische Isebel als Lebenspartnerin ausgesucht hatte.

Gott hatte geduldig abgewartet. Keine Veränderung. Er hatte wiederholt seinen Propheten Elia geschickt, um Ahab und Isebel zu warnen. Keine Veränderung. Schließlich war seine Geduld an ihr Ende gekommen. »Genug! Es reicht!«, sagte Gott durch seinen Sprecher Elia. »Es gibt keine Heilung mehr.«

Bitte lesen Sie sorgfältig, welch ernstes Urteil Elia über Ahab und Isebel sprechen musste:

»›Siehe, ich will Unheil über dich bringen und dich vertilgen samt deinen Nachkommen und will von Ahab ausrotten, was männlich ist, bis auf den letzten Mann in Israel und will dein Haus machen wie das Haus Jerobeams, des Sohnes Nebats, und wie das Haus Baschas, des Sohnes Ahijas, um des Zornes willen, dass du mich erzürnt und Israel sündigen gemacht hast.‹

178

Und auch über Isebel hat der HERR geredet und gesprochen: ›Die Hunde sollen Isebel fressen an der Mauer Jesreels. Wer von Ahab stirbt in der Stadt, den sollen die Hunde fressen, und wer auf dem Felde stirbt, den sollen die Vögel unter dem Himmel fressen.‹«

1. Könige 21,21-24

Wie früher schon Natan vor dem schuldbeladenen König David, so steht jetzt Elia vor dem boshaften König Ahab. Der Prophet schaut mit durchdringendem Blick in die verdorbene Seele dieses Mannes und sagt, was er zu sagen hat. Das Urteil steht unmittelbar bevor. Das Schicksal ist besiegelt. Der Tod steht vor der Tür.

Alexander Whyte schreibt: »Elia war ein Berg Karmel von einem Mann, mit einem Herzen wie ein Ungewitter.« Das trifft ganz sicher für diesen entscheidenden Augenblick der Konfrontation zu. Ahab muss der kalte Schweiß ausgebrochen sein. Gott hatte gesprochen. Die Hölle war ihm näher als je zuvor in seinem Leben und es würde kein Entkommen geben vor dem schrecklichen Zorn, der jetzt jederzeit auszubrechen drohte.

Nachdem der Berichterstatter in 1. Könige diese ernsten Voraussagen, die Gott durch Elia hatte machen lassen, festgehalten hat, gibt er noch einen Kommentar über das Leben von Ahab und Isebel ab:

Es war niemand, der sich so verkauft hätte, Unrecht zu tun vor dem HERRN wie Ahab, den seine Frau Isebel verführte. Und er versündigte sich dadurch über die Maßen, dass er den Götzen nachwandelte, ganz wie die Amoriter getan hatten, die der HERR vor Israel vertrieben hatte.

1. Könige 21,25-26

Was für ein Gespann! Sie waren Partner im Ausleben beispielloser Boshaftigkeit, bis Gott schließlich sagte: »Genug! Es reicht!«

Als aber Ahab diese Worte hörte, zerriss er seine Kleider und legte ein härenes Tuch um seinen Leib und fastete und schlief darin und ging bedrückt einher.

Und das Wort des HERRN kam zu Elia, dem Tischbiter: »Hast du nicht gesehen, wie sich Ahab vor mir gedemütigt hat? Weil er sich nun vor mir gedemütigt hat, will ich das Unheil nicht kommen lassen zu seinen Lebzeiten, aber zu seines Sohnes Lebzeiten will ich das Unheil über sein Haus bringen.«

1. Könige 21,27

ZWEI ERNSTE MAHNUNGEN

Lassen Sie uns nun über zwei ernüchternde, ernste Mahnungen nachdenken:

1. Sogar Gottes Geduld hat ein Ende. Kein Mensch weiß, wann sie ihm ausgehen wird.

Gottes Mühlen mahlen langsam, aber sehr fein. Gott wartet in seiner barmherzigen Geduld und Gnade darauf, dass wir auf seine Stimme hören und ihr gehorchen. Die Leute hören die Gute Nachricht von der Erlösung durch Jesus und reagieren nicht. Gott wartet weiter. Manche benutzen seinen Namen, leben ihr Leben aber ohne ihn. Noch immer wartet Gott.

Gottes Geduld frustriert uns manchmal, besonders, wenn das Böse die Oberhand behält und er nicht eingreift, um es aufzuhalten. In solchen Zeiten fällt es uns leicht, der Lüge zu glauben, dass das Böse letztendlich unbesiegt bleiben und das Gute den Kürzeren ziehen wird. Über diese Herzenshaltung schreibt Salomo:

> Weil das Urteil über böses Tun nicht sogleich ergeht, wird das Herz der Menschen voll Begier, Böses zu tun.
>
> Prediger 8,11

Hier wird aufgedeckt, was für Ausreden Menschen gebrauchen, um sich die göttliche Überführung vom Hals zu halten. Sie versuchen, ihr gottloses Tun zu entschuldigen, indem sie darauf verweisen, dass dies bis jetzt keine negativen Folgen oder gar Strafe nach sich gezogen habe: »Nun, da bisher nichts passiert ist, bin ich noch auf Nummer sicher.« Wenn ich mit einer ganzen Reihe schwerer Sünden davongekommen bin und bisher keine unmittelbaren Folgen zu spüren bekommen habe, denke ich vielleicht: *Aha! Offenbar ist das alles in Ordnung. Also dann, wenn ich doch vor Strafe sicher bin … – nur weiter so!* Aber es könnte sich sehr wohl um den letzten Tag gehandelt haben, an dem Sie mit Ihrem bösen Tun durchgekommen sind.

Sie wissen genauso wenig wie ich, an welchem Punkt die Grenze Gottes überschritten ist und wann er sagt: »Jetzt ist es aber genug! Es reicht mir! Ich werde das nicht länger ertragen.« Aber ich weiß aus diesem und anderen Abschnitten der Bibel und ich weiß aus Gottes Umgang mit Sodom und Gomorra, mit Herodes Agrippa, Ahab und Isebel, dass seine Geduld irgendwann einmal zu Ende geht. Lassen Sie sich nicht täuschen und zu der Annahme verführen, dass seine Langmut eine *endlose* Leidensfähigkeit und Geduld garantiere.

2. Gott hält sein Wort. Niemand kann ihn davon abbringen.

Vergessen Sie nie mehr, was Sie hier gelesen haben. Ahab und Isebel waren unglaublich mächtig, sie waren sehr einschüchternd, schrecklich boshaft und dienten den Mächten der Finsternis. Sie dachten, sie hätten alles in der Hand und seien unbesiegbar. Aber als Gott auf den Plan trat, war es aus damit. Sie hatten keinerlei Mittel, sein Gericht aufzuhalten.

Bei einem anderen mächtigen König können wir dieselbe Lektion lernen. Sein Name war Belsazar. Er regierte zur Zeit des Propheten Daniel. Auch Belsazar war mächtig und beeindruckend. Und auch er machte den Fehler, die Stimme Gottes zu ignorieren. »Iss, trink und sei fröhlich!« war sein Motto. Dann, eines Nachts, schaute er auf und sah, wie die Hand Gottes quer über die getünchte Wand schrieb: »Ich habe dich auf der Waagschale meiner Gerechtigkeit gewogen und für zu leicht befunden. Ich werde deinem Königtum ein Ende setzen.« (Daniel 5) Auch dort sagte Gott: »Jetzt reicht es mir.« Und *in derselben Nacht noch* ereilte Belsazar sein Schicksal. Er hätte *nichts* mehr tun können, um Gottes Urteil und dessen Vollstreckung abzuwenden.

Wenn Sie ein Kind Gottes sind, dann wird er Sie nicht aus seiner Familie verstoßen. Aber wenn Sie sich stur weigern, ihm zu gehorchen und immer weiter Ihre eigenen Wege gehen, dann wird er Sie ernsthaft züchtigen. Er liebt Sie viel zu sehr, als dass er Ihre Handlungen oder Unterlassungen ignorieren könnte. Gott kann Sie jederzeit von dieser Erde entfernen oder Ihnen jede Lebensfreude nehmen. Er kann auch, wie er es mit den Korinthern getan hat, Ihre Stärke und Ihre Gesundheit wegnehmen, sodass Sie krank und schwach werden. Manche Menschen sterben wirklich an den Folgen ihrer eigenen Fleischlichkeit und das ist tragisch.

Wir haben die Neigung, uns mit anderen zu vergleichen und zu sagen: »Nun, ich bin doch keineswegs so schlimm wie Isebel und Ahab.« Oder zu zögern und zu sagen: »Im Augenblick ist es einfach zu schmerzhaft, dieses Verhalten aufzugeben. Nächste Woche gehe ich es dann an und ändere alles.« Ich bitte Sie herzlich, weder die eine noch die andere faule Ausrede zu benutzen – weder den Vergleich mit anderen noch das Zögern und Festhalten am Gewohnten. Die wirksamste Waffe des Teufels ist der Aufschub.

Ich schließe diesen Abschnitt mit ernsten Warnungen und Ermahnungen: Spielen Sie nicht mit Gott. Wenden Sie sich nicht von ihm ab und gehen Sie nicht stur Ihre eigenen Wege in die entgegengesetzte Richtung. Vergessen Sie nie das eine: Am Ende behält Gott immer die Oberhand. Er gewinnt immer. Wenn er erst mal sagt: »Jetzt reicht es mir aber« – dann ist es zu spät.

Gott ist gut, aber er ist ebenso gerecht. Und wenn seine Gerechtigkeit schließlich zum Tragen kommt, gibt es kein Entkommen mehr. Wenn Sie sich entschließen sollten, lieber das Gegenteil zu glauben, dann sind Sie einem tödlichen Opiat verfallen.

Es fielen aber die Moabiter ab von Israel, als Ahab tot war.
Und Ahasja fiel durch das Gitter in seinem Obergemach in
Samaria und wurde krank. Und er sandte Boten und sprach
zu ihnen: »Geht hin und befragt Baal-Sebub, den Gott von
Ekron, ob ich von dieser Krankheit genesen werde.«
Aber der Engel des HERRN redete mit Elia, dem Tischbiter:
»Auf und geh den Boten des Königs von Samaria entgegen
und sprich zu ihnen: ›Ist denn nun kein Gott in Israel, dass
ihr hingeht, zu befragen Baal-Sebub, den Gott von Ekron?‹
Darum spricht der HERR: ›Du sollst nicht mehr von dem
Bett herunterkommen, auf das du dich gelegt hast, sondern
sollst des Todes sterben.‹« Und Elia ging.
Und als die Boten zum König zurückkamen, sprach er zu ih-
nen: »Warum kommt ihr zurück?« Sie sprachen zu ihm: »Es
kam ein Mann herauf uns entgegen und sprach zu uns: ›Geht
wieder hin zu dem König, der euch gesandt hat, und sprecht
zu ihm: So spricht der HERR: Ist denn kein Gott in Israel,
dass du hinsendest, zu befragen Baal-Sebub, den Gott von
Ekron? Darum sollst du nicht mehr herunterkommen von
dem Bett, auf das du dich gelegt hast, sondern sollst des Todes
sterben.‹« Er sprach zu ihnen: »Von welcher Art war denn der
Mann, der euch begegnete und das zu euch sagte?« Sie spra-
chen zu ihm: »Er hatte langes Haar und einen Ledergurt um
seine Lenden.« Er aber sprach: »Es ist Elia, der Tischbiter.«
Und der König sandte zu Elia einen Hauptmann über fünf-
zig samt seinen fünfzig Mann. Und als der zu ihm hinauf-
kam, siehe, da saß er oben auf dem Berge. Er aber sprach zu
ihm: »Du Mann Gottes, der König sagt: ›Du sollst herabkom-
men!‹« Elia antwortete dem Hauptmann über fünfzig: »Bin
ich ein Mann Gottes, so falle Feuer vom Himmel und fresse
dich und deine fünfzig Mann.« Da fiel Feuer vom Himmel
und fraß ihn und seine fünfzig Mann.
Und der König sandte wiederum einen andern Hauptmann
über fünfzig zu ihm samt seinen fünfzig Mann. Der kam zu
ihm hinauf und sprach zu ihm: »Du Mann Gottes, so spricht
der König: ›Komm eilends herab!‹« Elia antwortete: »Bin ich
ein Mann Gottes, so falle Feuer vom Himmel und fresse dich
und deine fünfzig Mann.« Da fiel das Feuer Gottes vom
Himmel und fraß ihn und seine fünfzig Mann.

Da sandte der König wiederum den dritten Hauptmann über fünfzig samt seinen fünfzig Mann. Als der zu ihm hinaufkam, beugte er seine Knie vor Elia und flehte ihn an und sprach zu ihm: »Du Mann Gottes, lass mein Leben und das Leben deiner Knechte, dieser fünfzig, vor dir etwas gelten. Siehe, Feuer ist vom Himmel gefallen und hat die ersten zwei Hauptleute über fünfzig mit ihren fünfzig Mann gefressen; nun aber lass mein Leben etwas gelten vor dir.« Da sprach der Engel des HERRN zu Elia: »Geh mit ihm hinab und fürchte dich nicht vor ihm!« Und er machte sich auf und ging mit ihm hinab zum König.

Und er sprach zu ihm: »So spricht der HERR: ›Weil du Boten hingesandt hast und hast befragen lassen Baal-Sebub, den Gott von Ekron, als wäre kein Gott in Israel, dessen Wort man erfragen könnte, so sollst du von dem Bett nicht mehr herunterkommen, auf das du dich gelegt hast, sondern sollst des Todes sterben.‹«

So starb Ahasja nach dem Wort des HERRN, das Elia geredet hatte. Und Joram wurde König an seiner Statt im zweiten Jahr Jorams, des Sohnes Joschafats, des Königs von Juda; denn Ahasja hatte keinen Sohn. Was aber mehr von Ahasja zu sagen ist, was er getan hat, siehe, das steht geschrieben in der Chronik der Könige von Israel.

2. Könige 1,1-18

KAPITEL NEUN

Vor dem Feind auf der Hut sein

Ich sitze hier in meinem Büro und habe einen jener schlauen Cartoons vor Augen, der auf Verleger und Chefredakteure gemünzt ist. Er ist überschrieben mit den schneidenden Worten: »Das Problem mit dem Siegerpodest.«

Fast das gesamte Bild wird von einem riesig hohen Podest mit mehreren Stockwerken eingenommen. Eine Leiter lehnt dagegen und ganz oben macht sich ein Mann daran, von der Leiter zu steigen und die Treppe zu betreten. Ich als Leser habe den Vorteil, dass ich erkennen kann, was auf der Oberfläche des Riesenpodestes aufgezeichnet ist: eine gewaltige Zielscheibe, mit einem übergroßen Mittelpunkt. Neben dieser Zielscheibe steht ein Schild, auf dem Folgendes zu lesen ist:

Herzlichen Glückwunsch!
Sie sind ganz oben angekommen!
Stehen Sie bitte still, damit jeder eine echte Chance hat,
Sie von dort herunterzuschießen.

Jeder, der einmal mit Leiterschaft zu tun gehabt hat, besonders mit geistlicher Leiterschaft, kennt die Wahrheit, die in diesem

Cartoon steckt. Wenn man unterwegs ist, immer die Leiter hinauf, scheint es nur natürlich, dass man, oben angekommen, das Siegerpodest betritt. Der Applaus, der Leistung und Erfolg begleitet, treibt einen voran und lässt einen wissen, dass man es so gut wie geschafft hat. Man verdient es, für all die Mühen und die Hingabe geehrt und bewundert zu werden. Immerhin war es nicht leicht, die Leiter zu erklimmen.

Sobald man aber einmal seinen Fuß auf diese Hochebene des Ruhmes gesetzt hat, muss man ungeheuer aufpassen. Wie der Cartoon zeigt, steht man dann im Mittelpunkt des allgemeinen Interesses – und von da an wird »Runterschießen« zu einem Gesellschaftsspiel, weit mehr als Sie vielleicht zu glauben geneigt sind. Diese Angriffe werden durch die Tatsache, dass dort oben jederzeit Orkane der Versuchung losbrechen können, verstärkt. Sie sind unberechenbar und können einen umfegen wie nichts. Der persönliche »tote Winkel« wird größer. Die Gefühle der Unentbehrlichkeit und Unabhängigkeit können die gesunde Abhängigkeit von dem Einen, der Sie über jedes Maß hinaus gesegnet hat, ersetzen.

Vor Jahren habe ich die folgenden weisen Worte auswendig gelernt:

Niemand, der nicht bereit ist, einen höheren Preis zu bezahlen als all seine Zeitgenossen und Kollegen zu zahlen bereit sind, sollte nach Leiterschaft im Dienste Gottes streben. Die wahre Leiterschaft verlangt immer einen hohen Tribut vom gesamten Menschen und je wirksamer ein Leiter ist, desto höher ist der Preis, den er zu bezahlen hat.[28]

Elia hatte einen Großteil seines Lebens genau in der Mitte der Zielscheibe verbracht. Sobald er dem König die unwillkommene Botschaft Gottes verkündet hatte und die Folgen der langen Dürre spürbar wurden, wurde sein Name zum Fluchwort in Israel. Er war berühmt, aber alles andere als beliebt. Jeder, besonders der König, hätte nur allzu gern Hand angelegt an den fremden Seher, der aus dem Nichts gekommen war und Unheil über ihr Leben gebracht hatte.

Elias heldenmütige und erfolgreiche Art, auf dem Berg Karmel die Machtprobe mit den Propheten und Priestern Baals und Ascheras zu bestreiten, hatte seine Feinde in ihrem Entschluss, ihn vom Podest der Unbesiegbarkeit hinunterzustoßen, noch bestärkt. In ihren Augen war es nun wirklich genug. Kein Mensch sollte solche Macht haben dürfen, meinten sie.

Gott griff ein und schützte Elia vor vielen Fallen, die man für ihn bereitgestellt hatte – wir wissen gar nicht, vor wie vielen. Wie wir gerade im vorigen Kapitel gesehen haben, gingen sowohl Ahab als auch Isebel schließlich viel zu weit und Gott machte dann ziemlich schnell kurzen Prozess mit ihnen. Genau wie von Gott vorhergesagt, starb Ahab binnen kurzem.

> Und sie gingen nach Samaria und begruben den König (Ahab) in Samaria.
> Und als sie den Wagen wuschen bei dem Teich Samarias, leckten die Hunde sein Blut – und die Huren wuschen sich darin – nach dem Wort des HERRN, das er geredet hatte.
> Also legte sich Ahab zu seinen Vätern und sein Sohn Ahasja wurde König an seiner Statt.
> Ahasja, der Sohn Ahabs, wurde König über Israel zu Samaria im siebzehnten Jahr Joschafats, des Königs von Juda, und regierte über Israel zwei Jahre. Und er tat, was dem HERRN missfiel und wandelte in den Wegen seines Vaters und seiner Mutter und in dem Wege Jerobeams, des Sohnes Nebats, der Israel sündigen machte, und diente dem Baal und betete ihn an und erzürnte den HERRN, den Gott Israels, wie sein Vater tat.
>
> 1. Könige 22,37-38.40.52-54

Dass Ahab tot war, bedeutet nun nicht, dass alles im Lande zum Besten bestellt gewesen wäre. Sein Sohn Ahasja, vermutlich sein Ältester, folgte ihm auf den Thron nach. Wie man sich leicht vorstellen kann, war der Sohn dem Vater ähnlich und so regierte er zwei Jahre lang, in denen er alles »tat, was dem Herrn missfiel«. Er war aus demselben Holz geschnitzt wie seine Eltern und diente Baal.

Wir wissen wenig mehr über Ahasja, als dass er in seinem Palast einen Unfall erlitt, von dem er sich nie wieder ganz erholen sollte.

> … als Ahab tot war. Und Ahasja fiel durch das Gitter in seinem Obergemach in Samaria und wurde krank. Und er sandte Boten und sprach zu ihnen: »Geht hin und befragt Baal-Sebub, den Gott von Ekron, ob ich von dieser Krankheit genesen werde.«
>
> 2. Könige 1,2

Wir erfahren nicht genauer, was Ahasja zustieß. Vielleicht brach er sich ein Bein oder erlitt eine Rückenverletzung oder ein inneres Organ wurde durch den Sturz beschädigt. Vielleicht war er anschließend sogar gelähmt. Der Erzähler schweigt darüber und sagt auch nicht, wie es zu diesem Sturz kam. Wir wissen nur, dass ein Sturz schwere Verletzungen oder eine Krankheit nach sich zog, was dann zu einer spannenden Serie von Ereignissen führte. Diese Ereignisse hatten wiederum Einfluss auf das Leben Elias, der noch immer Zielscheibe des Hasses seiner Feinde war. Nur hatte er dieses Mal einen übernatürlichen Feind: Baal-Sebub, den Gott Ekrons.

Als der regierende König Ahasja feststellen musste, dass er sich von seinen Verletzungen nicht erholte, wurde er besorgt. Er war in der Haltung erzogen worden, dass man in solchen Wechselfällen des Lebens heidnische Gottheiten zu befragen habe. Daher suchte er Rat bei Baal-Sebub, dem Gott der Stadt Ekron. Er hoffte, die Priester des Götzen würden ihm vorhersagen, dass er sich vollkommen erholen werde. Ekron war eine der fünf wichtigsten Städte der Philister, eine Stadt, die bekannt war für ihre heidnischen Praktiken der Weissagung (1. Sam 5,10; 1. Sam 6,2; Jesaja 2,6) und offenbar »wohnte« die Gottheit dort.

Sprachlich ist »Baal-Sebub« eine Kombination zweier hebräischer Wörter. »Baal« bedeutet »Herr« oder »Gott«. »Sebub« oder »Zebub« kommt von dem Verb »zabab«, das so viel heißt wie »hängen«, »sich schnell hin und her bewegen«. Das Hauptwort dazu bedeutet »Fliege«. Zusammengenommen bedeuten die Wörter »Herr der Fliege« oder »Gott der Fliege«.

Kenner des Alten Testamentes haben verschiedene Theorien darüber entwickelt, was dieser zusammengesetzte Name oder Titel bedeutet haben mag. Vielleicht hatte die Statue dieses Götzen die Gestalt einer Fliege. Vielleicht war er ein Gott der Medizin oder ein Gott, der Erleichterung bewirken sollte, wenn man von Fliegen gequält und geplagt wurde, wie es in Ländern des Ostens oft vorkommt. Genau wissen wir allerdings nur, dass dieser »Fliegengott« in Ekron beheimatet war und durch seine Seher, Zauberer und Hexen die Zukunft vorhersagte. Daher wünschte Ahasja sich Informationen von Baal-Sebub.

Der Name Baal-Sebub wird im Alten Testament nur einmal erwähnt, nämlich in diesem Kapitel. Hier erscheint er allerdings gleich viermal. Jedes Mal bezieht er sich auf dieselbe falsche Gottheit, den Götzen von Ekron. In seiner griechischen Form, Beelzebul, erscheint der Name noch ein weiteres Mal im Neuen Testament:

> Ein Besessener, der blind und taub war, wurde zu Jesus gebracht. Jesus heilte ihn, sodass er wieder sehen und sprechen konnte. Die Menschen waren sehr verwundert. »Könnte es sein, dass dieser Jesus der Sohn Gottes ist?«, fragten sie sich. Als das jedoch den Pharisäern zu Ohren kam, sagten sie: »Kein Wunder, dass er böse Geister austreiben kann. Er hat seine Macht von Beelzebul, dem Herrscher über die Dämonen.«
>
> Matthäus 12,22-24

Eine der Taten, die die Propheten für den Messias vorhergesagt hatten, war, dass er die Menschen von satanischen, übernatürlichen Kräften und Mächten befreien würde. Daher war die Menge, die Jesus folgte, vollkommen überrascht, als sie sah, wie dieser einfache Zimmermann Menschen aus der dämonischen Macht des Bösen befreite. »*Könnte es sein, dass dieser Mensch der Messias ist?*«, fragten sie sich. »*Könnte dies der Sohn Davids sein?*«

Aber die Pharisäer wischten diese Möglichkeit kategorisch

vom Tisch und schrieben die Kraft Jesu »Beelzebul, dem Herrscher über die Dämonen« zu.

Wir können nicht sicher sagen, dass dieser »Beelzebul« sich ganz spezifisch auf Satan bezieht. Der Name könnte sich auf einen der dämonischen Prinzen beziehen, die über besondere Gebiete der dämonischen Welt Macht haben. Aber wir wissen sicher, dass dieser Beelzebul mit dem Baal-Sebub im zweiten Buch der Könige, das wir hier vor uns haben, eng verwandt ist. Beide stehen für eine Quelle dämonischer Kraft.

Jedenfalls war der Gott Baal-Sebub, den man in Ekron anbetete, dieser »Herr der Fliegen«, unmittelbar mit der satanischen Welt der Dämonen verbunden.

Als mein Bruder Orville noch Schüler war, interessierte er sich für Wissenschaft und Forschung. Das Forschungsprojekt, an dem er arbeitete und mit dem er den Bausch-und-Lomb-Preis gewann, als er von der Schule abging, war seine Zucht von *Drosophila Melanogaster*. Was ist eine *Drosophila Melanogaster*? Es ist der wissenschaftliche Name für die Fruchtfliege. Und eines kann ich Ihnen sagen: Sie haben so etwas noch nicht erlebt – wie *Drosophila Melanogaster* sich vermehren, wenn man ihnen überreife Bananen zu fressen gibt und sie sich selbst überlässt. Einmal hat sich nachts einer der Behälter ein kleines bisschen geöffnet – und wir hatten *Drosophila Melanogaster* im gesamten Haus. (Sie wieder einzufangen ist eine ganz andere Geschichte, die einfach zum Brüllen ist; aber am besten kann dies unsere Schwester Lucy erzählen. Also werde ich es hier bleiben lassen.)

Fliegen, ob nun Fruchtfliegen oder ganz normale Stubenfliegen, sind nervtötende, irritierende Insekten. Das macht mir ziemlich klar, wie groß die quälende Kraft eingeschätzt wurde, die Baal-Sebub zugeschrieben worden sein muss. Es besagt auch etwas über die Schwärme Elend verursachender Probleme, die diese Art von Gottheit schaffen konnte.

Natürlich kümmerte sich Ahasja auf seiner Suche nach der eigenen Zukunft wenig darum, welcher dämonischen Kraftquelle er sich da zu bedienen gedachte. Wie seine Eltern war er schlecht und verkommen bis ins Mark. Das Einzige, was er wissen wollte,

war, wie seine Zukunft aussah. Um an diese Information heran-
zukommen, war er durchaus bereit, sich der Macht des Baal-Sebub zu bedienen oder besser: sich ihr auszuliefern.

Manche mögen sagen, wie sie es sicher auch in Elias Tagen getan haben mögen: »Na und? Was ist daran so schlimm? Was
macht´s? Dieser Gott war nur ein Stück Holz, sonst nichts. Er ist
doch nicht lebendig.« Das mag ja wahr sein, soweit es um die Statue geht. Aber das Problem liegt woanders: Eine Statue steht stellvertretend für eine Kraft und besonders dafür, was es für den Götzendiener bedeutet. Natürlich ist der Götze, die Figur, wirklich
nur ein Stück Materie, aber durch die Handlung der Anbetung
wird sie zu einem Ort, an dem eine dämonische Kraft wohnen
kann und in der Regel auch tatsächlich wohnt. Dieses Objekt,
dem Menschen huldigen, das sie um Rat angehen und dem sie opfern, ist an und für sich ein Nichts. Aber es kann zur Brutstätte für
eine ganze Sippe dämonischer Mächte und Gewalten werden.

Paulus schreibt viele Jahrhunderte später an die Korinther
und bestätigt dies:

> Was will ich damit sagen? Behaupte ich nun etwa doch, dass
> die Götzen, denen die Völker Opfer darbringen, wirkliche
> Götter sind und dass diese Opfer etwas zu sagen hätten?
> Nein, ganz und gar nicht. Ich sage vielmehr, dass diese Opfer
> den Dämonen und nicht Gott dargebracht werden. Und ich
> möchte nicht, dass ihr in irgendeiner Weise Gemeinschaft
> mit Dämonen habt.
>
> 1. Korinther 10,19-20

Oberflächlich betrachtet war Baal-Sebub wirklich nichts anderes
als ein Stück behauenen Steins oder geschnitzten Holzes, vielleicht in der Form einer Fliege. Aber es gingen alle möglichen
übernatürlichen Wirkungen, die von Dämonen inspiriert waren,
von ihm aus. Eine dieser Wirkungen bestand darin, dass Menschen in seinem Einflussbereich die Zukunft vorhersagen konnten. Deshalb griff Gott ein, als Ahasja seine Boten lossandte, um
bei der Gottheit Ekrons Rat und Auskunft zu erbitten.

AUGE IN AUGE MIT DEM FEIND

Gott griff ein. Wie nicht anders zu erwarten, schickte er dazu seinen Boten Elia.

> Aber der Engel des HERRN redete mit Elia, dem Tischbiter:
> »Auf und geh den Boten des Königs von Samaria entgegen
> und sprich zu ihnen: ›Ist denn nun kein Gott in Israel, dass
> ihr hingeht, zu befragen Baal-Sebub, den Gott von Ekron?‹
> Darum spricht der HERR: ›Du sollst nicht mehr von dem
> Bett herunterkommen, auf das du dich gelegt hast, sondern
> sollst des Todes sterben.‹« Und Elia ging.
>
> 2. Könige 1,3-4

Gott sandte seinen Propheten sofort auf den Plan, damit er die Boten Ahasjas noch abfangen konnte. Gott wollte vermeiden, dass diese auch nur den geringsten Kontakt mit der dämonischen Gottheit in Ekron bekamen. Er sagte zu Elia: »Verhindere, dass sie sich überhaupt auf den Weg dorthin machen. Halte sie auf! Und wenn du sie eingeholt hast, dann sprich zu ihnen: ›Gibt es denn in ganz Israel keinen lebendigen Gott, an den man sich wenden könnte? Warum müsst ihr zu diesem Götzen nach Ekron gehen?‹«

Gott reagiert schnell, nicht wahr? Hier liegt Ahasja, ans Bett gefesselt, wird und wird nicht gesund und möchte wissen, wie seine Zukunft aussieht. Und schon geht der Herr dazwischen und sagt: »Richtet König Ahasja aus, dass schon diese Handlung, seine Entscheidung, sich Rat bei dem Götzen zu holen, eine todbringende Krankheit hervorgerufen hat. Er wird nie mehr gesund werden.«

Nun, als die königlichen Botschafter in den Palast zurückkehren und dem König von dem Mann berichten, der sie aufgehalten hat und von der Botschaft, die er ihnen ausgerichtet hat, stellt der König nur eine einzige Frage:

Er sprach zu ihnen: »Von welcher Art war denn der Mann, der euch begegnete und das zu euch sagte?«
Sie sprachen zu ihm: »Er hatte langes Haar und einen Ledergurt um seine Lenden.« Er aber sprach: »Es ist Elia, der Tischbiter.«

2. Könige 1,7-8

Ich sagte ja schon, dass der Prophet bekannt war. Er stand im Zentrum der Zielscheibe. Ahasja wusste ganz genau, wer Elia war. Er hatte alles über diesen Propheten gehört, der schon seinen Eltern ein solcher Dorn im Auge gewesen war. Elia hatte die Regierungszeit seiner Eltern überschattet und in mancherlei Hinsicht beschränkt – und nun war er wieder da, um ihren Sohn zu verfolgen.

Aber Ahasja, ganz der Sohn seiner Eltern, zog sofort die Waffe der Einschüchterung und versuchte so, den Propheten auszuschalten.

Und der König sandte zu Elia einen Hauptmann über fünfzig samt seinen fünfzig Mann. Und als der zu ihm hinaufkam, siehe, da saß er oben auf dem Berge. Er aber sprach zu ihm: »Du Mann Gottes, der König sagt: ›Du sollst herabkommen!‹«
Elia antwortete dem Hauptmann über fünfzig: »Bin ich ein Mann Gottes, so falle Feuer vom Himmel und fresse dich und deine fünfzig Mann.« Da fiel Feuer vom Himmel und fraß ihn und seine fünfzig Mann.

2. Könige 1,9-10

Elia hatte noch nie seinen Feinden auch nur einen Fußbreit Boden eingeräumt. Wieder reagierte er schnell. Und Gott belohnte die Weigerung seines Dieners, sich einschüchtern zu lassen.

Und der König sandte wiederum einen andern Hauptmann über fünfzig zu ihm samt seinen fünfzig Mann. Der kam zu ihm hinauf und sprach zu ihm: »Du Mann Gottes, so spricht der König: ›Komm eilends herab!‹«

Elia antwortete: »Bin ich ein Mann Gottes, so falle Feuer vom Himmel und fresse dich und deine fünfzig Mann.« Da fiel das Feuer Gottes vom Himmel und fraß ihn und seine fünfzig Mann.

2. Könige 1,11-12

Wieder weigerte sich Elia, sich einschüchtern zu lassen durch einen Menschen, der letztendlich unter dem Kommando eines gottlosen Regenten stand, mochte er noch so viele Soldaten bei sich haben. Er rief ein Gottesurteil herbei. Die Nachricht erreichte in Windeseile das Lager der Soldaten: Der Mann auf dem Berg mit dem Zottelhaar – den sollte man nicht unterschätzen!

Der dritte Hauptmann war kein Dummkopf. Beachten Sie, wie er vorging:

> Da sandte der König wiederum den dritten Hauptmann über fünfzig samt seinen fünfzig Mann. Als der zu ihm hinaufkam, beugte er seine Knie vor Elia und flehte ihn an und sprach zu ihm: »Du Mann Gottes, lass mein Leben und das Leben deiner Knechte, dieser fünfzig, vor dir etwas gelten. Siehe, Feuer ist vom Himmel gefallen und hat die ersten zwei Hauptleute über fünfzig mit ihren fünfzig Mann gefressen; nun aber lass mein Leben etwas gelten vor dir.«

2. Könige 1,13-14

In diesem Augenblick sprach Gott durch seinen Engel und gab klare Anweisungen:

> Da sprach der Engel des HERRN zu Elia: »Geh mit ihm hinab und fürchte dich nicht vor ihm!« Und er machte sich auf und ging mit ihm hinab zum König.
> Und er sprach zu ihm: »So spricht der HERR: ›Weil du Boten hingesandt hast und hast befragen lassen Baal-Sebub, den Gott von Ekron, als wäre kein Gott in Israel, dessen Wort man erfragen könnte, so sollst du von dem Bett nicht mehr herunterkommen, auf das du dich gelegt hast, sondern sollst des Todes sterben.‹«

2. Könige 1,15-16

Furchtlos stellt Elia sich König Ahasja. Es muss ihn an jene Zeiten erinnert haben, als er Ahasjas Vater Ahab zur Rede stellen musste.

Man kann eigentlich nicht umhin, den stets gleich bleibenden Heldenmut Elias zu bewundern. Dieser Mann steht allein da, dieses Mal vor einem jüngeren König, der sicher von einigen Soldaten umringt ist, die König Ahasja treu ergeben und bis an die Zähne bewaffnet sind. Sie hätten Elia mit einem einzigen Speerwurf beseitigen können. Dennoch dachte dieser Mann Gottes keine Sekunde über die Risiken, die er einging, nach. Er war *so* überzeugt und seinem Herrn *so* ergeben, dass der Gedanke an Selbstschutz ihm gar nicht erst in den Sinn kam.

So konnte Gott, der lebendige Herr, König Ahasja durch seinen mutigen Sprecher dafür zurechtweisen, dass er die wahre Informationsquelle (der Herr, der Gott Israels) durch eine falsche (Baal-Sebub) ersetzt hatte. Achten Sie noch einmal auf Elias eindringliche, scharfe Frage: »Gibt es in ganz Israel keinen Gott, an den du dich hättest wenden können, dass du Hilfe suchst bei diesem ›Gott‹ in Ekron?« Er fragte das im vollen Bewusstsein dessen, dass Ahasja ein Götzendiener war, der die Zukunft aus allem Möglichen zu lesen versuchte. Danach sprach Elia das Schlussurteil Gottes: »Weil du dich an diese falsche Gottheit gewandt hast, wirst du nicht nur nicht gesund werden, sondern im Gegenteil bald sterben.« Keine Möglichkeit zur Heilung mehr. Zu spät.

> So starb Ahasja nach dem Wort des HERRN, das Elia geredet hatte.
>
> 2. Könige 1,17a

Der Heldenmut gottgefälliger Männer und Frauen zeigt sich in ihrer Bereitschaft, unangenehmen und sogar bedrohlichen Begleitumständen mit einer bemerkenswerten Ruhe entgegenzusehen. Sie gehen mit fester Entschlossenheit vor, auch wenn das dazu führen sollte, dass sie sich persönlich unbeliebt machen oder gefährden. Nichts hindert sie in ihrer Leidenschaft, Gott zu gehorchen, koste es, was es, wolle. *Seine* Botschaft rangiert für sie ganz obenan. Punktum.

Bei nur wenigen in der Kirchengeschichte war dieser leidenschaftliche Heldenmut so intensiv ausgeprägt wie bei Martin Luther. Es ist vielfach angenommen worden, dass er wohl der furchtloseste Mann war, der je gelebt hat. »Sie können von mir alles erwarten – außer Angst und Widerruf. Ich werde nicht fliehen und noch weniger werde ich auch nur das Geringste zurücknehmen«, sagte Luther auf seiner höchst bedeutsamen Reise zum Reichstag nach Worms.

Luthers Freunde hatten Angst um seine Sicherheit. Sie konzentrierten sich derart auf die Gefahren, die dort auf ihn lauerten, dass sie versuchten, ihn von der Reise abzubringen. Aber schon der Gedanke, *nicht zu reisen*, ekelte ihn an. »Nicht nach Worms gehen!«, schnaubte er. »Ich werde nach Worms gehen, selbst wenn dort so viele Teufel versammelt sein sollten wie Ziegel auf den Dächern liegen.«

Bei einer späteren Gelegenheit, als er auf eine Audienz mit allen Prälaten der Kirche wartete, wurde Luther gefragt, ob er nicht Angst habe. »Angst? Weit mehr als den Papst mit all seinen Kardinälen fürchte ich jenen großen Papst, das *Selbst*.«[29]

Amy Carmichael hat einmal genau diesen Kampf in ihrem Leben in Reime gefasst:[30]

God, harden me against myself, The coward with pathetic voice Who craves for ease and rest and joy. Myself, arch-traitor to myself, My hollowest friend, My deadliest foe, My clog, whatever road I go.	Gott, mache mich hart gegen mich selbst! Gegen den Feigling in mir, der pathetisch nach Bequemlichkeit, Ruhe und Freude ruft. Mein Selbst ist der gemeinste Betrüger meiner selbst, mein hohlster Freund, mein tödlichster Feind, mein Holzschuh, der meinen Schritt hemmt, welche Straße auch immer ich gehe.

Elia wuchs über seine Feinde, über seinen König und sogar sich selbst hinaus, indem er mutig die Botschaft Gottes ausrichtete und sich nicht der Versuchung hingab, sie auch nur im Mindesten zu beschönigen oder abzumildern. Möge die Menschheit immer mehr solcher Menschen haben! Wir brauchen sie so nötig in dieser Zeit der seichten Wohlfühl-Theologie, die so beliebt ist unter den oberflächlichen, schulterklopfenden Geistlichen.

DIREKTE WORTE
AUF FEINDLICHEM GEBIET

Auch heute versuchen zahllose Menschen, die Zukunft zu erfahren. Zeitungen und Zeitschriften haben eine Horoskop-Kolumne. Fernsehsender machen Reklame für Esoterik-Hotlines. An Bushaltestellen wird dafür geworben, sich aus der Hand lesen zu lassen. In Supermärkten findet man in Zeitschriftenständern an den Kassen Taschenbücher über Astrologie, Horoskope und andere okkulte Themen. Kataloge enthalten Ouija-Boards (Buchstaben- und Zahlentafeln für spiritistische Sitzungen). Im Internet steht Menschen, die neugierig auf Informationen über ihr Glück und ihre Zukunft sind, eine große Bandbreite an Waren und Dienstleistungen zur Verfügung.

Vielen erscheint es als reine Dümmlichkeit, diese Dinge so groß herauszubringen. Viele halten die Beschäftigung mit Okkultem auch für nichts anderes als ein harmloses Vergnügen. Was soll daran schon schlimm sein, wenn man täglich sein Horoskop liest? Doch damit befindet man sich auf feindlichem Gelände. Es ist alles andere als dümmlich oder harmloser Spaß. Wie die Götzen aus Holz und Stein, die in Ekron standen, bieten die heutigen Seher einen Ersatz an, der dazu führt, dass wir unser Vertrauen nicht mehr auf den lebendigen Gott setzen. Die Menschen, die davon Gebrauch machen, weil sie mehr über ihre Zukunft wissen wollen, beziehen Informationen aus Quellen, die mit unserem heutigen »Herrn der Fliegen« in Verbindung stehen. Mit dem allergrößten Vergnügen erlauben die dämonischen Kräfte Ihnen, von ihren exotischen Fähigkeiten zu profitieren, denn so können sie sich in Ihrer Seele ausbreiten.

Gott hat keinerlei Gefallen an okkulten Tätigkeiten und Verwicklungen. Es kommt nicht auf Ihr Motiv an, nicht auf die Tiefe Ihrer Not oder die Dringlichkeit, mit der Sie Rat und Veränderung zu brauchen meinen ... Wer sich auch nur im Geringsten auf Okkultes einlässt, begeht eine Sünde. Sie erinnern sich, wie rasch und durchgreifend Gott an Ahasja gehandelt hat?

Was Gottes Wort zu diesem Thema zu sagen hat, könnte gar nicht klarer sein. Bereits sehr früh in der Geschichte Israels, im Buch Levitikus, dem dritten Buch Mose, gibt Gott seinem Volk einen direkten Befehl:

> Ihr sollt euch nicht wenden zu den Geisterbeschwörern und Zeichendeutern und sollt sie nicht befragen, dass ihr nicht an ihnen unrein werdet; ich bin der HERR, euer Gott.
>
> 3. Mose 19,31

Wenn Sie zu einem Medium oder einem Wunderheiler gehen, wenn Sie einen Wünschelrutengänger oder eine Wahrsagerin aufsuchen, dann beschmutzen Sie sich. Sie werden nicht nur in Ihrer Seele unrein, sondern auch in Ihren Gefühlen verwirrt und geistlich beeinträchtigt oder vollkommen blockiert. Das mag nicht Ihre Absicht sein, aber das ist das Ergebnis. Die Mächte der Finsternis setzen auf Ihre menschliche Neugier und lassen Unterhaltung und unschuldig klingende Vorgänge als Köder vor Ihrer Nase tanzen. Aber sobald Sie auf diese Köder anbeißen, durchlöchern Sie Ihren geistlichen Schutz. Wer sich auf dieses Gebiet begibt, öffnet dunklen Mächten Türen, die später so gut wie gar nicht mehr geschlossen werden können. Der Schutz Gottes verlässt Sie, wenn Sie unreine Geister in Ihr Leben einlassen.

> Wenn sich jemand zu den Geisterbeschwörern und Zeichendeutern wendet, dass er mit ihnen Abgötterei treibt, so will ich mein Antlitz gegen ihn kehren und will ihn aus seinem Volk ausrotten.
>
> 3. Mose 20,6

Das sind harte Worte, aber sie zeigen, wie ernst Gott das Okkulte nimmt und wie streng er mit Menschen umgeht, die sich in irgendeiner Form darauf eingelassen haben.

Bevor die Israeliten das verheißene Land betraten, das Gott ihnen versprochen hatte, gab ihnen Mose den folgenden Auftrag, verbunden mit einer Warnung:

> Wenn du in das Land kommst, das dir der HERR, dein Gott, geben wird, so sollst du nicht lernen, die Gräuel dieser Völker zu tun, dass nicht jemand unter dir gefunden werde, der seinen Sohn oder seine Tochter durchs Feuer gehen lässt oder Wahrsagerei, Hellseherei, geheime Künste oder Zauberei treibt oder Bannungen oder Geisterbeschwörungen oder Zeichendeuterei vornimmt oder die Toten befragt.
> Denn wer das tut, der ist dem HERRN ein Gräuel und um solcher Gräuel willen vertreibt der HERR, dein Gott, die Völker vor dir.
>
> 5. Mose 18,9-12

Die »Gute Nachricht für Dich« übersetzt so:

> Wenn ihr in das Land kommt, das der Herr, euer Gott, euch geben wird, dann hütet euch, die abscheulichen Bräuche seiner Bewohner zu übernehmen. Keiner von euch darf seinen Sohn oder seine Tochter als Opfer auf dem Altar verbrennen. Ihr dürft keine Wahrsager und Wahrsagerinnen unter euch dulden, niemanden, der aus irgendwelchen Zeichen oder mit irgendwelchen Praktiken die Zukunft voraussagt, auch niemanden, der Zauberformeln benutzt und damit die Geister oder Tote befragt. Wer so etwas tut, ist dem Herrn zuwider. Genau wegen dieser Dinge vertreibt der Herr die Bewohner des Landes vor euch. Der Herr ist euer Gott, ihm sollt ihr ganz und ungeteilt gehören.
>
> 5. Mose 18,9-13

Die Hebräer reinigten aber dennoch nicht das gesamte Land von allen Kanaanitern, nachdem sie das Land in Besitz genommen hatten. Daher blieben diese Praktiken im Lande. Sie wurden sogar von jenen toleriert, die doch den Befehl hatten, das Land von allen okkulten Handlungen zu befreien. Auf diese Weise legten die Israeliten selbst den Grundstein für ihre späteren heidnischen Praktiken. Diese Formen des Götzendienstes, die von den Dämonen selbst inspiriert sind, denen Ahab und Isebel ebenso frönten wie ihr Sohn Ahasja, stammten aus jenen üblen Praktiken, die damals vor Jahrtausenden nicht aus dem Land entfernt worden waren.

Gott missfällt jede Verbindung zu Okkultem. *Darüber hinaus wird Gott durch jeden gezielten Versuch, in die Zukunft zu schauen, ohne sich dabei an seinem Wort zu orientieren, entehrt.*

Es ist mir bewusst, dass die meisten Leuten, die mit Astrologie, Glücksbringern oder Ouija-Boards umgehen, dies nicht unbedingt ernst nehmen. Astrologie beispielsweise übt auf viele eine faszinierende Anziehungskraft aus. Die meisten lesen ihr Horoskop aus Spaß oder aus Neugier. Aber diese einfachen, harmlos erscheinenden »Spiele« leiten einen Prozess ein, den viele nicht richtig steuern können. Daher öffnen sie Türen, die sie besser geschlossen lassen sollten. Dann ist es bloß noch eine Frage der Zeit und die Mächte der Finsternis ziehen sie immer mehr in ihren Bann, bis sie sich eines Tages vollkommen verfangen haben. Die dämonischen Kräfte beanspruchen immer mehr Raum in ihrem Denken und die Menschen, die sich auf sie eingelassen haben, werden von ihnen gelenkt, beschlagnahmt und gesteuert – und keineswegs mehr von Gott.

Ahasja, der nach seinem Sturz krank und ans Bett gefesselt war, war anfällig geworden für den Sirenengesang des Baal-Sebub. Geschwächt wie er war, überließ er sich in geistlichen Fragen nicht der Wahrheit Gottes. Daher wurde er ein Opfer des herumschwirrenden »Herrn der Fliegen und der Lügen«. Wir können nur versuchen, uns ein Bild zu machen von seinen Seelenqualen, die er erlitt, während er »starb ... nach dem Wort des HERRN, das Elia geredet hatte.«

Gott missfällt jede Verbindung zum Okkulten. Er wird entehrt, wenn wir Dinge aus der Zukunft zu wissen begehren und uns an eine andere Quelle als sein Wort wenden. Aber eines möchte ich noch nach alledem betonen: *Gott freut sich sehr, wenn wir ihm allein vertrauen.* Der Herr stärkt die, die ihr Vertrauen auf ihn setzen.

Wenn wir nicht intensiv im Wort Gottes verwurzelt sind und wenn wir ihn nicht täglich als Quelle unserer Stärke und unseres Wissens über die Zukunft suchen, dann können auch wir den Verlockungen des Okkulten zum Opfer fallen. Ich habe schon in anderem Zusammenhang gesagt, dass wir nicht mit Gott spielen dürfen. Genauso müssen wir auch lernen, nicht mit unserem Feind zu spielen. Er ist nicht nur der »Herr der Fliegen«, sondern auch der »Vater der Lügen«. Wenn er Sie dazu bringen kann, ihm seine Lügen abzunehmen, dann gewinnt er in der Regel die Oberhand.

Lernen Sie eine wichtige Lektion von Elia: Wenn Sie für die Wahrheit aufstehen, dann müssen Sie auf der Hut sein vor dem Feind. Er spielt nicht nur mit faulen Tricks, er setzt auch alles daran zu gewinnen. Wenn ihm das gelingt, sind Sie der Verlierer.

Als aber der HERR Elia im Wetter gen Himmel holen wollte, gingen Elia und Elisa von Gilgal weg. Und Elia sprach zu Elisa: »Bleibe du hier, denn der HERR hat mich nach Bethel gesandt.« Elisa aber sprach: »So wahr der HERR lebt und du lebst: Ich verlasse dich nicht.« Und als sie hinab nach Bethel kamen, gingen die Prophetenjünger, die in Bethel waren, heraus zu Elisa und sprachen zu ihm: »Weißt du auch, dass der HERR heute deinen Herrn von dir hinwegnehmen wird?« Er aber sprach: »Auch ich weiß es wohl; schweigt nur still.« Und Elia sprach zu ihm: »Elisa, bleib du hier, denn der HERR hat mich nach Jericho gesandt.« Er aber sprach: »So wahr der HERR lebt und du lebst: Ich verlasse dich nicht.« Und als sie nach Jericho kamen, traten die Prophetenjünger, die in Jericho waren, zu Elisa und sprachen zu ihm: »Weißt du auch, dass der HERR heute deinen Herrn von dir hinwegnehmen wird?« Er aber sprach: »Auch ich weiß es wohl; schweigt nur still.« Und Elia sprach zu ihm: »Bleib du hier, denn der HERR hat mich an den Jordan gesandt.« Er aber sprach: »So wahr der HERR lebt und du lebst: Ich verlasse dich nicht.« Und es gingen die beiden miteinander. Und fünfzig von den Prophetenjüngern gingen hin und standen von ferne; aber die beiden standen am Jordan. Da nahm Elia seinen Mantel und wickelte ihn zusammen und schlug ins Wasser; das teilte sich nach beiden Seiten, sodass die beiden auf trockenem Boden hinübergingen. Und als sie hinüberkamen, sprach Elia zu Elisa: »Bitte, was ich dir tun soll, ehe ich von dir genommen werde.« Elisa sprach: »Dass mir zwei Anteile von deinem Geiste zufallen.« Er sprach: »Du hast Schweres erbeten. Doch wenn du mich sehen wirst, wie ich von dir genommen werde, so wird's geschehen; wenn nicht, so wird's nicht sein.« Und als sie miteinander gingen und redeten, siehe, da kam ein feuriger Wagen mit feurigen Rossen, die schieden die beiden voneinander. Und Elia fuhr im Wetter gen Himmel. Elisa aber sah es und schrie: »Mein Vater, mein Vater, du Wagen Israels und sein Gespann!« und sah ihn nicht mehr. Da fasste er seine Kleider, zerriss sie in zwei Stücke und hob den Mantel auf, der Elia entfallen war, und kehrte um und trat wieder an das Ufer des Jordans. Und er nahm den Mantel, der Elia entfallen war, und schlug ins Wasser und sprach: »Wo ist nun der HERR, der Gott Elias?« und schlug ins Wasser. Da teilte es sich nach beiden Seiten und Elisa ging hindurch. *2. Könige 2,1-14*

KAPITEL ZEHN

Ein Vertrag über Unsterblichkeit

D er Mensch, den ich als Teenager und junger Erwachsener am meisten bewundert habe und der mich am meisten geprägt hat, ist der Vater meiner Mutter, L. O. Lundy aus El Campo in Texas. El Campo ist eine kleine Stadt im texanischen Süden, in der ich 1934, nur ein paar Häuserblocks von meinen Großeltern entfernt, geboren wurde. Das Leben war einfach in diesen Jahren vor dem Zweiten Weltkrieg. Für mich war es auch unschuldig, sicher und voller Träume. Ich verbrachte Stunden mit meinem Opa Lundy und bis heute kann ich mich lebhaft an Szenen erinnern, die meiner Seele noch immer ein zufriedenes Lächeln schenken.

Opa gehörte ein kleines Häuschen in der Bucht nahe Placios und meine schönsten Kindheitserinnerungen spielen dort. Ihm gehörte auch ein Boot, das wir ein Motorboot nannten. Es hatte einen Motor mit 30 PS, Marke Evinrude. Ich lernte, es mit einiger Sicherheit zu steuern. Dieses kleine Fischerboot von ungefähr fünf Metern Länge trug uns in die Salzwasserbucht hinaus, wo wir die verschiedensten Fische fingen: gefleckte Forellen, Sand-forellen, Rotfische, Flunder – um nur die häufigsten zu nennen – und natürlich Tintenfische, die überall zu sein schienen.

Mein Opa und ich sprachen viel miteinander, wenn wir jeder auf seiner Seite des Bootes saßen, morgens, mittags und abends. Wir lachten miteinander, angelten miteinander, sprachen miteinander über Gott und die Welt, vor allem aber genossen wir das Zusammensein. Ich kannte das Wort »bonding« damals noch nicht, aber heute weiß ich, dass diese Stunden genau das zwischen uns zustande brachten: eine ganz starke, tiefe Verbindung. An soviel erinnere ich mich sicher: Als ich heranwuchs, wollte ich so werden wie der Mann, den ich über alle Maßen bewunderte und verehrte – Richter L.O. Lundy.

Bis heute ist es so, dass ich, wenn ich nahe der Küste bin und der durchdringende Geruch von Shrimps und Krebsen in der Luft liegt, an diese einfachen Zeiten denken muss, in denen mir die bloße Gegenwart meines Großvaters so wohl tat und mir ein solch tiefes Gefühl der Sicherheit und Geborgenheit gab, als ich in seinen Armen solche Zärtlichkeit und Annahme fand. In seiner Nähe gab es keinen Grund zur Eile und er hatte immer Zeit für ein Gespräch. Und bis heute scheint es mir an windstillen Abenden am Meer, dass sich seine Umrisse gegen den Himmel abzeichnen und ich meine, sein dichtes weißes Haar zu erkennen und sein freundliches Lächeln zu sehen. Wenn es wirklich ganz still ist, dann könnte ich beinahe schwören, dass ich hören kann, wie er sich räuspert – denn das tat er sehr oft. Und wenn ich intensiv genug lausche, gelingt es mir fast, ihn lachen zu hören. Ich habe ihn sehr geliebt.

Einmal brachte uns unser philosophisches Bootsgespräch zum Thema der Wiederkunft Jesu. Im Zusammenhang damit sprachen wir dann über den Tod. Dieses Thema kam mir geheimnisvoll und ein bisschen Furcht einflößend vor. Ich hatte zahllose Fragen dazu und Opa schien alle Antworten zu haben. Bis auf eine trösteten mich alle. Als er mir sagte, dass er gerne sterben würde, wurde plötzlich das Angeln bedeutungslos für mich:

»Opa, wie meinst du das?«, fragte ich ihn fassungslos und starrte ihn an.

»Nun, mein kleiner Charles, ich meine, dass ich gerne die ganze Fülle erleben möchte«, sagte er.

Ich verstand kein Wort. »Was heißt das: ›die ganze Fülle‹?«

»Das heißt, dass ich den Tod durchschreiten möchte, in einen Sarg gelegt und begraben werden möchte und dass ich mich dann auf das großartige Erlebnis der Auferstehung freue, wenn Jesus zurückkommt.«

Dann schaute er mich ganz direkt an, von seiner Seite des Bootes herüber zu meiner, und fügte mit einem unterdrückten Lachen hinzu: »Alles, ich will alles, die ganze Fülle!«

Ich fand das erstaunlich und ein bisschen beunruhigend: erstaunlich, weil ich noch nie über diese Dinge nachgedacht hatte, und beunruhigend, weil ich nicht wollte, dass mein Opa starb. Der Gedanke, ihn in einem Sarg liegen zu sehen und zuschauen zu müssen, wie Leute Erde in sein Grab schaufelten und den Sarg bedeckten, ließ einen dicken Kloß in meinem Hals entstehen. Ich kann mich noch erinnern, wie schwer mir das Schlucken plötzlich fiel. Ich wurde sehr still. Und ich habe nie wieder mit ihm über dieses Thema gesprochen.

Opa starb viele Jahre später. Damals war ich als junger Kadett in der Marine auf der Insel Okinawa stationiert. Ich konnte seiner Beerdigung nicht beiwohnen. Daher nahm ich mir am Abend der Beerdigung Zeit, um mich ans Meer zu setzen. Ich schaute den Möwen zu, die in der Brandung spielten, hörte den Wellen zu, die sich donnernd brachen und weinte wie ein Kind. Als die Sonne im Meer versank, erinnerte ich mich an Opas Worte. Ich sagte Gott, wie dankbar ich für sein Versprechen war, dass er bei seiner Wiederkunft Opa mit den anderen Heiligen zuerst auferstehen lassen würde, noch bevor die dann lebenden Heiligen »mit ihnen zusammen … auf den Wolken hinaufgehoben werden in die Luft, um dem Herrn zu begegnen«.

Opa würde seinen Wunsch erfüllt bekommen. Die »ganze Fülle« würde er eines Tages erhalten und seine Herzenslust daran haben.

Irgendwie hat mir das in meiner Trauer geholfen und ich fand Trost in dem Gedanken, dass der Herr, als er diesen mir so lieben Mann Gottes zu sich rief, ihm genau das gab, was er sich gewünscht hatte. Opa erhielt seine eigene persönliche »ganze Fülle«. Gott hatte mit ihm einen Vertrag über den Tod und darüber hinaus geschlossen und hielt ihn nun ein.

Als dann später an jenem Abend die Sterne zu leuchten begannen, hatte Gott meine Tränen getrocknet. Sein Wort hatte, wieder einmal, ein tiefes Bedürfnis in mir gestillt. Ich war erfüllt von Dank, stand auf, ganz allein an jenem Strand, weit weg von zu Hause und doch dem Himmel so nahe. Ich hob meine Hände zum Himmel und rief Gott laut die Worte zu, die er uns selbst gegeben hat:

> Und nun, Brüder, möchte ich, dass ihr wisst, was mit denen geschieht, die bereits gestorben sind, damit ihr nicht traurig seid wie jene Menschen, die keine Hoffnung haben. Denn weil wir glauben, dass Jesus starb und wieder auferstanden ist, glauben wir auch, dass Gott durch Jesus alle verstorbenen Gläubigen wiederbringen wird, wenn Jesus kommt.
> Ich kann euch dies mit einem Wort des Herrn sagen: Wir, die noch leben, wenn der Herr wiederkommt, werden nicht vor den Toten zu ihm kommen. Denn der Herr selbst wird mit einem lauten Befehl, unter dem Ruf des Erzengels und dem Schall der Posaune Gottes vom Himmel herabkommen. Dann werden zuerst alle Gläubigen, die schon gestorben sind, aus ihren Gräbern auferstehen. Und mit ihnen zusammen werden auch wir Übrigen, die noch auf der Erde leben, auf den Wolken hinaufgehoben werden in die Luft, um dem Herrn zu begegnen und in Ewigkeit bei ihm zu bleiben. Tröstet euch also gegenseitig mit diesen Worten!
>
> 1. Thessalonicher 4,13-18

Wie tröstlich waren diese Worte für mich, auch wenn ich damals meilenweit entfernt war vom Grab meines Großvaters. Sie trösten mich noch heute. Durch Opas Vertrauen in das Wort Gottes finde ich das Thema Tod heute weder geheimnisvoll noch beängstigend. Wenn es meinem Großvater keine Angst einjagte, warum sollte es mich mit Furcht erfüllen? Wie er stelle ich heute fest, dass ich mich immer mehr auf »die ganze Fülle« freue. Wenn das Gottes Plan für mich ist, dann bin ich bereit.

Gottes Plan für Elia war jedoch vollkommen anders. Ganz anders als mit meinem Opa hatte Gott mit Elia einen Vertrag, in dem der Tod gar nicht vorkam, abgeschlossen, einen Vertrag über Unsterblichkeit.

AUF DEN STURMWIND WARTEN

Elias Lebensweg war ja nun wirklich etwas ganz Besonderes gewesen! Geschult am Bach Krit, weiter geformt und verfeinert in Zarpat, großartig eingesetzt auf dem Berg Karmel, machtvoll gesalbt, um bei mehreren Gelegenheiten vor König Ahab zu stehen und schließlich beschenkt mit Elisas Freundschaft, war der alte Prophet immer wieder als Gottes Mann der Stunde in Erscheinung getreten. Er war beinahe unglaublich heldenmütig und doch im Herzen demütig geblieben. Elia schien den Höhepunkt seiner Lebenserfahrung überschritten zu haben. Aber jetzt würde all das noch überboten werden: Er würde den Tod umgehen! Die Sichel des grimmigen Ernte-Einbringers und Lebensfaden-Abschneiders sollte ihn vollkommen verfehlen.

Dass Elia am Tod vorbeikam, bringt ihn in die äußerst seltene Kategorie derer, die ohne zu sterben vom Leben Abschied nehmen. Nur zwei Menschen haben in der gesamten Zeit der dokumentierten Menschheitsgeschichte die Erde verlassen, ohne den Rachen des Todes durchschreiten zu müssen. Sie haben ganz recht gelesen: Nur zwei Leute sind von dieser Erde direkt in die Gegenwart Gottes eingelassen worden, jedenfalls, soweit es uns durch die Heilige Schrift überliefert ist. Der Erste war Henoch (Genesis 5,21-24), der Zweite Elia. Die Letzten, die das erleben werden, sind die gläubigen Christen, die bei der Wiederkunft Jesu noch am Leben sein werden. Wir kennen weder Tag noch Stunde dieses Ereignisses, aber so viel ist gewiss: Die Gläubigen, die noch leben, wenn Christus kommt, um die Seinen zu holen, werden am Tod vorbeigehen. Paulus schreibt das mit Nachdruck und Gewissheit in seinem ersten Brief an die Korinther:

Aber lasst mich euch ein wunderbares Geheimnis sagen, das Gott uns offenbart hat. Nicht jeder von uns wird sterben, aber wir werden alle verwandelt werden. Das wird in einem kurzen Moment geschehen, in einem einzigen Augenblick, wenn die letzte Posaune ertönt. Beim Klang der Posaune werden die Toten mit einem unvergänglichen Körper auferstehen, und wir Lebenden werden verwandelt werden, sodass wir nie mehr sterben. Denn unser vergänglicher irdischer Körper muss in einen himmlischen Körper verwandelt werden, der nicht mehr sterben wird.
Wenn dies geschieht – wenn unsere vergänglichen, irdischen Körper in unvergängliche, himmlische Körper verwandelt sind – dann wird sich das Schriftwort erfüllen:
»Der Tod wurde verschlungen vom Sieg. Tod, wo ist dein Sieg? Tod, wo ist dein Stachel?«

1. Korinther 15,51-55

Das Erstaunliche an der Geschichte Elias ist, dass er ganz genau *wusste*, dass er direkt in den Himmel aufgenommen werden würde, ohne vorher zu sterben. Insofern hinterlässt er uns ein sehr brauchbares Vorbild darin, in welcher Haltung wir angesichts der Wiederkunft Jesu Christi leben sollten.

Aus dem Zusammenhang ist ersichtlich, dass Gott Elia schon vorher informiert hatte, wie er am Ende die Erde verlassen würde, auch wenn uns nicht erzählt wird, wie oder wann Gott es ihm gesagt hatte. Gott hatte es auch den Prophetenschülern und Elisa, dem engen Freund und von Gott erwählten Nachfolger des alten Propheten, bekannt gemacht.

Als aber der HERR Elia im Wetter gen Himmel holen wollte, gingen Elia und Elisa von Gilgal weg.

2. Könige 2,1

Wir sind zum letzten Erdentag Elias gekommen, an dem er »im Wetter« geholt werden wird. Der hebräische Begriff kann auch mit »Windstoß« oder »Böe« übersetzt werden. In einer Art schwingender Bewegung sollte Elia weggenommen werden und in diesem Augenblick würde er bereits von dieser Erde in die uneingeschränkte Gegenwart Gottes hinübergetreten sein.

Gott hatte Elia nicht nur mitgeteilt, dass und wie dies geschehen würde. Er hatte ihm auch gesagt, wo. Das erklärt, warum wir Elia jetzt rasch Richtung Jordan gehen sehen.

Wenn Sie jetzt noch einmal den Bericht durchlesen, dann sollten Sie versuchen, sich die Geschichte lebendig vorzustellen und sie vor Ihrem inneren Auge zu entwickeln:

> Und Elia sprach zu Elisa: »Bleibe du hier, denn der HERR hat mich nach Bethel gesandt.« Elisa aber sprach: »So wahr der HERR lebt und du lebst: Ich verlasse dich nicht.«
> Und als sie hinab nach Bethel kamen, gingen die Prophetenjünger, die in Bethel waren, heraus zu Elisa und sprachen zu ihm: »Weißt du auch, dass der HERR heute deinen Herrn von dir hinwegnehmen wird?« Er aber sprach: »Auch ich weiß es wohl; schweigt nur still.«
> Und Elia sprach zu ihm: »Elisa, bleib du hier, denn der HERR hat mich nach Jericho gesandt.« Er aber sprach: »So wahr der HERR lebt und du lebst: Ich verlasse dich nicht.«
> Und als sie nach Jericho kamen, traten die Prophetenjünger, die in Jericho waren, zu Elisa und sprachen zu ihm: »Weißt du auch, dass der HERR heute deinen Herrn von dir hinwegnehmen wird?« Er aber sprach: »Auch ich weiß es wohl; schweigt nur still.«
> Und Elia sprach zu ihm: »Bleib du hier, denn der HERR hat mich an den Jordan gesandt.« Er aber sprach: »So wahr der HERR lebt und du lebst: Ich verlasse dich nicht.«
> Und es gingen die beiden miteinander.
>
> 2. Könige 2,2-6

Ich bin überzeugt, dass Gott seinem demütigen und treuen Propheten gesagt hatte: »Am Jordan wird der Abschied stattfinden.« Aber wenn das der Fall war, warum wanderte Elia dann zickzack durch die Gegend, erst nach Gilgal, dann nach Bethel und Jericho? Warum ging er nicht gleich an den Jordan?

Die Geschichtswissenschaftler sagen uns, dass die Prophetenschulen in Gilgal, Bethel und Jericho ihre Standorte hatten. Diese waren frühe Priesterseminare, wenn Sie so wollen. Wahrscheinlich waren sie bereits von Samuel gegründet worden. Dort wurden junge Männer auf das heilige Amt des Propheten und den dazugehörigen disziplinierten Lebensstil vorbereitet. Ich glaube, dass einer der Gründe für Elias ungewöhnliche Reise an den Jordan der war, dass er den Wunsch hatte, zum letzten Mal diese zukünftigen jungen Propheten zu sehen, »die Söhne der Propheten«, und ihnen letzte Worte des Zuspruchs und der Ermutigung zuzusprechen. Immerhin würden sie nach seinem Abschied die Fackel der Wahrheit weitertragen.

Darüber hinaus gab es jedoch noch einen weiteren Grund.

Sowohl in Bethel als auch in Jericho stellten die »Söhne der Propheten« Elisa dieselbe Frage: »Weißt du schon, dass der Herr deinen Herrn heute wegnehmen wird von der Erde?« Beides Mal gibt Elisa die Antwort: »Ich weiß es. Seid nur still.«

Ja, Elisa bestätigt den angehenden Propheten, dass dies der letzte Erdentag Elias sein würde, dass er an diesem Tag weggenommen werden würde. Aber warum nur sagte er ihnen, sie sollten stillschweigen? Ich glaube, dass er das befahl, damit sie den alternden Elia mit ihren Fragen und all den Gesprächen, die sich naturgemäß aus dieser ungewöhnlichen Nachricht ergeben mussten, nicht störten. Elisa wusste, dass Elia sich gedanklich weit weg befand und Ruhe und Frieden brauchte.

Wie oft haben Sie schon gehört, dass, wenn ein Mensch stirbt, sich sein ganzes Leben vor seinen Augen noch einmal abspielt, und zwar im Zeitraffer? Wie viele Menschen wissen das? Würden Sie nicht unheimlich gerne wissen, ob das auch wirklich stimmt? Aber wenn Sie dann gestorben sind, sind Sie ja nicht mehr in der Lage, jemandem mitzuteilen, ob es denn auch wirklich so war. Und doch haben jene unter uns, die schon ganz besonders nahe an der Pforte des Todes gestanden haben – sei es durch eine entsetzliche Krankheit, durch nahes Ertrinken oder einen besonders schrecklichen Unfall – solch eine Erfahrung gemacht. Sie haben ein Riesenpanorama gesehen, eine übergroße Projektionswand, auf der die Vergangenheit gezeigt wurde, ein schneller biografischer Film, der vor ihren Augen ablief. Dasselbe, glaube ich, geschah gerade mit Elia.

Elisa, sein enger Freund, der jüngere Prophet, dem er seinen Mantel der Autorität weitergeben würde, sah, dass Elia Zeit brauchte, Zeit zum Nachdenken über alles, was geschehen war und gerade geschah. Daher sagte Elisa wohl: »Kein Kommentar, liebe Leute, seid bitte still. Lasst Elia Muße und Ruhe, um nachzudenken und zu überlegen.«

REFLEXION: BEDEUTENDE ORTE

Wie ich schon erwähnt habe, haben manche Orte in der Bibel ihre eigene Bedeutung. Wir haben dies bei der Betrachtung von Elias Leben bereits bemerkt. Die letzten drei Orte, die er in seinem Leben besuchte, bilden da keine Ausnahme.

Gilgal war der Ort, an dem alles begann. Das vierte Kapitel des Buches Josua berichtet uns, dass Gilgal die erste Lagerstation der Kinder Israel war, nachdem sie gerade den Jordan durchquert hatten und sich nun in Kanaan befanden. Wenn Sie sich an diese biblische Geschichte erinnern, werden Sie wissen, dass Gilgal der Startpunkt war, an dem die Israeliten noch sicher und geschützt waren, kurz bevor sie begannen, das Gebiet des Feindes einzunehmen.

> Es war aber der zehnte Tag des ersten Monats, als das Volk aus dem Jordan heraufstieg. Und sie lagerten sich in Gilgal, östlich der Stadt Jericho.
>
> Josua 4,19

In Gilgal standen die Israeliten kurz vor einer Schlacht. Sie hörten Josua zu, ihrem leitenden General, der die abschließenden Instruktionen erteilte und die Strategie bekannt gab, die Gott ihm verkündet hatte. Sie waren dem Ort der Schlacht zwar sehr nah, aber noch nicht dort.

Sie befanden sich noch in Sicherheit, an einem Ort, an dem sie das Zusammensein pflegen konnten, wo sie miteinander teilen und sich einander mitteilen konnten. Es war ein Ort der Vorbereitung.

Und in Gilgal begann auch die letzte Reise Elias. Dort bereitete er sich auf das Entscheidende vor.

Bethel, der nächste Ort, den Elia aufsuchte, war der Ort des Gebetes. »Beth-el« heißt so viel wie »Haus des Herrn«. Wie ich schon erklärt habe, baute Abraham dort einen Altar und dort hatte er einige Begegnungen mit Gott.

> Danach brach er von dort auf ins Gebirge östlich der Stadt Bethel und schlug sein Zelt auf, so dass er Bethel im Westen und Ai im Osten hatte, und baute dort dem HERRN einen Altar und rief den Namen des HERRN an.
>
> 1. Mose 12,8

Oft, wenn Abraham Zeiten des Suchens und Ringens durchmachte, kehrte er nach Bethel zurück, aber auch, wenn er sich Gott neu weihen oder sich auf etwas Neues vorbereiten wollte. Dies war der Ort, an dem er Gott das erste Mal angebetet hatte und ihm begegnet war.

Als Elia nun die Straßen des alten Bethel durchwanderte und sich die Steine ansah, die noch die Gravuren der geistlichen Väter trugen, dachte er bestimmt an die Altäre, die er im Laufe seines Lebens gebaut oder besucht hatte: Zunächst war da der Altar am Bach Krit, wo er dem Herrn angesichts überwältigender Probleme auf Tod und Leben zu vertrauen gelernt hatte. Er hatte damals kaum etwas zu essen. Er hatte keine Bleibe, keinen Schutz. Er stand ganz oben auf der Fahndungsliste. Sein Leben war aufs Äußerste gefährdet. Elias Verbindung zu Gott war niemals stärker als am Altar neben dem ruhig dahinfließenden Bach Krit.

Elias nächster Altar stand in Zarpat, wo er bei der Witwe und ihrem Sohn wohnte, die drauf und dran waren zu verhungern. An jenem Ort brachte Elia das Anliegen ihres täglichen Brotes vor Gott, all ihre Nöte und Bedürfnisse. Dort reifte auch sein

Glaube so weit, dass er mit Zuversicht den toten Sohn der Witwe in seine Arme nehmen und ihm neues Leben einhauchen konnte. Wie hätte Elia je die Siege vergessen können, die er durch seine Gebete am Altar in Zarpat errang?

Als er so durch die Straßen Bethels ging, blickte Elia sicher zurück auf all die Altäre seines Lebens, die Orte des Gebetes und der Begegnung mit seinem Herrn.

Dann wanderte Elia nach Jericho, dem Ort der Schlacht. In Jericho hatte Gottes Volk einen großartigen, riesigen Keil in die Feindeslinie treiben können. Jericho war für die Hebräer das, was der »D-Day«, der Invasionstag, für die Amerikaner im Zweiten Weltkrieg war. Jericho war sozusagen die Normandie von Gottes Leuten. Die Stadt war mit eindrucksvollen, lebendigen Erinnerungen aus der Vorzeit verbunden.

Elia sah sicher vor seinem inneren Auge, wie die gewaltigen Stadtmauern einstürzten und wie Jericho eingenommen wurde. Er hörte das Zischen der Pfeile und die Schreie der Feinde, das Flehen der Frauen, das Stöhnen und die Flüche der sterbenden Bewohner. Und an diesem bewegenden Ort der Schlacht durchlebte Elia sicher die Schlachten seines eigenen Lebens noch einmal.

Auf dem Berg Karmel bekämpfte er die gotteslästerlichen Kräfte Baals.

Wir dürfen auch nicht die vielen Sträuße vergessen, die er mit Ahab und seiner bösen Frau Isebel auszufechten hatte.

Und unter dem Wacholderbusch hatte Elia seinen eigenen, persönlichen Kampf gekämpft, als er am Leben zu verzagen drohte.

Elia wusste ja sehr wohl, dass dies sein letzter Erdentag war. Sicher durchlebte er all die Kämpfe der Vergangenheit noch einmal.

Schließlich wanderte Elia noch zum Jordan, dem Ort des Todes – nicht nur des körperlichen Todes, sondern auch des Sterbens gegenüber dem selbstbezogenen Leben. Dort erinnerte sich Elia wohl an all die Tage, an denen er seine eigenen Wünsche und Pläne in den Tod gegeben hatte, zusammen mit der eigenen Körperkraft. Im Laufe seines sicher langen Lebens hatte dieser raue, muskulöse, entschiedene Mann aus Tischbe gelernt, sich ganz auf Gott zu verlassen und nicht auf sich selbst. Er hatte gelernt, sich ihm zu unterstellen und ihm zu gehorchen, ohne Wenn und Aber.

Solche Selbstverleugnung fällt uns nicht von Natur aus zu. Sie ist eine Tugend, die man lernen muss. Dieser Lernprozess wird durch nur wenige Menschen gefördert und von noch weniger Gläubigen vorgelebt. Besonders selten findet sich Selbstverleugnung bei denen, die wir heute als »Typ A«-Persönlichkeiten bezeichnen würden. Propheten sind dafür bekannt, dass sie dieses Temperament an den Tag legen. In dieser Hinsicht ist Elia umso mehr zu bewundern. Er versteckte sich nicht hinter seinem Heldenmut, sondern war wie weicher Ton in der Hand seines Herrn. Wir haben ja schon früher bemerkt, dass er seine größten Taten »im Schatten des Allmächtigen« ausrichtete. Sein Leben war ein Leben der Kraft und Vollmacht, weil er an einen Punkt gekommen war, wo er seine eigenen Wünsche gerne in den Tod schickte, sofern und weil das Gott noch mehr Ehre brachte.

Elia besuchte also an seinem letzten Erdentag den Ort des Anfangs, den Ort des Gebets, den Ort der Schlacht und den Ort des Todes.

Auch in unserem Leben gibt es diese Orte und es ist gut, sie gelegentlich aufzusuchen, wie Elia.

ANWENDUNG: ZEITEN DES SUCHENS

Zunächst gibt es da den Ort des Anfangs. Das ist unser Ausgangspunkt – der Startpunkt unserer christlichen Reise, an dem wir wiedergeboren werden. Das ist unser Ort eines ganz neuen Anfangs. In unserem eigenen Gilgal sind wir neu gemacht worden.

Für manche unter uns liegt dieser Ort des Anfangs, dieser Ausgangspunkt, schon weit weg. Gehen Sie in der Erinnerung dorthin zurück. Können Sie sich entsinnen, wie das war, als Sie als Baby im Glauben Ihre ersten Schritte machten? Sie haben sicher geschwankt und nach Halt gesucht und die Menschen, die Sie liebten und Ihnen beistanden, halfen Ihnen, das Gleichgewicht zu wahren – oder sie halfen Ihnen nach einem Sturz wieder auf die Beine. Sie lernten die Grundlagen Ihres neuen Lebens: wie man die Bibel liest und studiert, wie man betet, wie man Zeit mit Gott verbringt, wie man von seinem Glauben spricht, wie man sich in einer Gemeinde einbringt, wie man geistlich wächst.

Und dann kommt der Ort des Gebetes. Erinnern Sie sich? Sie begannen damit zu lernen, wie man etwas opfert und hingibt – Dinge und Menschen, die einem lieb und wert sind. Für manche Menschen ist das eine Fehlgeburt oder der Verlust eines Kindes. Für andere ist es der Verlust des Ehepartners. Vielleicht war es für Sie der Verlust des Arbeitsplatzes, Ihrer eigenen Firma, eines lebenslangen Traumes, den Sie niemals verwirklichen konnten. Sie sind ganz allein in Ihr Bethel gekommen und dort haben Sie das Beten gelernt.

Gott hat ganze Arbeit in Ihrem Leben geleistet, als er Sie von diesem Ort der Begegnung weitertrug, hinüber in die nächste Phase, die er für Sie vorgesehen hatte. Und weil Sie den Wert des Gebetes erkannt hatten, bauten Sie einen Altar und lernten noch mehr, immer zu seinen Füßen. Halten Sie inne … erinnern Sie sich? Wirklich? Lassen Sie sich Zeit.

Als Nächstes wäre da Ihr Jericho – der Ort der Schlacht. Manche von Ihnen haben in ihrem Leben ernste Kämpfe durchzustehen gehabt: Kämpfe gegen Rebellion, Kämpfe mit Süchten, Schlachten, die Sie mit Ihren Gedanken zu schlagen hatten, Kämpfe mit der Fleischlichkeit. Sie haben in den Jerichos Ihres Lebens sicher harte Kämpfe auszuhalten und durchzustehen gehabt oder liege ich da falsch?

Und schließlich ist da der Jordan – der Ort des Todes. Manchen von Ihnen ist bewusst, dass sie diesen Ort sehr bald erreichen werden, sollte die Prognose ihres Arztes zutreffen. Die meisten von uns wissen natürlich nicht, wann sie diesen Ort erreichen werden. Es kann noch Jahrzehnte dauern, bis wir dort sind; er kann aber auch nur einen Atemzug weit weg sein.

Aber es gibt noch eine andere Art des Todes, nämlich die des Sterbens gegenüber dem Selbst. Das lernen wir, wenn wir erkennen, dass Selbstverleugnung unumgänglich ist. Dieser Tod ist ein Teil dessen, was Jesus meinte, als er davon sprach, wie entscheidend es ist »sein Kreuz auf sich zu nehmen« und ihm nachzufolgen. (Matthäus 10,38) Wenn wir schließlich und endlich lernen, das zu tun – und das ist ein so schwieriger Einschnitt in unserem Leben –, dann gelangen wir in den Frieden Gottes.

DIE TRENNUNG: WORTE DES ABSCHIEDS

Schließlich erreichte Elia den Jordan, seinen letzten irdischen Bestimmungsort, und Elisa sagte: »So wahr der HERR lebt und du lebst: Ich verlasse dich nicht.«

Elia hatte mehrfach versucht, sich von Elisa zu trennen, seitdem sie Gilgal verlassen hatten. Ich glaube nicht, dass er Elisa loswerden wollte, weil er ihm lästig gewesen wäre, sondern eher, weil er seinen engen Freund und kommenden Nachfolger auf die Probe stellen wollte. »Elisa, du hast sicher keine Lust, mit mir nach Gilgal, nach Bethel, nach Jericho und an den Jordan zu kommen?« Aber Elisa gab keinen Millimeter nach. Er blieb treu und beharrlich an der Seite des alten Propheten.

Im Fußball gibt es Spieler, die sich an die Fersen des gegnerischen Gegenspielers heften, ihm unablässig folgen und seine Schüsse vorherzusehen und abzufangen suchen. Sie kleben förmlich am Gegner und lassen sich nicht abschütteln, vom Anfang bis zum Schlusspfiff.

Solch ein »Manndecker« war Elisa. Er sagte zu Elia: »Mein Freund, mich wirst du nicht los. Mich schüttelst du nicht ab. Ich bleibe dran, vom Anfang bis ganz zum Schluss.« Sie erinnern sich sicher, wie er das sagte?

Und Elia sprach zu ihm: »Bleib du hier, denn der HERR hat mich an den Jordan gesandt.« Er aber sprach: »So wahr der HERR lebt und du lebst: Ich verlasse dich nicht.« Und es gingen die beiden miteinander.

2. Könige 2,6

Wir könnten in unserer Zeit einige Elisas gebrauchen, finden Sie nicht? Sie stärken uns. Sie sind wirklich eine äußerst seltene Sorte Mensch. Sie sind unsere besten Freunde. Es sind jene, die hinter uns stehen, die da sind, wenn wir sie brauchen – die uns zuhören, die uns helfen, die die Schläge mildern, die unsere Kritiker ausgeteilt haben, die uns im Gebet tragen und unterstützen, die auf unserer Seite sind, die uns sowohl ermutigen als auch korrigieren. (Ich weiß sehr wohl, wovon ich rede, denn ich habe selbst echte Elisas erlebt. Wenn ich zurückschaue, kann ich mir mein Leben ohne sie nicht vorstellen. Ohne sie hätte ich es nicht bis hierher geschafft!)

Als die beiden Männer am Jordan anhielten, veränderte sich die Szenerie ganz plötzlich. Lesen Sie die Geschichte bitte langsam durch. Erlauben Sie Ihrer Fantasie, sich ganz frei zu bewegen und stellen Sie sich dieses ungewöhnliche Gespräch und das geheimnisvolle Ereignis einmal plastisch vor.

Fünfzig Propheten folgten ihnen bis an den Jordan und blieben in einiger Entfernung stehen. Elia rollte seinen Mantel zusammen und schlug damit auf das Wasser. Das teilte sich und beide gingen trockenen Fußes durch den Fluss.

Am anderen Ufer sagte Elia zu Elisa: »Was kann ich noch für dich tun, bevor der Herr mich von dir wegholt?«

Elisa bat: »Ich möchte den Anteil des Erstgeborenen von deinem Geiste erben und deinen Auftrag weiterführen.«

Elia antwortete: »Du verlangst mehr, als in meiner Macht steht. Wenn der Herr dich sehen lässt, wie er mich von dir wegholt, wird deine Bitte erfüllt werden; sonst nicht.« (GNfD)

2. Könige 2,7-10

Dieses Wunder erinnert an eines, das bereits Jahrhunderte zuvor stattgefunden hatte, als Gott das Rote Meer teilte, damit Mose und die Kinder Israels trockenen Fußes hindurchgehen konnten. Oder auch an das Wunder, als das Volk unter der neuen Leitung Josuas den Jordan zu überqueren hatte und Gott den Fluss für das Volk aufhielt. (Josua 3,14-17) Auch diesmal war es wieder der Jordan, dessen Wassermassen geteilt wurden, damit Elia und Elisa trockenen Fußes hindurchgehen konnten.

Elia wendet sich seinem Freund zu und fragt: »Gibt es irgendetwas, das ich für dich tun kann, bevor mich Gott von der Erde nimmt?«

Beachten Sie, dass die Antwort Elisas wie aus der Pistole geschossen kommt. Er ist ein Mann, der in großem Stil denken kann, und er zögert nicht, das auch zu offenbaren. Er sagt: »Elia, du hast einige große Wunder in deinem Leben getan. Aber ich möchte eine doppelte Dosis deines Geistes, damit ich später die doppelte Vollmacht habe.« Was für eine gewaltige Bitte!

Zögern Sie nicht, Gott auch große Bitten vorzutragen, solche, die unverschämt erscheinen könnten. Gott sagt doch zu uns, zu Ihnen: »Ich möchte dir sowieso viel geben, unendlich viel. Bitte mich doch darum.« Aber viel zu viele Christen sind schrecklich begrenzt in ihren Bitten. Vielleicht halten sie es auch für eine Art Demut, nur um das Minimum zu bitten. Gott ist doch weitaus großzügiger! Wir wären gut beraten, wenn wir unsere Vision erweitern lassen würden, dem Vorbild des Elisa gemäß.

Aber sogar Elia, der doch im Laufe seines Lebens große Dinge von Gott erbeten hat – er hat immerhin Feuer vom Himmel herabgerufen – ist ein bisschen überrascht oder vielleicht überwältigt. »Das ist jenseits meiner Möglichkeiten«, sagt er zu Elisa. »Aber wenn du beobachten kannst, wie ich von der Erde genommen werde, dann wird deine Bitte erfüllt werden. Wenn du es nicht beobachten kannst, dann wird dein Wunsch nicht erfüllt.«

Sie glauben mir ja sicher, dass Elisa niemals in seinem Leben entschlossener war, Elia nicht aus den Augen zu lassen! Er würde nicht einmal mehr zwinkern, wenn er es vermeiden könnte, um ja nichts zu verpassen. Aber er brauchte sich nicht lange zu quälen. Es geschah unmittelbar nach diesem Abschiedsgespräch.

> Während sie so im Gehen miteinander redeten, kam plötzlich ein Streitwagen aus Feuer mit Pferden aus Feuer und trennte sie voneinander, und Elia fuhr in einem gewaltigen Sturm in den Himmel. (GNfD)
>
> 2. Könige 2,11

Wie ich diese Szene liebe! Sie gingen zum Jordan und redeten dabei miteinander. Elia predigte nicht, prophezeite nicht einmal. Es waren einfach zwei sehr enge Freunde, die gemeinsam spazieren gingen und sich unterhielten. Was für ein großartiger Augenblick muss das gewesen sein! Und plötzlich kam »ein Streitwagen aus Feuer mit Pferden aus Feuer« – und schon fuhr Elia »in einem gewaltigen Sturm in den Himmel«!

Einfach so! Elia war weg! In den Himmel aufgenommen »in einem gewaltigen Sturm«.

Elisa sah den Streitwagen – und er schrie auf, aus Verwunderung, Ehrfurcht und Dankbarkeit. Sein Herz muss ihm bis an den Hals geklopft haben und seine Augen werden so groß wie Untertassen gewesen sein. Er muss von einem riesigen Adrenalinstoß überrannt worden sein. Da – wuuusch!! Der Sturm zerblies ihm noch Kleid, Haar und Bart – und schon war Elia weg. Was für ein geheimnisvoller Augenblick! Und weil er alles beobachten konnte, wusste Elisa, dass seine Bitte erfüllt worden war, so unverschämt sie auch geklungen haben mochte.

DER HÖHEPUNKT: DER MANTEL
DER VOLLMACHT

Elisa sah es und rief: »Mein Vater, mein Vater! Du warst Israels Streitwagen und sein Lenker!« Als Elisa ihn nicht mehr sehen konnte, zerriss er sein Obergewand mittendurch. Er hob den Mantel Elias auf, der zu Boden gefallen war, und kehrte an den Jordan zurück.

Genau wie Elia schlug er damit auf das Wasser und rief: »Wo ist der HERR, der Gott Elias?« Da teilte sich das Wasser; und Elisa ging trockenen Fußes durch den Fluss.
Die Propheten aus Jericho hatten ihm vom anderen Ufer aus zugesehen und riefen: »Der Geist Elias hat sich auf Elisa niedergelassen!« Sie liefen ihm entgegen, warfen sich vor ihm nieder ... (GNfD)

2. Könige 2,12-15

Plötzlich trat Elias »Vertrag über Unsterblichkeit« in Kraft.

Elia, der Prophet der Vollmacht – weg war er. Elisa, der Prophet der doppelten Vollmacht – hier stand er, bereit und willig, von seinem Gott jederzeit zu großen Dingen eingesetzt zu werden.

Wenn ein Mann Gottes oder eine Frau Gottes stirbt, dann stirbt nichts von Gottes Kraft und Gegenwart mit ihnen. Wir vergessen das so leicht. Das Leben Einzelner fesselt uns so leicht, dass wir dazu neigen zu meinen, wir könnten ohne sie nicht leben. Was für eine beschränkte Sicht! Sogar wenn ein besonders vollmächtiger Diener Gottes nicht mehr da ist, hat Gott noch Tausende von Gläubigen, die niemals ihre Knie vor irgendeinem anderen Gott gebeugt haben, »in Reserve«. Sie stehen in der Kulisse bereit, fertig zum Auftritt. Der klassische Fall hier ist Elisa. Gott hat immer noch jemanden »im Ärmel«.

Denken Sie noch einmal darüber nach. In den vergangenen Jahrhunderten hatte er seine Männer und Frauen, die sein Werk vorangetrieben haben. Nicht ein einziges Mal hat Gott sich verlegen gefragt: »Was wird nur aus meinen Leuten, wenn dieser eine oder diese eine einmal gestorben ist und nicht mehr unter ihnen sein wird?« Unser Schöpfergott ist doch allmächtig. Er war noch nie knapp an Bodenpersonal.

Elisa mag einen Augenblick lang überrascht und verwundert gewesen sein, aber nicht lange. Er erinnerte sich an die Abschiedsworte Elias, bückte sich und hob den Prophetenmantel vom Boden auf. Die Vollmacht stand nun rechtmäßig ihm zu. Er verließ sich vollkommen darauf, durchquerte den Jordan auf dieselbe wundersame Art wie auf dem Hinweg und begann im selben Augenblick seine eigene Laufbahn als Prophet. Gottes Plan hatte keine Lücke.

Elia tritt ab. Elisa tritt auf.

Wir können uns nur fragen, ob in den Jahren, die noch kommen sollten, Elisa nicht gelegentlich innehielt und diesen Mantel genau ansah. Dabei kamen ihm sicher diese eindrucksvollen Momente in den Sinn, in denen sein Mentor und Freund allein dastand, Gottes Gegenwart und Vollmacht auf Erden darstellte und seine Botschaft verkündete. Die Erinnerungen an den alten Elia – einen Mann mit Heldenmut und Demut – haben den jüngeren Elisa, den Gott für noch machtvollere Taten vorgesehen hatte, sicher gestärkt und ermutigt.

Bis heute gibt es Zeiten, in denen ich mir meinen Opa, L. O. Lundy, in Erinnerung rufe. Seine weisen Ratschläge habe ich behalten und sie sind mir immer noch gegenwärtig. Sein stilles, tief gegründetes Leben scheint mir so nahe, dass ich oft meine, seinen warmen Atem auf meinem Hals zu spüren. Ja, ich vermisse ihn heute noch, aber der Mantel der Erinnerungen an ihn spornt mich zu immer größeren Höhen und immer tieferer Hingabe an.

Die gute Nachricht ist: Eines Tages werde ich ihn sehen. Und wir werden gemeinsam den Herrn von Angesicht zu Angesicht anbeten » … und in Ewigkeit bei ihm … bleiben.«

SCHLUSSBETRACHTUNG

Elia –
ein starker schwacher Mann

Das größte Ziel eines Christen ist, Christus ähnlich zu werden. Wir möchten sein Leben in unserem Leben widerspiegeln, wir möchten seinem Vorbild nacheifern, wir möchten lehren wie er lehrte, wie er der Versuchung widerstehen, wir er mit Konflikten umgehen, wie er auf den Auftrag Gottes konzentriert sein. Sicher ist es auch unser Wunsch, dass wir wie Jesus, der Sohn Gottes, unablässig mit dem Vater in Verbindung stehen. Man kann uns kein größeres Kompliment machen, als über uns zu sagen: »Wenn ich mit diesem Menschen zusammen bin, dann kommt es mir immer vor, als sei Jesus selbst gegenwärtig.«

Während ich mich intensiv mit Elias Leben befasste, fiel mir immer wieder auf, wie sehr es doch dem Leben des Messias ähnelte, der ja noch kommen würde: Er verbrachte Zeiten ganz allein, er hatte sensationellen Mut im Angesicht seiner Feinde und beim Verkünden der Botschaft Gottes; er bewies göttliche

Vollmacht, wenn es darauf ankam, seine Zuhörer durch ein Wunder davon zu überzeugen, dass seine Botschaft wirklich direkt von Gott kam – nämlich dem einzig wahren, lebendigen Gott. Er hatte Mitgefühl mit der Witwe, als ihr Sohn gestorben war und rief den Jungen ins Leben zurück. Er verspürte sogar Todesängste in seinem eigenen Gethsemane, als er in seiner Seele zerrissen war und er zu verzweifeln drohte. Schließlich glich auch sein Abschied dem von Christus. Auch bei Jesus starrten andere hinterher, als er in den Himmel aufgenommen und aus ihrem Blickfeld entrückt wurde. (Matthäus 16,13-14)

Eigentlich ist es doch gar kein Wunder, dass Jesus, als er seine Jünger einmal fragte, wer er nach Meinung der Leute sei, zur Antwort bekam, dass einige ihn für Elia hielten. Natürlich! Es ist deshalb kein Wunder, weil sein Leben mit dem von Jesus in so vielem parallel verlief. Und als auf dem Berg der Verklärung zwei Menschen vor Jesus und vor drei seiner Jünger erschienen, war der eine davon Mose und der andere niemand anderes als Elia. (Matthäus 17,3) Jeder, der eine Liste der größten biblischen Persönlichkeiten macht – und sei sie noch so kurz – wird Elia aufnehmen. Wenige andere sind bessere Vorbilder für die beiden Charakterzüge, die ich in diesem Buch immer wieder betont und hervorgehoben habe: Heldenmut und Demut. Wer immer der Ansicht ist, Christus sei ausschließlich zart, einfühlsam, wohlwollend und geduldig, der soll doch nur einmal Elia studieren. Wie der Tischbiter konnte Jesus vernichtende Worte des Gottesurteils und der Zurückweisung loslassen. Und falls jemand glauben sollte, unser Herr zeige sich immer in überwältigender Gegenwart, bewirke großartige Wunder und weise die Pharisäer jederzeit mit scharfen Worten zurecht, sollte auch der sich an Elia wenden. Man beachte, wie er in der ruhigen Einsamkeit des Baches Krit verweilt, wie er Monate und Jahre in Zarpat verbringt, die ihn in seinem Wesen verfeinern, wie er seinen Gott in einem sanften Sausen erlebt und wie er während seines gesamten Dienstes lange Zeiten in intensivem Gebet verbringt.

Wenn wir Elia studieren, dann gibt uns das eine Gelegenheit, einzigartige Einblicke ins Leben Jesu zu gewinnen, das im Leben

Elias in mancherlei Hinsicht schon vorweggenommen ist. Umso mehr können wir den Augenblick kaum erwarten, in dem wir Jesus von Angesicht zu Angesicht sehen werden, in all seinem Ruhm, seinem Glanz und seiner Majestät. Um ganz ehrlich zu sein: Je näher ich dem Ende des letzten Kapitels kam, habe ich gemerkt, wie sehr ich mich nach meiner ewigen Heimat sehne. Ich merkte, wie der Himmel mein Herz dorthin zieht und ich fühlte eine merkwürdige Eifersucht auf Elia, der durch einen Wirbelsturm in die Gegenwart Gottes versetzt wurde. Ich möchte es wiederholen: Wann immer Gott mich hier wegholen will – ich bin bereit!

Vor Jahren wurde ein Andachtsbuch mit dem Titel »*Immanuel's Land and Other Pieces*« (etwa: Das Land Immanuels und andere Stücke) herausgebracht. Als Autor wurde damals eine Person angegeben, die sich schlicht A. R. C. nannte. Heute wissen wir, dass Anne Ross Cousin dahinter steckte. Sie hatte gewollt, dass dieses Büchlein allein Gott zur Ehre gereichen sollte und deshalb nur ihre Initialen verwendet.

Eines der Gedichte in diesem lesenswerten Büchlein heißt: »In Immanuel's Land«. Es wurde zu einem Glaubenslied unserer Väter. Anne Ross Cousin bietet darin eine klare Definition unserer ewigen Heimat. Sie ist nicht *unser* Land, sondern das Land Immanuels. Wir sind so ausgeprägt auf diese irdische Existenz fixiert, so tief in unserer heutigen Zeit und Welt verwurzelt! Aber ein Choral wie dieser hilft uns, den Müll und das Wertlose des zeitlich Begrenzten beiseite zu räumen. Gleichzeitig enthüllt er die zeitlose Bedeutung und Wirklichkeit des Ewigen.

The sands of time are sinking,	Der Sand der Zeiten verweht,
The dawn of heaven breaks;	Rot bricht der Himmelsmorgen an.
The summer morn	Der Sommermorgen,
I've sighed for,	den ich herbeigesehnt,
The fair, sweet morn awakes:	Der schöne, süße Morgen erwacht:
Dark, dark hath been	Dunkel, dunkel

the midnight,	war die Mitternacht,
But dayspring is at hand,	aber der Tag erblüht gerade.
And glory, glory dwelleth	Und Glanz und Ehre wohnen
In Immanuel's land.	im Land Immanuels.
The Bride eyes not her garment,	Die Braut achtet nicht auf ihr Kleid,
But her dear Bridegroom's face;	sondern auf das Gesicht des Bräutigams.
I will not gaze at glory	So will auch ich nicht auf den Glanz achten,
But on my King of grace.	sondern auf den König der Gnade selbst.
Not at the crown He giveth	Nicht auf die Krone, die er verleiht,
But on His pierced hand,	sondern auf Seine durchbohrte Hand.
The Lamb is all the glory	Das Lamm ist selbst der Glanz, das Licht,
Of Immanuel's land.[31]	in Immanuels Land.

Elias heldenmütiges und demütiges Leben nötigt uns, es Christus nachzutun und unseren Blick abzuwenden von den Widrigkeiten und den Kümmernissen des täglichen Lebens mit seinen Sorgen. Es drängt uns, unsere Aufmerksamkeit ganz auf den Glanz zu richten und unsere Hoffnung auf das andere Land, das Land Immanuels, zu setzen. Wenn wir das im Auge behalten, werden wir nicht mehr danach fragen, wer geehrt wird, sondern uns ausrichten auf den, der uns seine Gnade schenkt.

Und wenn wir uns dann ganz auf ihn konzentrieren – unseren König der Gnade, das Lamm – dann werden die tiefsten Sehnsüchte unserer Seele gestillt sein und wir werden Frieden haben wie nie zuvor.

BIBLIOGRAFIE

Burns, James, *Revivals, Their Laws and Leaders*, London, Hodder & Stoughton, 1909.

Carmichael, Amy, »God, harden me ...« © The Donavur Fellowship, undatiert.

Cousin, Anne Ross, »The Sands of Time are Sinking ...«, erster und vierter Liedvers, undatiert.

Edersheim, Aldfred, *Bible History: Old Testament*, Grand Rapids/Michigan, William R. Eerdmans Publishing Company, undatiert.

Edman, V. Raymond, *In Quietness and Confidence*, Wheaton/Illinois, Scripture Press, 1959.

Elliott, William M. Jr., »For the Living of These Days«, zitiert von Seume, Richard, H. in *Shoes for the Road*, Chicago/Illinois, Moody Bible Institute, 1974

Fosdick, Harry Emerson, *Great Voices of the Reformation*, New York, Random House, Inc. 1952.

Freeman, Douglas Southall, *R.E. Lee*, New York, Charles Scribner's Sons, 1947.

Grimes, E. May, »Speak, Lord, in the Stillness«, erster Liedvers, undatiert.

Havner, Vance, *It Is Toward Evening*, Westwood/New Jersey, Fleming H. Revell Company, 1968.

Keith, George, »How Firm a Foundation«, dritter Liedvers, undatiert.

»The Los Angeles Times«, »2 Holiness Preachers Die in a Test of Faith«, April 10th, 1973.

Meyer, F.B., *Elijah: And the Secret of His Power*, London, Morgan & Scott, undatiert.

Pierson, Arthur T., *The Bible and Spiritual Life*, New York, Gospel Publishing, undatiert.

Pink, Arthur W., *The Life of Elijah*, Grand Rapids/Michigan, Zondervan Publishing House, 1956.

Ramm, Bernard, *Protestant Biblical Interpretation*, Grand Rapids/Michigan, Baker Book House, 1970.

Sanders, J. Oswald, *Robust in Faith*, Chicago/Illinois, Moody Press, 1965.

Sanders, J. Oswald, *Spiritual Leadership*, Chicago/Illinois, Moody Press, 1967, 1980.

Spurgeon, C.H., *Lectures to My Students*, Grand Rapids/Michigan, 1954.

Tozer, A.W., *The Knowledge of The Holy*, New York, Harper and Brothers Publishers, 1961.

Tozer, A.W., *The Root of the Righteous*, Harrisburg/Pennsylvania, Christian Publications, Inc. 1955.

Unger, Merrill F., *Unger's Bible Dictionary*, Chicago/Illinois, The Moody Bible Institute of Chicago, 1957, überarbeitete Fassung 1988.

Wilkins, J. Steven, *Call of Duty: The Sterling Nobility of Robert E. Lee*, Nashville/Tennessee, Cumberland House Publishing, 1997.

Willcox, »Gethsemane« in *Poems of Power*, W.B. Conkey Company, Publishers, undatiert.

ANMERKUNGEN

[1] J. Steven Wilkins, *Call of Duty: The Sterling Nobility of Robert E. Lee*, Nashville/Tennessee, Cumberland House Publishing, 1997, S. 225.

[2] So heißt der Radiosender, der mit Swindoll als Hauptsprecher christliche Programme ausstrahlt.

[3] Merrill F. Unger, *Unger's Bible Dictionary*, Chicago/Illinois, The Moody Bible Institute of Chicago, 1957, überarbeitete Fassung 1988, S. 1290.

[4] J. Oswald Sanders, *Robust in Faith*, Chicago/Illinois, The Moody Press, 1965, S. 125-126.

[5] Harry Emerson Fosdick, *Great Voices of The Reformation*, New York, Random House, Inc. 1952, S. 242.

[6] A. W. Tozer, *The Root of Righteousness*, Harrisburg/Pennsylvania, Christian Publications Inc., 1955, S. 137.

[7] Arthur W. Pink, *The Life of Elijah*, Grand Rapids/Michigan, Zondervan Publishing House, 1956, S. 41.

[8] In der Formulierung der Lutherbibel 1984 wird nicht deutlich, worauf Swindoll hier hinauswill. Die »Gute Nachricht für Dich« übersetzt hier: »und er *blieb* dort«.

[9] Douglas Southall Freeman, *R. E. Lee*, New York, Charles Scribner's Sons, 1947, 3:216.

[10] F. B. Meyer, *Elijah: And the Secret of His Power*, London, Morgan & Scott, undatiert, S. 21.

[11] E. May Grimes, »*Speak, Lord, in the Stillness*«, erster Vers, undatiert.

[12] Vance Havner, *It Is Toward Evening*, Westwood/N. J., Flemming H. Revell Company, 1968, S. 39-40.

[13] William M. Elliott, Jr., »For the Living of These Days«, zitiert von Richard Seume in: *Shoes for the Road*, Chicago/Illinois; Moody Bible Institute, 1974, S. 42.

[14] Ella Wheeler Wilcox, »Gethsemane« aus: *Poems of Power*, ersch. bei W. B. Conkey Company Publishers, undatiert.

[15] Georg Keith, »How Firm a Foundation«, dritter Vers, undatiert.

[16] Arthur T. Pierson, *The Bible and Spiritual Life*, New York, Gospel Publishing, undatiert, S. 377.

[17] Autor unbekannt.

[18] V. Raymond Edman, *In Quietness and Confidence*, Wheaton/Illinois, Scripture Press, 1956, S. 63.

[19] Alfred Edersheim, Bible History: Old Testament, Grand Rapids/Michigan, William R. Eerdman's Publishing Company, undatiert, S. 17-18.

[20] Bernard Ramm, *Protestant Biblical Interpretations,* Grand Rapids/Michigan, Baker House, 1970, S. 174.

[21] »2 Holiness Preachers Die in a Test of Faith«, in *Los Angeles Times*, 10.4.1973, 1. Spalte, S. 14.

[22] In der Bibelversion »Gute Nachricht für Dich« heißt es dort: »Ich höre schon den Regen rauschen.«

[23] Herr, erbarme dich (über mich armen Sünder)!

[24] Ehre sei Gott in der Höhe!

[25] C. H. Spurgeon, *Lectures to My Students*, Grand Rapids, Mich.: Zondervan Publishing House, 1954, S. 158-162.

[26] Esters Onkel Mordechai erinnert sie an die Treue ihres Gottes Jehova, indem er sie fragt: »Und wer weiß, *ob du nicht gerade um dieser Zeit willen* zur königlichen Würde gekommen bist?«

[27] A. W. Tozer, *The Knowledge of the Holy* (etwa: »Das Heilige verstehen«), New York, Harper & Brothers, 1961, S. 94-95.

[28] J. Oswald Saunders, »Spiritual Leadership« (»Geistliche Leiterschaft«), Chicago, Illinois, Moody Press, 1967, 1980, S. 169.

[29] James Burns, »Revivals, Their Laws and Leaders« (»Erweckungen, ihre Gesetze und Leiter«), London: Hodder & Stoughton, 1909, S. 167-168.

[30] Amy Carmichael, »God, harden me ...« © The Dohnavur Fellowship, undatiert.

[31] Anne Ross Cousin, »The Sands of Time Are Sinking«, erster und vierter Vers, undatiert.

hänssler

Weitere Bücher von Charles R. Swindoll:

Ester
Eine Frau in der Liebe zu Gott
Pb., 260 S.,
Nr. 393.632, ISBN 3-7751-3632-0

Ester – dieser Frau ist in der Bibel ein ganzes Buch gewidmet, das ein historisches Geschehen, aber vor allem den Mut und die Stärke einer Einzelgängerin beschreibt. Noch dazu ist die Liebesgeschichte der Ester mit allem versehen, was sich ein romantisches Herz erträumt: von arm zu reich, von unbeachtet zu bewundert, vom Mauerblümchen zur Schönheit und vor allem von Schwäche zu Stärke. Diese Geschichte hat Gott geschrieben, mit einer Hauptperson, die lernt, ihm zu vertrauen und ihm zu folgen – was auch immer er fordert.
Der Leser kann mit Ester lernen, die richtigen Entscheidungen zu treffen und sich von Gott verändern zu lassen hin zu einer Persönlichkeit, die in ihrer Schwäche und Begrenztheit durch Gottes Größe Würde und Stärke ausstrahlt und lebt.
Das dritte Buch in dieser Reihe führt die bewährte Art fort, aus großen Bibelcharakteren umsetzbare Beispiele für unser Leben zu formen.

Joseph
Ein Mensch im Vertrauen auf Gott
Pb., 280 S.,
Nr. 393.683, ISBN 3-7751-3683-5

Joseph ist zunächst nichts weiter als ein Tagträumer, einfacher Schafhirte und zwölftes von dreizehn Kindern. Von seinen eifersüchtigen Brüdern wird er als Vaters Lieblingssohn gehasst und als Sklave nach Ägypten verkauft. Doch der verachtete Sklave steigt dort zum Premierminister mit herausragenden Eigenschaften wie Integrität, Führungspersönlichkeit und Frömmigkeit auf.
Charles Swindoll zeigt uns in dem zweiten Band seiner Reihe über große Bibelcharaktere auf bewegende und eindrucksvolle Art das Herz eines Mannes, der in Situationen von Grausamkeit, Einsamkeit, Falschanklagen und Amtsenthebung gestählt wurde, ein Mann, der all das, was man ihm angetan hat, vergibt und dafür von Gott gesegnet wird.
Hier liegt uns nicht nur eine spannende Biografie, sondern auch ein seelsorgerliches Buch vor, das uns ermutigt und uns bei unserer eigenen Lebensbewältigung hilft.

Bitte fragen Sie in Ihrer Buchhandlung nach diesen Büchern!
Oder schreiben Sie an den Hänssler-Verlag, D-71087 Holzgerlingen